ミクロ・マクロ
経済理論
入門

Introduction to
Micro-Macro Economic Theory

藤本訓利・陸 亦群・前野高章

［著］

文眞堂

はしがき

　経済学の歴史は，古代ギリシア哲学や古代数学に比較すれば，きわめて浅いものである。体系的な経済学は，アダム・スミス（Adam Smith：1723-90）の『国富論』（あるいは『諸国民の富』）（1776 年）によって誕生したといわれているから，その歴史は 250 年ほどにすぎない。

　今日では，経済学の定義は，どのテキストをみてもほぼ同じように書かれているが，経済学の歴史を繙いてみると，それは一様ではなかった。極端な言い方をすれば，経済学の定義は，学者や著書によって異なっていた。例えば，アダム・スミスの『国富論』では，「政治経済学は，人民と主権者の双方を富ますことを意図している」と定義されている。また，マーシャル（Alfred Marshall：1842-1924）は，『経済学原理』（1890 年）において，「経済学は，日常生活を営んでいる人間に関する研究である。・・・経済学は，一面において富の研究であるが，他の，より重要な側面においては，人間の研究なのである。」と定義している。アダム・スミスの定義もマーシャルの定義も，「富」が共通のキーワードになっており，このような経済学の定義は物質主義的定義と呼ばれている。

　これに対して，ロビンズ（Lionel C. Robbins：1898-1984）は，『経済学の本質と意義』（1932 年）の中で，「経済学とは，諸目的と代替的用途をもつ希少な諸手段との間の関係としての人間行為を研究する科学である」と定義している。また，1970 年にノーベル経済学賞を受賞したサミュエルソン（Paul A. Samuelson：1915-2009）は，『経済学』（第 10 版）において，「経済学とは，・・・どの財を，いかに，誰のために，今すぐかそれとも将来のためか，という処分に応えるために，代替的な使途のある希少生産資源を，どのように利用することに決めるかを論ずる学問である」と述べている。彼の定義によれば，「何をどれだけ」（生産物の種類と量の決定）「いかに」（資源配分と生産技術）そして「誰のために」（生産物の分配）という 3 つの課題が，経済学の基本的な問題である。このようなロビンズやサミュエルソンの定義は，資源の希少性に視点が置かれているので，希少性定義と呼ばれている。

　経済学を初めて学ぶ人は，経済学を勉強すると金儲けができるのではないかと思うかも知れない。経済学は決してそのような学問ではなく，上述したように，経済学の対象は経済現象—個人や企業などの経済行為の結果の集合—であり，それを観察して，その経済現象間に存在する法則を明らかにし，これを何らかの実践的目的に応用する学問であり，人々を幸せにする一助となる学問である。

　本書は，経済学という学問を通じて現代経済社会を分析・学修するために必要な基礎的概念を包括的に学修することを目的としたものであり，経済学の基礎であるミクロ経済学とマクロ経済学の基礎理論を一冊でまとめたものとなっている。ミクロ経済学とマクロ経済学は，その名のとおり，経済をミクロ的な視点とマクロ的な視点から分析する学問分野である。ミクロ経済学とマクロ経済学は，経済学を学ぶ上で必須分野であり，経済学のさまざまな分野を学修するための土台づくりに必要である。重要な科目であるにもかかわらず，それらを十分に学修せずに専門科目の学修をはじめる人も多いと思われる。その理由は多々あろうが，たとえばアスリートが試合に向けた実践的トレーニングを行う前には必ず基礎体力を身に付けるトレーニングを行ったり，農家の人が畑に種を巻く前に必ず土づくりからはじめたりするのと同じように，専門科目や応用専門科目を十分に深く学ぶためには，ミクロ経済学やマクロ経済学の基礎的な理論の学修が必要となる。

　本書の構成であるが，前半はミクロ経済学を，後半はマクロ経済学を学修するように整理してある。前半部分の第1章は経済学の基本概念と市場経済における経済循環を取り上げ経済学とはどのような学問であるかについて簡単に整理している。第2章は市場メカニズムを理解するための基礎である需要と供給の関係について整理する。第3章では家計の消費行動の基礎理論を取り上げ，家計の最適消費選択について分析する。家計の消費行動理論を応用し，生産要素市場について整理しているのが次の第4章となる。第5章では企業の生産行動の基礎理論について整理しており，企業の利潤最大化行動について分析する。第5章までの基礎理論をふまえ，第6章では市場の均衡と効率性について解説する。ここまでは市場が完全競争の場合を想定しているが，第7章からは不完全競争市場の場合を考える。第7章は市場が独占や寡占の場合を取り上げ，それらが市場に及ぼす影響について解説する。第8章では外部性と公共財について取り上げ，市場の失敗の原因について整理する。第9章と第10章はゲームの理論および情報とリスク

の経済学について分析する。

　後半部分はマクロ経済学になる。第1章ではマクロ経済学とはどのような学問であるのかについて整理し，第2章では国民所得の諸概念について説明する。第3章では均衡国民所得の決定メカニズムと乗数効果について解説する。第4章ではマクロ経済学での投資の諸概念について整理し，投資量の決定について解説する。第5章と第6章では貨幣市場について取り上げ，貨幣の機能および貨幣の需要と供給の関係について考える。第7章では *IS-LM* 分析を整理し，財市場と貨幣市場の均衡および経済政策の効果について分析する。ここまでは主に海外部門の影響を考慮に入れていない理論であるが，第8章では海外部門を取り入れた開放経済体系と経済政策の効果について分析する。第9章では価格調整を取り入れた長期のマクロ経済モデルを取り上げ，さらに第10章では物価の理論について解説する。

　本書の出版は，日本大学通信教育部での経済原論／経済学原論のインターネットを利用した同時双方向型講義教材の作成をもとに実現したものである。本書の作成にあたり，多くの方々からの貴重なアドバイスを頂いたことを記しておきたい。最後に，厳しい出版事情の中，本書を出版する機会を与えて下さった文眞堂社長の前野隆氏と，非常に限られた時間の中で編集の労を取っていただいた山崎勝徳氏ほか編集部の方々に，執筆者一同心から謝意を申し上げたい。

　令和2年初秋

執筆者一同

目　　次

はしがき …………………………………………………………………… i

第Ⅰ部　ミクロ経済学

第1章　経済学とは何か ……………………………………………… 2

1-1　経済学とは何か ………………………………………………… 2

1-2　市場と政府 ……………………………………………………… 6

1-3　経済活動の主体と循環 ………………………………………… 9

1-4　ミクロ経済学の課題とアプローチ …………………………… 10

第2章　需要と供給の基礎理論 …………………………………… 12

2-1　合理的な経済行動 ……………………………………………… 12

2-2　需要曲線と供給曲線 …………………………………………… 13

2-3　市場の均衡 ……………………………………………………… 17

2-4　需要曲線と供給曲線のシフトの応用例 ……………………… 20

第3章　家計の消費行動 …………………………………………… 24

3-1　家計の消費選択と予算制約 …………………………………… 24

3-2　効用と無差別曲線 ……………………………………………… 29

3-3　最適消費の決定 ………………………………………………… 37

3-4　所得と消費 ……………………………………………………… 39

3-5　価格と消費 ……………………………………………………… 41

第4章　生産要素市場と所得分配 ………………………………… 45

4-1　企業の労働需要 ………………………………………………… 45

4-2　家計の労働供給 ………………………………………………… 48

4-3　労働市場の均衡 ……………………………………………………… 53

第5章　企業の生産行動 ……………………………………………… 58

5-1　投入と産出 ……………………………………………………… 58

5-2　生産要素の最適投入 …………………………………………… 66

5-3　費用曲線 ………………………………………………………… 69

5-4　利潤最大化と最適生産 ………………………………………… 75

5-5　短期供給曲線と長期供給曲線 ………………………………… 78

第6章　完全競争市場と効率性 …………………………………… 81

6-1　完全競争市場の均衡 …………………………………………… 81

6-2　経済余剰と市場の効率性 ……………………………………… 85

6-3　効率性の基準 …………………………………………………… 88

第7章　不完全競争市場 …………………………………………… 98

7-1　不完全競争市場と独占 ………………………………………… 98

7-2　独占的競争 ……………………………………………………… 104

7-3　寡占 ……………………………………………………………… 107

7-4　産業規制 ………………………………………………………… 112

第8章　外部性と公共財 …………………………………………… 116

8-1　外部性と環境問題 ……………………………………………… 116

8-2　環境対策 ………………………………………………………… 119

8-3　公共財 …………………………………………………………… 122

第9章　ゲームの理論 ……………………………………………… 126

9-1　ゲームの理論とは何か ………………………………………… 126

9-2　戦略型ゲームとナッシュ均衡 ………………………………… 128

9-3　ゲームの木と展開型ゲーム …………………………………… 134

9-4　繰り返しゲーム ………………………………………………… 138

9-5　部分ゲーム完全均衡 …………………………………………… 140

第 10 章　情報とリスクの経済学 ……………………………………… *143*

10-1　情報と情報市場 ……………………………………………… *143*

10-2　不確実性と意思決定 ………………………………………… *145*

10-3　不完全情報 …………………………………………………… *152*

第Ⅱ部　マクロ経済学

第1章　マクロ経済学とは ………………………………………… *156*

1-1　マクロ経済学とは ……………………………………………… *156*

1-2　マクロ経済学の分析ツール …………………………………… *160*

第2章　国民所得の諸概念と物価 ………………………………… *163*

2-1　付加価値と国内総生産 ………………………………………… *163*

2-2　国民所得の諸概念 ……………………………………………… *165*

2-3　マクロ経済循環 ………………………………………………… *168*

2-4　帰属計算 ………………………………………………………… *172*

2-5　三面等価の原則 ………………………………………………… *173*

2-6　三面等価は「事後的」な原則 ………………………………… *174*

2-7　*IS*バランスと財政収支・貿易サービス収支 ………………… *175*

2-8　物価水準 ………………………………………………………… *176*

第3章　均衡国民所得と乗数 ……………………………………… *181*

3-1　財市場における不均衡と調整 ………………………………… *181*

3-2　財市場の均衡 …………………………………………………… *182*

3-3　乗数効果 ………………………………………………………… *187*

3-4　消費関数論争 …………………………………………………… *191*

3-5　貯蓄動機と貯蓄関数 …………………………………………… *197*

第4章　投資量の決定 ……………………………………………… *200*

4-1　資本ストックと投資の諸概念 ………………………………… *200*

4-2 ケインズ型投資関数 ………………………………………… 201

4-3 加速度原理 ……………………………………………………… 206

4-4 ストック調整モデル …………………………………………… 208

4-5 投資の調整費用モデル ………………………………………… 209

4-6 トービンの q 理論 ……………………………………………… 210

第5章　貨幣の機能と貨幣の供給 …………………………………… 212

5-1 貨幣の機能と定義 ……………………………………………… 212

5-2 マネーサプライ ………………………………………………… 215

5-3 マネーサプライの変動 ………………………………………… 217

第6章　貨幣需要と利子率の決定 …………………………………… 224

6-1 資産市場におけるワルラスの法則 ………………………… 224

6-2 貨幣の保有動機と貨幣需要関数 …………………………… 226

6-3 貨幣市場の均衡と利子率の決定 …………………………… 232

第7章　IS-LM 分析と財政金融政策 ………………………………… 234

7-1 財市場の均衡と *IS* 曲線 ……………………………………… 234

7-2 貨幣市場の均衡と *LM* 曲線 ………………………………… 237

7-3 財市場と貨幣市場の同時均衡 ……………………………… 239

7-4 市場の調整メカニズムと調整速度 ………………………… 239

7-5 過少雇用均衡と総需要管理政策 …………………………… 242

7-6 ポリシー・ミックス …………………………………………… 246

7-7 価格の伸縮性と完全雇用 …………………………………… 247

第8章　開放経済体系と経済政策の効果 ………………………… 249

8-1 外国為替制度と国際収支の構造 …………………………… 249

8-2 マンデル＝フレミング・モデルの導出 …………………… 254

8-3 固定相場制下の MF モデルと経済政策 …………………… 259

8-4 変動相場制下の MF モデルと経済政策 …………………… 263

第9章　長期マクロ経済モデル ……………………………………… 269

9-1　長期モデルの枠組み ………………………………………………… 269

9-2　海外部門を組み入れた場合の長期モデル ……………………… 273

9-3　名目利子率と実質利子率 ……………………………………………… 278

第10章　物価の理論 ………………………………………………………… 280

10-1　総需要曲線と総供給曲線 ……………………………………………… 280

10-2　価格調整と総需要管理政策 ……………………………………… 284

10-3　期待とインフレーション ……………………………………………… 288

10-4　インフレとデフレ ……………………………………………………… 294

索　引 …………………………………………………………………………… 297

第 I 部

ミクロ経済学

第 1 章

経済学とは何か

1-1　経済学とは何か

(1)　経済学の基本課題

　経済学とはどのような学問であろうか。経済学は個人，企業，政府といった経済主体による選択に関わる学問である。なぜ選択が重要であるのか。それは欲望の非飽和性と関わっている。多くの財（goods）を含む物的欲望は，どこまで満たされても限りがない。一方で，資源の量は有限であり，かつそれを用いて作り出せる産出物の量にも限度がある。つまり，資源は我々の欲望に比して相対的に稀少であるということである。それゆえ，我々は選択をして経済行動を行っていると考えられる。ここでの資源とは財の生産に利用できるすべてのものを対象としており，土地や機械，建物のような物的資源はもちろんのこと，労働力や企業者能力のような人的資源などもすべて含んでいる。

　経済学という学問を簡単に定義していく。どのように定義すれば良いであろうか。

　経済学とは，諸目的と，代替的用途に役立つ稀少な諸手段との間の関係として，人間行動を研究する学問である。経済学は何よりもまず人々，人間，を対象とする学問であって，モノを対象にしているのではない。なおここで，諸目的とは，社会の人々の物的欲望の追求のことであり，諸手段とは資源のことである。

　経済学の基本課題について整理をする。社会における稀少な資源をどのように使用していくのかは，多数の個人・家計や企業，さらに政府や官僚による諸々の選択によって決定される。このような個人や企業の選択および経済全体での稀少資源の使用方法は経済の主要な問題となる。こうした問題は経済がどのように機

能するかに関する4つの基本問題としてまとめられる。

①　何が（どれだけ）生産されるのか

どのような財をどれだけ生産するかは，それぞれの財の価格水準に依存するであろうが，一方でそれらの価格は生産者の供給や消費者の需要に依存している。この問題は主として民間部門での企業と家計との相互作用によって決定されるが，政府もまた重要な役割を果たしている。

②　これらの財は（どのように）生産されるのか

ある財を生産するに際してさまざまな方法が利用可能である場合に，そのなかでどの方法が採用されるのだろうか。これも企業によって決定されるが，企業の決定そのものは経済のさまざまな要因によって影響される。

③　これらの財は（誰のために）生産されるのか

これは民間部門の企業と家計の相互作用によって決定されるが，政府もそれに対して大きな役割を果たしている。産出物の種類と数量，そして生産方法が決定され，その結果，労働，土地，資本などの各種のサービスの使用量が決定されれば，賃金，地代および資本のさまざまな収益のような，各成員の所得が決定されることになる。

④　誰が経済的決定を行うのか，また（どのような過程）を経て行うのか

これは経済体制に関わる問題である。経済に関する問題に対して何らかの解決策を試みるとき，現代の我々が生活する社会のように市場メカニズムの役割を重視することもあれば，一昔前のような原始的な社会であれば，地域の村長が独断的に強権を発動したり，あるいは，昔からある慣習に沿った形で物事を決定したりすることもあるであろう。つまり，これは社会全体の制度的枠組みに依存することになる。

(2)　経済体制

経済体制について確認する。経済体制は大雑把に区分すると，中央集権的計画経済（centrally planned economy）と混合経済（mixed economy）の2つに分けられる。中央集権的計画経済とは政府が経済活動のあらゆる決定を行い官僚機構を通じてそれを実行するという経済体制であり，混合経済とは公的部門と民間部門が存在し，それらは互いに依存しあい，家計と企業が自由に決定を行っているが，政府もまた重要な役割を担っているという経済体制である。近年の経済で

は多くの国でこの混合経済を観察することができる。戦後の世界では，中央集権的経済体制を取っている国も多く見られたが，現在のグローバル社会においては多くの国が混合経済という，いわゆる市場をベースとした経済体制を取っている国が多く見られる。

　経済体制について資源配分に関する意思決定を基準にして区分すれば，集権制（centralism）と分権制（decentralism）とに分けられる。一般的に，集権制は，資源配分に関する意思決定は中央機関に集中して一元的に行われているという計画経済（planned economy）というものであって，分権制は，資源配分に関する意思決定は社会の各成員に分散して個別的（＝自主的）に行われている，いわゆる市場経済（market economy）というものと考えられる。

　また，物的資産の所有形態を基準にして区分すれば，私有制（private ownership）と公有制（public ownership）に分けられる。私有制は物的資産が個々の成員によって私的に所有されているということであり，公有制は物的資産が国によって公的に所有されているということである。一般的に，私有制は資本主義（capitalism），公有制は社会主義（socialism）と呼ばれている。

　図1-1は経済体制を類型したものである。縦軸を資源配分に関する意思決定を基準に，横軸を物的資産の所有形態を基準において四象限で分類すると，経済体制は，資本主義市場経済，資本主義統制経済，社会主義計画経済，社会主義市場経済の4つの類型に分けられる。資本主義市場経済の典型例はアメリカであろう。その対極にある経済は現在の北朝鮮（朝鮮民主主義人民共和国）のような国が当てはまると考えられる。他には，現在の中国の経済体制は，市場メカニズムの仕組みを導入した社会主義市場経済にあたるであろう。資本主義統制経済は稀にみないが，戦時経済，有事や緊急事態下での経済がそれにあたると考えられる。

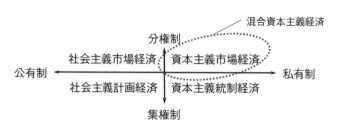

図1-1　経済体制の類型

　現実の資本主義国家の経済は，必ずしも純粋の資本主義市場経済ではなく，かなりの程度の公的所有や政府の立場からする統制の要素を含んでいる。実際に，政府の役割というのは非常に重要なものである。それらの国々の経済は混合資本主義経済（mixed capitalism economy）または混合経済（mixed economy）として特徴づけられている。

⑶　科学としての経済学

　経済学は科学である。現実の経済現象をあるがままに分析・説明し，経済の動きを予測するのが実証的（positive）分析である。実証的経済学では，どのような経済モデルが適切であるのかということに関して意見の不一致が起こりうる。また，仮に適切な経済モデルについて合意したとしても，政策効果の量的な大きさで意見の不一致がしばしば見られる。また，望ましい経済を構築するために何がなされるべきかを分析するのが規範的（normative）分析である。規範的経済学では，経済学者の間で望ましい経済についての意見が異なることがあり，そうした相違は各経済学者のもつ価値判断が互いに異なるためである。

　例えば，税金という我々の生活に密接したものひとつを考えてみても，税金を上げた方がいいのか，下げた方がいいのか，あるいは，消費税が好ましいのか，所得税が好ましいのか，などといったように，経済学者の間では意見が割れることがある。

　科学としての経済学の構造的な特徴を整理する。経済学ではまず現実を観察し，そこから理論モデルを構築する。理論はひとつあるいは複数の仮説からなり，言葉や数式，数学的な関係を使って表現される。つまり，ある仮定（または仮説）を前提とし，それから論理的に結論を導き出すのである。理論を構築する場合にはモデル（分析対象である経済問題にとって重要と考えられる要素だけに注目する模型）が用いられ，モデル分析から，さまざま経済変数がどのように関係し，どのように変化するかを理論的に推測する。この理論モデルにもとづき論理的演繹を行い，さまざまな命題（予測）を導き，その命題が現実に観察される事実（データ）と合致するかどうかを検証する。

　理論的な推測が正しいかどうかは，データ（多くの財やサービスの価格や販売量，賃金，利子率などのさまざまな変数）を用いて検証することができる。こうした変数間の関係を検証するには，経済学分野の計量経済学（econometrics）

の統計学的手法を利用した検証であったり，実験を行うことによって理論的推論を検証したりすることも可能である。近年，実験経済学（experimental economics）は経済学の一分野となっている。

　検証により理論モデルが適切なものとなれば，その分野における理論として確立することになる。一方で，検証によりその理論モデルでは，現実の観察結果をうまく説明できないのであれば，理論モデルとしての妥当性は認められないことになり理論モデルを再検討・修正する必要がある。それは最初に構築した経済モデルが適切ではなかったことを意味する。

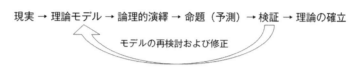

現実 → 理論モデル → 論理的演繹 → 命題（予測）→ 検証 → 理論の確立
モデルの再検討および修正

図 1-2　経済学の循環的構造

1-2　市場と政府

⑴　市場経済

　市場経済について確認をしていく。資本主義市場経済体制では，私有財産制度の下で各経済主体が消費生活の面でも事業の面でも選択の自由を認められ，各個人の目的を利己的に追求するかたちで，価格メカニズムを通じて，経済の運営がなされていく。

　図1-3では，経済学であつかう代表的な市場である生産物市場（財市場），労働市場，資本市場において，家計と企業の需要と供給が価格メカニズムを通じて調整される循環について描かれている。家計は市場を介して労働を企業に供給し労働サービスの対価として給与を得たり，土地などを貸し出しその対価として地代を得たりする。企業は労働や土地などの生産要素を使用して生産物を作り出し，市場で販売をしてその生産物の対価を得る。これが経済循環の基本的な考え方である。

　市場の循環図について図1-4からもう少し整理していく。この図には生産物市場と生産要素市場での需要曲線と供給曲線が描かれている。たとえば，我々は労働市場では労働という生産要素を提供し，それに見合う賃金をもらっている。そ

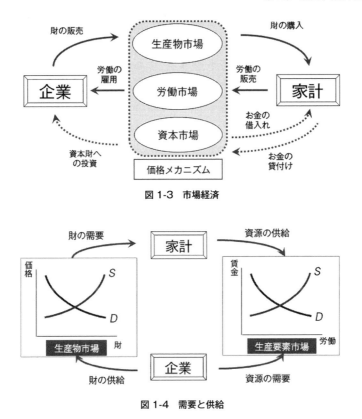

図 1-3　市場経済

図 1-4　需要と供給

こで得たお金を使って，生産物市場で財やサービスを購入する。つまり，生産物も生産要素も市場という場で取り引きが行われているということである。価格は需給が一致するように調節される。家計や企業が他の経済主体についての情報をもたなくても価格というシグナルを見て行動することで，市場全体では，アダム・スミスがいう「見えざる手」に導かれ，需要と供給が一致することになる。

(2)　政府の役割

　次に，政府の役割について簡単に確認する。競争的な市場経済では，価格メカニズムの働きで，経済学の4つの基本問題のうちの最初の3つに答えを出してくれる。アダム・スミスは『国富論』のなかで，市場機構，つまり価格メカニズムという「見えざる手」に任せれば，理想的な調和の世界が実現できるという考え

を示した。要するに，各個人が自分勝手な個別の経済活動をするということと，経済全体の秩序が維持されるということが，価格メカニズムによって両立するとそれが可能であると考えた。しかしながら，完全競争状態のもとで，はじめて市場機構の調整機能が働くのである。

　完全競争の概念について確認をする。完全競争とは，誰もが自分だけの行動によって財の価格を左右しうるほどの力を持っていない状態のことであり，財の価格は市場で決定されるような市場のことである。完全競争は4つの特徴がある。それは，各財の買い手と売り手が多数存在し，各財の製品差別化はなく，すべての成員が市場の価格や財の特性について完全な情報をもっており，市場への参入・退出が自由であるというものである。これらの仮定は現実的ではないかもしれないが，いわゆる歪みのない市場というものを想定することによって，現実の経済や市場において，どのような点が問題なのかということを明らかにするという意味においても，この完全競争市場の仮定は重要となる。

　現実の市場は完全競争とはほど遠いものであろう。そのような場合，市場に歪みが生じることになり，その場合は政府の役割が重要となる。混合経済の市場は経済の基本問題を総じて効率的に解決するが，いくつかの分野においては市場の有用性は機能しないかもしれないし，またそれほど効果的に機能していないと考えられていることもある。このような状態が生じた場合，市場を補完するためには，政府の活動に頼ることがある。もし企業と家計だけの世界であれば，企業は好きなだけ生産活動をし，たとえば環境汚染を悪化させるような行動をとるかもしれないし，また，所得の高い人と低い人といった格差が広がり続けるといった社会問題が生じるとき，これらの問題の解決を試みるときに政府の役割が重要になると考えられる。具体的に，政府の活動としては，法的・制度的枠組みの設定，公共財の供給，外部効果への介入，所得の再分配，独占の規制，総需要の管理，などが挙げられる。市場メカニズムだけでうまく経済が動けばそれに越したことはないが，実際にはそれはほぼ不可能であり，企業や家計では実行不可能であることも数多くある。

　公正の問題に関しても政府の役割が問われる。効率性という問題に対して市場メカニズムは十分に力を発揮するが，公正というものに対しては政府のリーダーシップが問われてくる。市場を通して資源配分と所得分配が決まるが，その結果として，一部の人だけが所得の大部分を得る可能性もある。そこで，政府は所得

を再分配する政策をとることによって，このような分配の不平等を是正する。ただし，何が平等であり公正であるかという判断には，価値観や倫理観が含まれる。なぜなら，どう分配されているかというのは実証的な問題であっても，どう分配されるべきかというのは規範的な問題だからである。したがって，分配の問題の解決は，その経済の社会制度に大きく依存することになる。

1-3　経済活動の主体と循環

⑴　経済主体

　経済活動の主体と経済の循環について考える。経済主体は3つある。消費活動を中心とする家計，財・サービスを生産・販売する企業，税金を集め公共サービスを提供する政府である。財とは，食品や衣類など，有形であるモノ・商品のことを指し，サービスとは，医療や教育など，無形であるモノ・商品のことである。

　各経済主体による選択は相互に影響し合い，また相互に依存し合っており，その相互依存の仕方によって，稀少資源の使用方法もまた異なったものになる。つまり，経済主体が互いに関係し合い，貨幣と財・サービスとを交換することで経済が成り立っていることになる。

⑵　市場と経済循環

　家計と企業の経済循環については既に確認をした。そこに政府を入れてもう一度経済循環について整理する。図1-5において，直線はモノ（財・サービス）の流れ，点線はカネ（貨幣）の流れを示しており，市場における，家計，企業，政府の間に，モノとカネが循環している状況を描いている。

　企業は財を生産し生産物市場を通じて家計に供給し，その対価を家計は企業に支払っている。家計は生産要素市場を通じて企業に労働などの生産要素を供給し，企業はそれに対する給与や地代などを家計に支払っている。政府についても同様に考えることができる。政府も家計と企業から税金を徴収し，それに対する教育や社会インフラなどといった公共サービスを家計と企業に提供するのである。また，企業は家計とのみ取引しているわけではなく，企業間での取引も行っている。財の生産に必要な原材料や，生産設備や部品などといった中間投入財を

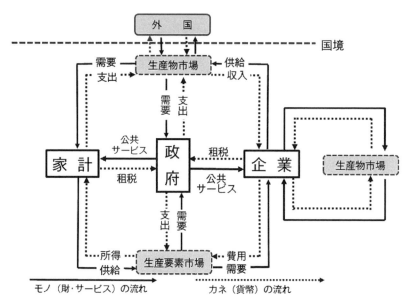

図 1-5　経済循環

他の企業から購入しており，それらの対価を取引先に支払っている。

　さらに，国内だけの取引ではなく，輸出や輸入のような国境をまたいだ国際取引も行われている。いまではインターネットなどの情報通信技術の普及により家計も企業も海外の家計や企業と財やサービスの取引を容易に行っており，それに対する対価も国境をまたいで双方向に行き来している。

1-4　ミクロ経済学の課題とアプローチ

　経済学は分析の方法によってミクロ経済学とマクロ経済学に分類される。ミクロ経済学とマクロ経済学の相違を簡単に述べるならば，経済を構成する経済主体である企業や家計の行動と個々の市場の動きを分析するのか，あるいは，経済全体の行動に注目し，国民経済全体でのさまざまな集計的な経済変数の動きを分析の対象とするのか，ということであろう。ミクロ経済学は，市場における価格の役割を重視することから「価格分析」ともいわれ，一方で，マクロ経済学は，一国の所得の動向を分析の中心に置くことから「所得分析」ともいわれている。

　ミクロ経済学のアプローチについて整理する。ミクロ経済学では，家計（ある

いは個人）や企業などの経済主体の行動について，それぞれが自己の利益を求めて，合理的行動を選択するとの前提が置かれる。ここでいう合理的とは，目的が与えられたとき，それらの経済主体はその目的に適した行動を取るという意味である。つまり，ミクロ経済学では家計と企業の行動原理を分析する分野である。

　家計は効用最大化を目指す行動をとる。その目標達成にあたり，家計は要素市場から所得を獲得し，その所得の制約のもと，消費から得る満足度を最大にするように様々な財・サービスへの支出の配分を決める。つまり，所得の大きさによって決まる予算の中で，効用を最大にするように消費行動を行う。同様に，企業は利潤最大化を目指す行動をとる。企業は費用を支払うことにより要素市場から要素サービスを購入し，産出して作り出した財・サービスを売却して収入を得る。つまり，利潤（収入と費用の差）を最大化するように購入する要素サービスの組み合わせを選択し，生産・販売する量を決める。

　自分に課せられた所得や資源，技術などの制約のもとで，家計であれば効用を最大化し，企業であれば利潤を最大化するように行動すると想定する。ミクロ経済学の前半では，それら最大化のための条件はどのようなものであり，そこから導かれる市場の均衡とはどういう状況であるのかなどということについて完全競争のもとでの消費者行動の理論や生産者行動の理論を学修する。後半では完全競争から離れより現実の経済に近い市場を想定し，独占市場などの不完全競争市場について取り扱い，さらに公共財や外部性，ゲーム理論，情報の非対称性についても学修する。

第2章

需要と供給の基礎理論

2-1　合理的な経済行動

この章では，経済主体の合理的な行動や費用の概念を確認したうえで，経済学の基本的な概念となる，需要曲線や供給曲線，そして市場の均衡調整について確認をしていく。

(1)　経済人

経済とは多くの経済活動が集まったものであり，それらは相互に絡み合った関係をもっている。その複雑な経済活動を考察するためにミクロ経済学では多くの仮定をおき，考察すべき経済現象をできるだけ簡素化して法則性を導こうとしている。

代表的なものとして人間は合理的な経済行動をとるという前提である。それは，家計であれば満足度を高め，企業であれば利潤を高めるという目的を追求しており，その目的を達成するために決定する選択肢の中身を明確に認識し，それらのもたらす便益と費用を考慮に入れながら行動すると想定していることである。利用できるすべての情報を使用して，自分の目的に最も適した選択肢を選ぶような行動は合理的であるといい，合理的に経済行動を決定する経済主体を経済人と呼ぶ。

(2)　機会費用と埋没費用

経済学で前提としている代表的な用語として，機会費用と埋没費用（サンクコスト）がある。機会費用とはある行動を選択するとき，それによって放棄するこ

とになった便益の最大値を機会費用という。例えば，勉強をすることの機会費用は，その時間を使ってアルバイトをしたり睡眠をしたりする時間などから得られたものとなる。大学などに進学する費用は，大学に支払う授業料といった直接的な費用と，進学することにより働く時間が減るといった機会費用を合わせたものになる。合理的な経済主体が意思決定をする際に機会費用は考慮すべきものである。

　また，意思決定を行う以前に支出され，意思決定の時点では回収不可能な支出を埋没費用という。例えば，海外のビーチに旅行する計画をたてたが，到着すると現地の天気が大雨であったとき，雨の中ビーチで遊ぶのか，現地で別の娯楽で時間を過ごすのかということでは，どちらがより高い満足度を得られるのかを考えると，ビーチで遊ぶという選択は合理的ではなく，別の娯楽を選択するのが合理的である。旅行費用はすでに支払っており選択を決定する時点では回収不可能であるため，その費用にこだわると最適の判断ができなくなる。

2-2　需要曲線と供給曲線

(1)　市場と価格
　経済主体は日々の様々な経済活動を行っている。経済活動が行われる場を市場という。市場では様々な交換がおこなわれている。人間の欲望を充足するために必要な物質的な手段，あるいはサービスのことを財という。ある財を1単位購入するときに支払う金額，または，販売するときに受け取る金額を，その財の価格という。市場では財を購入する需要者と提供する供給者が集まっており，市場を中心とした経済を市場経済という。市場では財の価格と取引量が需要と供給の関係から決定される。

(2)　需要曲線
　需要曲線について確認していく。はじめに留保価格について確認する。需要をキャッチするには，人々の支払い意思を知ることが重要となる。人々がある財を購入しようとするとき，支払っても良いと思う最も高い価格のことを留保価格という。表2-1はAからHの8人の消費者がある時計の購入に際して，いくらまでなら支払ってもいいかということをまとめたものである。例えば，その時計

を手に入れたいと思っている消費者 A が，4,800 円までなら支払っても良いと考えているとする。この場合の留保価格は 4,800 円となる。この価格は，消費者 A の時計への（主観的評価）であり，4,800 円が留保価格または支払意思額であるといえる。消費者 B についても同様のことがいえ，50,000 円が消費者 B の留保価格となる。いま，同じ時計が市場において 3 万円で売っているとするならば，それは市場での価格ということであって留保価格ではない。つまり，その時計を購入するために自分はどれくらいまでなら支払ってもいいかと考えている価格が留保価格である。

表 2-1　個人の留保価格

A	B	C	D	E	F	G	H
4,800 円	50,000 円	30,000 円	15,000 円	9,800 円	25,000 円	40,000 円	20,000 円

　表 2-1 の留保価格を図に表したものが図 2-1 である。図(A)であるが，これは各消費者の留保価格をプロットしたものである。この図では，時計の価格と購入量との間には何の関係も無い様に見えるであろう。次に，これらを留保価格の高い順にならべてみる。すると，個人 B が購入する 1 個目から順に右下がりの留保価格を示す点が描ける。

　いま確認した点を結んでみたものが図 2-1 (B)であり，各点を結んだものは右下がりの曲線として表すことができる。これは時計が販売されるとき，支払われる金額を表わしている。例えば，1 個の時計が販売されるならば個人 B のみが時計を購入しその価格は 40,001 円から 50,000 円の間である。もしこの時計の市場で 6 個の時計が販売されているなら，6 個が購入され，その価格は 9,801 円から

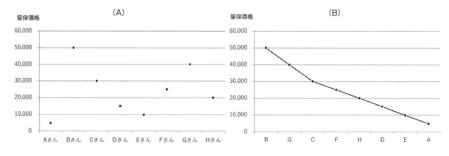

図 2-1　留保価格と需要曲線

15,000 円である。この右下がりの曲線が需要曲線である。

(3)　供給曲線

　供給曲線について確認をする。企業は，与えられた技術を使って，労働や機械，工場（土地・建物）などの生産要素を無駄なく組み合わせて生産物を作っている。これを効率的生産という。

　企業が効率的生産を行って時計を作る例を考えてみる。表2-2 はある企業が時計を生産する際の生産量とそれに対応する費用についてまとめてあるものである。総費用は，時計の生産に掛けた費用総額である。追加的費用は，1 個余計に作るために必要な費用（限界費用）である。図2-2 は各生産量に対応する追加的費用をプロットしグラフに描いたものである。この追加的費用の各点を結んだものが右上がりの直線として描くことができ，これが供給曲線である。この時計の生産の場合は直線であるが，一般的には曲線である。供給曲線は企業が時計を供給しても良いと考えている最も低い価格である。例えば，1 個の時は 10,000 円以上ならば供給しても良いと考え，6 個のときは 1 個当たり 15,000 円ならば供給しても良いと考えている。

表 2-2　時計生産にかかる費用

	1 個	2 個	3 個	4 個	5 個	6 個	7 個	8 個
総費用	10,000	21,000	33,000	46,000	60,000	75,000	91,000	108,000
追加的費用	10,000	11,000	12,000	13,000	14,000	15,000	16,000	17,000

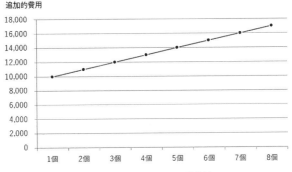

図 2-2　追加的費用と供給曲線

⑷　需要と供給の価格弾力性

　弾力性という重要な概念について確認をしていく。ここでの弾力性とは何かというと，ある財の価格の変化がその財の需要量や供給量にどの程度影響をもたらすのかということである。その影響の度合いは財の種類によって異なる。弾力性は比率分の比率で表され，相対的な変化の度合いを示している。

　はじめに，需要の価格弾力性（price elasticity of demand）について簡単に整理する。いま，ある財があるとし，その財の価格の変化率と財の需要量の変化率との比のことを財の需要の価格弾力性と呼ぶ。それは，

$$e_D = \frac{需要量の変化率}{価格の変化率} = \frac{-\Delta X_D / X_D}{\Delta P / P} = -\left(\frac{\Delta X_D}{\Delta P}\right)\left(\frac{P}{X_D}\right)$$

と示すことができる。上式にマイナスがついているのは，弾力性の大小を比べるときに絶対値で評価するためである。

　贅沢品や密接な代替品のある財などのケースでは，弾力性は1より大きく（$e_D > 1$）なるのが一般的である。これは1％の価格の低下に対し1％以上の需要が増えることを意味し，このように弾力性の値が1より大きい場合，その財の需要は弾力的であるという。この場合，価格を下げれば販売金額は増加すると考えられるであろう。逆に，必需品や密接な代替品のない財などのケースでは，弾力性は1より小さく（$e_D < 1$）なるのが一般的であり，その財の需要は非弾力的であるという。この場合，価格を下げたとしても需要が大きく増えるわけではないため，価格を下げれば販売金額が減少すると考えられるであろう。また，もしある財の需要の価格弾力性が1に等しいとき，価格の変化と同じ比率で需要量が変化するということである。そのため価格の低下は物的な販売量を増やすことになるが，販売金額には何の変化もないことになる。

　次に，供給の価格弾力性についてであるが，これも需要の価格弾力性と同様に解釈することができる。供給の価格弾力性は，生産物価格の変化に応じて供給量の反応を表す指標である。それは，

$$e_S = \frac{供給量の変化率}{価格の変化率} = \frac{\Delta X_S / X_S}{\Delta P / P} = \left(\frac{\Delta X_S}{\Delta P}\right)\left(\frac{P}{X_S}\right)$$

という式で表され，需要の価格弾力性と同じ様な性質をもつ。価格が上がれば供

給量は増えるという一般的な関係から，価格と供給量は同じ方向への動きをすることから，この値はプラスの値となる。価格の変化に対応して供給量がそれ以上の比率で反応をするならば，その財の供給は弾力的であるといえる。図2-3は弾力的な供給曲線および非弾力的な供給曲線を描いたものである。それらを確認すると，傾きが緩やかな曲線は弾力的であり，傾きが急な曲線は非弾力的な曲線である。ある財の供給において，価格が p_1 から p_2 へ低下することにより，弾力的な供給曲線の方が供給量の反応は大きいということがみてとれる。

　需要曲線と供給曲線の傾きは財の性質によって異なることになる。一般的に，需要曲線は右下がりであり，供給曲線は右上がりである。これら曲線は特殊な形状を取ることもある。もし需要者がどんなに価格が高くても一定量購入したいと考えている財であれば需要曲線は垂直な線となり，対照的に，ある一定価格でなければ購入しないと考えている財であれば需要曲線は水平な線となる。このような特殊なケースは供給曲線でも同様に考えることができる。

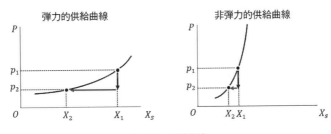

図2-3　供給曲線

2-3　市場の均衡

(1)　市場の価格メカニズム

　右下がりの需要曲線と右上がりの供給曲線を同じ図で描いたものが図2-4である。右上がりと右下がりの曲線のため，両曲線は必ず交差する箇所をもつ。この図でいうと，数量が6個で価格が15,000円のところで需要曲線と供給曲線が交わっている。その点が市場均衡点である。この場合の時計市場における市場均衡点では，6個の取り引きで需要と供給が一致しており，その時の価格は15,000円であることがわかる。需要と供給が均衡しているところに対応する価格を均衡

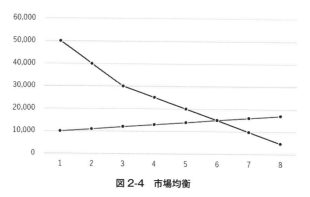

図2-4 市場均衡

価格と呼ぶ。同様にそのときの取引量を均衡数量と呼ぶ。つまり，均衡価格は15,000円であり，均衡数量は6個である。均衡価格のもとでは需要と供給が一致するので，売れ残りや品不足は発生しないとされる。つまり，市場における均衡点ではすべての需要者が望むだけ財を購入することができ，またすべての供給者も望むだけ財を供給することができるのである。

　市場では最初から常に需要と供給が一致しているという状況であるのかというとそういうわけではないであろう。需要が供給を上回っているような品不足のケースや，供給が需要を上回っているというモノ余りのケースのような状況もある。図2-5ではそれらの状況が描かれている。価格がp_1であるとき，その価格は均衡価格よりも高く，財の供給量が財の需要量を上回った状態である。このようなときは超過供給が生じる。超過供給が発生すると，売り手が過剰な商品を売りさばくためにより低い価格をつけることになり，価格は下落し，需要の増加と供給の減少を招く。また，価格がp_2であるとき，その価格は均衡価格よりも低く，財の需要量が財の供給量を上回った状態である。このようなときは超過需要が生じる。超過需要が発生すると，買い手が不足な商品を入手するためにより高い価格をも受容することになり，価格は上昇し，需要の減少と供給の増加を招く。このような場合，いずれの場合も均衡点に向かうことになる。需要と供給は市場での価格調整を通じて点Eへ収束する。このように，価格の変動によって

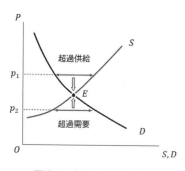

図2-5 市場での価格調整

需要と供給の不一致を解消し，市場均衡を達成する仕組みを価格調整メカニズムと呼ぶ。

(2)　需要曲線と供給曲線のシフト

　需要曲線や供給曲線は，様々な経済環境に身を置く需要者や供給者の意思決定を反映するものである。そのため，たとえ財の価格が一定であったとしても，需要者や供給者の選好や市場環境などに変化が生じれば，それらは彼らの意思決定に影響をもたらすことになり，結果的に需要曲線や供給曲線の位置が変わることもある。

　需要の変化を図2-6を用いて考えてみる。この図はトイレットペーパー市場におけるそれらの価格と取引量が描かれている。はじめは供給曲線Sと需要曲線D_1が交差する点E_1で均衡が達成されている。ここで消費者の需要を増やすことにつながる何らかの経済的・社会的な動きが生じたとする。そうすると消費者はトイレットペーパーをこれまで以上に購入する行動をとるであろう。この場合，需要曲線はD_1からD_2のように右側へシフトすることになる。結果的に，当初の均衡価格では超過需要が生じるため，価格調整メカニズムにより，トイレットペーパーの価格は新しい均衡水準まで上昇し，新しい均衡点はE_2になる。ここでは，需要の増加が生じるときには均衡価格は上昇し，取引量も増大するということがみてとれる。

　同様に，供給の変化について考えてみる。同じ価格のもとでの供給量の変化による供給曲線のシフトを，供給の変化と呼ぶ。いま図2-7から，お米の市場を考

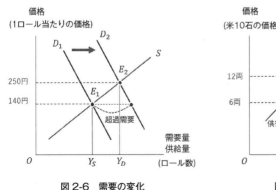

図2-6　需要の変化

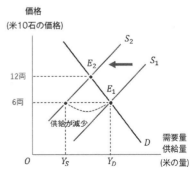

図2-7　供給の変化

えてみよう。供給曲線 S_1 と需要曲線 D が交わる E_1 が最初の均衡点である。ここで，天候不順など供給側に影響をもたらす出来事が起きたとする。天候不順はお米の生産に負の影響をもたらす出来事であるため，供給曲線は左側にシフトすることになる。供給量が減ると，超過需要が生じるため価格が上昇する。結果的に，価格は上昇し取引量は減少することになり，均衡点は E_1 から E_2 へ移ることになる。逆に，新しい農業技術の開発などのような供給量に正の影響をもたらす出来事が生じたとすれば，供給曲線は右側へシフトすることになる。そのような場合には価格が低下し，取引量は増大することがわかるであろう。

2-4　需要曲線と供給曲線のシフトの応用例

(1) 最低賃金制度

　ここまでみてきたとおり，需要曲線や供給曲線のシフトが市場にどのような影響をもたらすのかという考え方は非常に広く応用されている。以下では最低賃金制度が労働市場に与える影響について考えてみる。最低賃金制度とは，国が定めた最低賃金額以上の賃金を支払わなければならないとする制度のことである。図2-8は縦軸が賃金率 W，横軸は労働者数 Y をそれぞれ表しており，労働市場における労働需要曲線 D と労働供給曲線 S が描かれている。これはある賃金率のもとでの労働需要と労働供給の関係を示している。

　もし最低賃金制度がなければ，労働市場は点 E で労働需要と労働供給は均衡する。そのときの均衡賃金率は W_0 となり，そこでは，働きたいと考える Y_0 だけの労働者がすべて雇用されるということである。

　ここで政府による最低賃金制度が導入され，ある賃金水準以下での労働者の雇用を禁止した場合を考える。この制度により最低賃金水準が W_2 で設定（$W_0 > W_2$）されるならば，均衡賃金率での取引きが可能であるので影響を受けることはないであろう。しかし，この制度により最低賃金水準を W_1 で

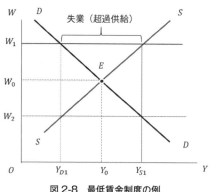

図2-8　最低賃金制度の例

設定された場合，W_1 は均衡賃金水準よりも高いため（$W_1 > W_0$），均衡賃金率 W_0 での取引が禁止されてしまい本来の均衡は実現不可能となる。W_1 の賃金水準では働きたいと思う労働者が増え，労働供給は Y_{S1} に達することになる。しかし，企業側からみると賃金が上がることによって雇える人数は減少することになり，労働需要は Y_{D1} の水準に落ち込むことになる。つまりこの場合，労働市場では超過供給の状態が生じることになり，$Y_{S1} - Y_{D1}$ だけの失業が発生することになる。このように，労働者を守ることを目的とした最低賃金制度の導入が試みられるとしても，失業を発生させ，労働者にとって必ずしも有益になるとは限らない。このような制度が効率的なものになるかどうかは，当該制度で設定される賃金率と均衡賃金率の水準に依存することになる。

(2) 課税の効果

　課税の効果について考える。個人の所得税，企業の法人税，すべての財の購入に課される消費税など，政府は様々な税を課している。財1個当たりに対して課税するタイプの税は従量税と呼び，消費税のような販売価格に対して課税するタイプの税は従価税と呼ぶ。このような課税は，家計や企業（需要と供給）にどのような影響を与えるのであろうか。以下では従量税について考える。

　図 2-9 において縦軸は財の価格，横軸はその数量を示しており，課税前の市場は需要曲線 D と供給曲線 S_0 が交差する点 E_0 で均衡している。いま，物品税が課されるとすると，企業は財1単位当たり t 円の税金を政府に納めるとする。企業が従来と同じ X_0 単位の生産をしようと考えるためには，税込み価格は，P_0 に t を上乗せして $P_0 + t$ まで上がる必要がある。すなわち，このような税は，供給曲線を実質的に左上の方にシフトさせる。一方，このような種の課税自体は，消費者の意思を変化させるものではないので，需要曲線はシフトすることはない。もし，以前の均衡価格水準が P_0 であれば，需要量は X_0 で変化しないが，供給量は減少するため，超過需要が発生することになり，価格上昇の圧力が生まれ

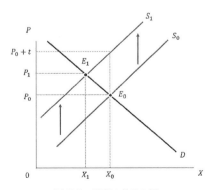

図 2-9　課税の効果の例

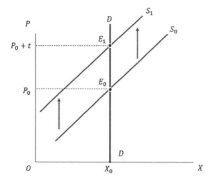

図 2-10　需要曲線が垂直のときの課税の効果の例

る。結果的に，課税後の均衡点は E_1 に移り，価格は P_0 から P_1 へ上昇することになる。需要曲線はシフトしないが，課税によって価格が高くなったために購入する量が減ることになる。このことは，供給者の支払う税の一部が消費者に移ったこと（税の転嫁）を意味する。

　課税は消費者と生産者に負担をもたらすが，その負担の割合は曲線の傾きによって決まる。つまり，需要の価格弾力性と供給の価格弾力性によって決まる。需要の価格弾力性がゼロの場合を例に考えると，この場合，需要曲線は垂直の形状になる。図 2-10 で確認すると，需要曲線が垂直であるとき，物品税により供給曲線が左上にシフトすると，均衡点が E_0 から E_1 へ移ることになるので，価格は P_0 から P_0+t へ上昇し，税はすべて消費者に転嫁されることになる。また，需要の価格弾力性が無限大のとき，つまり需要曲線が水平であるときは課税されても市場価格は上がらないため，その負担は生産者負担になる。

(3)　豊作貧乏

　図 2-11 をもとに，豊作貧乏について考える。高原野菜が取れすぎると，市場に出荷せずに畑で潰してしまうことがあるが，それはなぜかであろうか。豊作貧

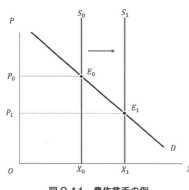

図 2-11　豊作貧乏の例

乏とは，野菜などの農産物が豊作になり，供給量が増えたにもかかわらず，その価格が暴落することで，農家の収入が減ってしまう現象のことをいう。図 2-11 では縦軸に野菜の価格，横軸に数量，右下がりの需要曲線，そして垂直な供給曲線が描かれている。野菜の生産において，作付けの時点以降に生産量を調整することは難しく，供給量は固定されることから，供給曲線は図の曲線 S_0 のようになる。一度作付けをし

た場合，その面積などからとれる収穫量はある程度予測がつく。豊作は収穫でき
る野菜の量が増えることなので供給側に影響をもたらすため，供給曲線は右側へ
シフトする。需要面においては，一般的に，野菜に対する需要の価格弾力性は乏
しい，あるいは非弾力的であると考えられる。豊作だからといってその野菜への
需要が大きく増えることは考えにくいであろう。

　農家の収入を考えると，価格が P_0 のときの収穫量は X_0 であるので，四角形
$OP_0E_0X_0$ の面積が収入となる。そして豊作になると，供給曲線がシフトし，収
穫量は X_1 まで増え，価格は P_1 になり，均衡点は E_0 から E_1 へ変わる。豊作時
の農家の収入は四角形 $OP_1E_1X_1$ で表される。つまり，豊作前の四角形 $OP_0E_0X_0$
が豊作時の四角形 $OP_1E_1X_1$ よりも大きいときに，豊作により農家の収入は減る
ことになる。これは，野菜のように需要の価格弾力性が 1 より小さい非弾力的な
財に起こりうる。

第3章

家計の消費行動

3-1　家計の消費選択と予算制約

　我々は購入したい財がたくさんあるであろう。それらすべてを購入できるのであれば，それが望ましいのかもしれない。しかし，我々の予算は限られているため，欲しいものをすべて購入することは出来ない。したがって，販売されている様々な財の価格を考慮して，与えられた予算内で我々の欲求にもっともあう財の組み合わせを購入するであろう。

　ある消費者がある財をより多く購入すれば，他の財の購入量は相対的に減少する。本章で学ぶ消費者選択の理論は，トレードオフに直面する消費者がどの様に消費に関する意思決定を行うのかということを説明する。

　消費者選択の理論はただ単にある個人の消費選択を説明するだけではなく，我々が常識と考えているような，財の価格が下がればその財に対する需要が増加する（需要の法則），ということが一人ひとりの選択の結果であることを教えてくれる。また，一見互いに関係しないように思える事柄，例えば，ある財の価格が上がれば別の財の需要は増える，賃金が上がれば労働供給は増えるなども，消費者選択の理論を用いてその変化の理由を理解することに繋がっていく。さらに，人々が自明であると思っている事柄でもいつでも誰にでも成立するとは限らず，我々が常識と思っていることでも一定の条件が満たされなければ，全く正反対の結果を示すかもしれないことも説明してくれる。消費者選択の理論は常識では到達し得ない正しい経済現象の理解に我々を導いてくれるのである。

(1)　予算制約線

　市場機構の分析の一環として，まず我々が経験している現実の経済現象の一側面をできるだけ明確な形で簡単化し，完全競争の仮定を採用して家計の行動について考えていく。我々は消費する財の量を増やしたり，より良い財を購入したりしたいと思っているであろう。例えば，我々はより質の良い食事をしたい，より自分の好みに合う自動車を購入したい，あるいは休日に旅行をしたいと思っているであろう。しかし，実際には我々が望むすべてを消費することはできない。それは我々の支出は我々の所得に制約されているからである。

　ここではまず所得と支出の関係について考えていく。表3-1は2種類の財を購入する消費者が直面している2財の組み合わせとそのときの総支出に関する表である。この表を用いて，消費者の支出がどのように所得に制約されているかをみていく。いま，花屋でガーベラとバラを購入しようとするとき，予算は3,000円であり，ガーベラ1本の価格は150円であり，バラ1本の価格は300円だとする。予算である3,000円を使った支出表が表3-1のようになる。表からも分かるが，たとえば，ガーベラを4本，バラを8本，購入しようとすれば，ガーベラへの支出は600円で，バラへの支出は2,400円となり，合計は予算と等しい3,000円となる。

表3-1　バラとガーベラへの支出

ガーベラ(本)	バラ（本）	ガーベラへの支出（円）	バラへの支出（円）	総支出（円）
0	10	0	3,000	3,000
4	8	600	2,400	3,000
8	6	1,200	1,800	3,000
12	4	1,800	1,200	3,000
16	2	2,400	600	3,000
20	0	3,000	0	3,000

　表3-1で示されたガーベラとバラの組み合わせについてさらに見ていく。図3-1は表3-1で示されているガーベラとバラの組み合わせを描いている。縦軸にバラの本数，横軸にガーベラの本数がそれぞれ示されており，バラとガーベラの組み合わせを示す6つの点が描かれている。点Aは，バラを10本，ガーベラを0本購入するという組み合わせである。点Bではバラを0本，ガーベラを20本購入するという組み合わせである。つまり，それらの点では片方の花に予算をす

べて支出していることになる。点 E は点 A と点 B のほぼ中間の組み合わせであり，バラを 6 本，ガーベラを 8 本購入しているということを表している。これら 6 つの組み合わせの点を結べば，右下がりの直線を描くことができる。

　表 3-1 で示されているどの組み合わせをとっても，ガーベラへの支出とバラへの支出の合計が予算の 3,000 円に等しくなっているのが分かる。これはガーベラとバラへの支出総額は予算を超えることはできないことを意味している。つまり，家計は，

　　予算（所得）＝ガーベラの価格×ガーベラの本数＋バラの価格×バラの本数
　　　　　　　　＝総支出額

という制約条件を満たすように消費行動をすることになる。例えば，表 3-2 の点 E は，3,000 円＝ 150 円× 8 本＋ 300 円× 6 本，となる。

　いま，p_1 をガーベラの価格，x_1 をガーベラの本数，p_2 をバラの価格，x_2 をバラの本数，そして，M を予算，とすれば，表 3-1 の 6 つの組み合わせは

$$M = p_1 x_1 + p_2 x_2$$

で表すことができる。この関係式は家計の予算制約線とか予算制約式と呼ばれ，家計が所得をすべて消費支出に向けたときに x_1 財（ガーベラ）と x_2 財（バラ）をどれだけ購入できるかを表すものである。

　図 3-1 が示しているように，予算制約線は右下がりの直線で表すことができる。予算制約式を，

$$x_2 = \frac{M}{p_2} - \frac{p_1}{p_2} x_1$$

のように書き直せば，予算制約式の傾きは 2 財の相対価格にマイナスをつけた値であり，縦軸と横軸の切片はそれぞれ M/p_2 と M/p_1 であることが分かる。この予算制約式の傾きは，市場において x_1 財 1 単位は何単位の x_2 財と交換され得るかという市場での交換比率となる。上述したガーベラとバラの例を考えると，ガーベラ 1 本の価格は 150 円であり，バラ 1 本の価格は 300 円であるとき，予算制約式の傾きは－1/2 になる。これはバラの購入を 1 単位だけ減らせば，市場においてガーベラを 2 単位余分に購入できるということを意味する。

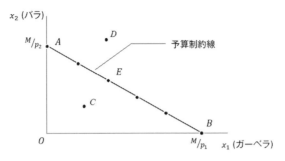

図3-1　予算制約線

　家計はこの予算制約線よりも内側での財の組み合わせを選択することが可能であり，予算線上の財の組み合わせが予算を全て使い切ることになるため，最も効率よく消費することができる。予算線より内側であればどのような組み合わせであっても購入が可能となるが，点Cのような2財の組み合わせは予算の一部を使い残してしまうことになり，また，点Dのように予算制約線の外側になる2財の組み合わせは上述した制約条件を満たさなくなるため購入は不可能となる。したがって，図3-1の原点Oと予算制約線の横軸の切片および縦軸の切片で囲まれる三角形OABは2財の市場価格とある予算のもとにおける家計が購入可能な財の組み合わせを表している。この三角形を購入可能集合もしくは予算集合（予算空間）と呼ぶ。

⑵　所得・価格の変化と予算制約線

　予算制約線についてもう少し確認していく。もし財の購入に使用できる予算が変化したときや財の価格が変化したとき，予算制約線をどのように表すことができるであろうか。

　はじめに，予算が変化する場合について考える。いま，x_1財とx_2財の価格であるp_1とp_2は変化がないものとし，予算Mが変わるとすれば，予算制約線はどのように表すことができるであろうか。例えば，何らかの理由で，予算が3,000円から6,000円まで増えたとすれば，予算が2倍になるため，購入できる財の量も2倍になると考えられる。図3-2を使って考えると，当初の予算制約線は直線ABで描かれていて，予算が2倍の6,000円になったときの新しい予算制約線は直線$A'B'$で描くことができる。つまり，予算が増加すると，予算制約線は右上

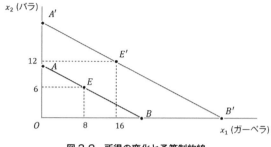

図 3-2　所得の変化と予算制約線

へ並行にシフトすることになる。2財の価格は変化がないので, 予算制約線の傾きは変わらない。

　新しい予算を M' とすると, この場合の予算制約式は, $M'=p_1 x_1 + p_2 x_2$ と現わすことができる。使えるお金が増えれば, つまり予算が増えれば, 予算線が外側の方にシフトしていき, 購入可能な範囲は三角形 OAB から三角形 $OA'B'$ まで拡大することになる。もし予算が減る場合は購入可能な範囲は縮小することになり, そのときの購入可能な範囲は三角形 OAB よりも小さくなることが分かるであろう。

　つぎに, 予算は変わらず財の価格が変化する場合を考える。いま, x_1 財の価格が 150 円から 300 円に上がったとする。使用できる予算は変わらないため, x_1 財の購入量は減ることになる。この場合, 図 3-3 において, 予算制約線は点 A を中心に左下へ回転し直線 AB から直線 AC にシフトする。x_2 財の価格は変わらないため, x_2 財の最大可能な購入量は点 A のままである。当初の財の組み合わせが点 E であるとき, x_1 財の購入量は 8 であり x_2 財の購入量は 6 である。x_1 財の価格が変化した後の 2 財の組み合わせを E' とすると, x_1 財の購入量は 4 であり x_2 財の購入量は 6 であることがわかる。x_1 財の価格が上がったので, これまでよりも少ない量しか購入できないということになるため, 点 B よりも少ない量しか購入できないことになる。

　p_1' を変化後の x_1 財の価格とすると, このときの予算制約式は, $M=p_1' x_1 + p_2 x_2$ となる。この場合の直線 AC の傾きは $-p_1'/p_2$ であるため, x_1 財の価格が上がることは予算制約線の傾きが急になる。もし x_1 財の価格が低下したとすれば, これまで以上に x_1 財を購入可能となるため, そのときの予算制約線は直線 AB よりも点 A を中心に右上へ回転することになる。x_1 財の価格が低下するため, 予

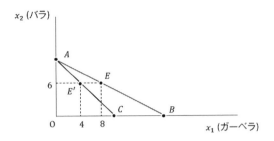

図3-3　価格の変化と予算制約線

算制約線の傾きはより緩やかになる。また，x_2 財の価格が変化するときは，点 B を中心に回転することになる。x_2 財の価格が上がれば予算制約線は左下の方に，x_2 財の価格が下がれば右上の方に回転することになる。この場合，x_2 財の最大可能な購入量は変化することになるが，x_1 財の最大可能な購入量は変わらない。

3-2　効用と無差別曲線

⑴　効用

　予算が与えられているとき，我々は消費可能な財の様々な組み合わせのうちひとつを選ぶであろう。その組み合わせは我々が財の組み合わせに順序を付けて，その順序の一番になったものが我々の財の組み合わせとして選ばれているといえるであろう。ガーベラとバラの例で考えれば，ガーベラをより好む人はガーベラをより多く消費できる組み合わせを選ぶであろうし，反対にバラをより好む人はバラをより多く消費できる組み合わせを選ぶであろう。すべての家計が財の様々な組み合わせの順序に同一の順序を付けているわけではないであろうが，個人の家計だけの順序を考えるならば，財の組み合わせを順に並べて行けるであろう。もちろんこの順序には無差別（同等）であるという組み合わせも含まれている。このように我々が財の組み合わせに付けた順序を我々の選好（preference）と呼ぶ。

　選好に沿って家計は消費可能な財の組み合わせを選ぶ意思決定を行う。その選考の順序を決定するには効用（utility）という概念を用いる。家計は消費をすることによって満足感を得ることになり，その満足の度合いを効用と呼ぶ。経済学における効用の概念は，ベンサム（Jeremy Bentham：1748-1832）にさかのぼ

り，彼の功利主義によれば，「最大多数の最大幸福」という目的に基づいて経済
政策が判定されるべきということになる。効用はどのように決定されるのかとい
うと，効用は財の消費量によって決まる，と考える。つまり，効用の水準が高い
ほど，財の満足度は大きく，選考の順位は高いということになる。

　消費可能な財の組み合わせがあり，それらの消費から得られる効用との関係を
効用関数（utility function）と呼び，

$$u = u(x_1, x_2)$$

と表すことができる。u は家計の効用水準を，x_1 と x_2 は第1財と第2財という2
つの財の消費量を示している。2つの財の消費が多ければ多いほど，家計の効用
水準は高まる。x_1 と x_2 の様々な組み合わせから得られる効用水準の高さによっ
て，各組合せに対する選考順位が決まるのである。

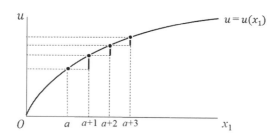

図3-4　財の消費と効用の関係

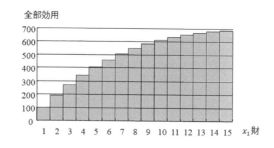

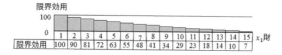

図3-5　効用と限界効用

　また，効用には基数的効用と序数的効用という2つの解釈の仕方がある。基数的効用は大きさが意味をもち，効用20は効用10の2倍だけ大きいと解釈できる。しかし，順序，すなわち，どちらが大きいか小さいかが分かれば消費する財を選択できることになるとすると，効用20は効用10よりおおきい，というように，その数値の大小に意味があることになる。このような順序だけが意味を持つ効用を序数的効用という。

　続いて限界効用（marginal utility）という概念について確認する。上の効用関数は2つの財を消費することで効用水準が決まることを示しているが，ここでは簡単化のために，ひとつの財の世界を考える。図3-4は縦軸が効用を，横軸はx_1財の消費量をそれぞれ表しており，x_1財の消費とそれに対応する効用の関係を示している。家計は財の消費を増やすことから効用を高めることになる。x_1財の消費が増えていけばいくほど，それに対応する効用も大きくなっていく。図からもわかるように，x_1財の消費量をaから1単位増やし，そしてさらに1単位増やしていくと，消費による効用水準は上がっていく。しかし，効用の上がり具合は消費量の増加に伴い徐々に小さくなっていく。このような家計の追加的な財の消費から感じる満足度の増加分を限界効用といい，限界効用は次第に低下していく。

　図3-5はバナナの消費に伴う効用と限界効用の大きさについて描かれたものである。いま，x_1財を果物のバナナとし，ある家計が空腹のときにバナナを消費するということを考えていく。1本目のバナナを食べると非常に美味しく感じるであろう。そのときの満足度つまり効用を100とする。そこからさらにバナナを食べていくと，2本目で食べるバナナも美味しく感じるが同じバナナであっても1本目ほどの満足度ではないであろう。その満足度は1割ぐらい低くなったと想定して90とする。3本目のバナナは2本目ほど美味しく感じないはずであり，その満足度もさらに1割くらい下がるとすると，81ぐらいとなる。以降1本ずつ食べる量が増えていくと，満足度が逆に1割くらいずつ減っていくとすれば，4本目は72，5本目は63，6本目は55のように次第に減っていく。図が示しているように，食べる量が増えるにつれて満足度は単調的に上がっていくが，追加的な1本から得る満足度は徐々に逓減していくのが分かる。財の保有が増大するにつれて効用は増加するが，その増加の程度は小さくなることを限界効用逓減の法則と呼ぶ。

　図3-6をもとに効用と限界効用について整理する。図の効用曲線上の点Aに

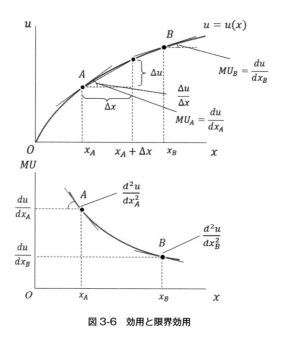

図 3-6 効用と限界効用

対応する消費量 x_A から Δx 分の x 財の消費量が増えると，満足度の増加分は Δu となる。財の消費量 x_A からを最も小さい 1 単位を追加して消費するときに感じる満足度の増加分が限界効用であるので，図の効用曲線上の点 A を通る接線の傾きの大きさが，限界効用の大きさとして表すことができる。点 A の限界効用は，

$$MU_A = \frac{du}{dx_A}$$

となる。下側の図から x_A に対応する限界効用の大きさを確認することができる。点 B についても同様に考えることができ，財の消費量 x_B に対応する点 B の限界効用は，

$$MU_B = \frac{du}{dx_B}$$

となる。ここで，点 B を通る接線の傾きの大きさは点 A の傾きの大きさより小

さいことがみてとれる。これは消費量が増えるにつれて，限界効用は逓減することを意味する。

(2)　無差別曲線

　家計は選考の順序に従い消費可能な様々な財の組み合わせを比べて，どの組み合わせが好ましいか，あるいは無差別であるかを判定する。選好は，家計が消費者として各財のさまざまな組み合わせに対して抱く価値評価であって，それはいくつかの性質を満たすという意味において，十分に整合的なものであると仮定される。

　図3-7を用いてその仮定を確認していく。図には，第1財であるx_1と第2財であるx_2の3つの組み合わせが示されている。

・連結性の仮定：各財のどのような2組の組み合わせA，BについてAのほうがBより望ましい，BのほうがAより望ましい，AとBとは互いに無差別（どちらも同等）である，のいずれかであることを識別することが可能である。

・反射性の仮定：どのような組み合わせAについても，AがA自体より望ましいということはない（つまり，中身が同じように組み合わせた財の組み合わせに対して選好評価は同じである）。

・推移性の仮定：どのような3組の組み合わせA，B，Cについて，AがBより望ましく，BがCより望ましいならば，AはCより望ましい。AがBと無差別であり，BがCと無差別であるならば，AはCと無差別である。AがBより望ましく，BがCと無差別であるか，あるいはAがBと無差別であり，BがCとより望ましいならば，AはCより望ましい。

　以上の仮定がすべて満たされるとき，そしてそのときにのみ，その家計は各組み合わせた財に対して完全な順序づけをもつことになる。その際に互いに無差別である財の組み合わせを示した曲線のことを無差別曲線という。つまり，無差別曲線とは家計に同等の水準をもたらす財のすべての組み合わせを示したものである。

　図3-8には，3つの無差別曲線（u, u', u''）が描かれている。それぞれの無差別曲線は家計に対してある一定の効用を与える2つの財x_1とx_2の組み合わせを表している。例えば，無差別曲線u上の点A，点B，点Cでの財の組み合わせは，それを消費する家計にいずれも同等の効用を与えるということである。つま

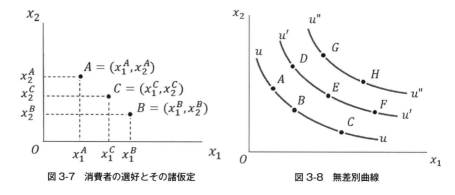

図3-7　消費者の選好とその諸仮定　　　　　図3-8　無差別曲線

り，無差別曲線 u 上のいずれの組み合わせにおいても家計の効用水準は同一であり，選考の順位は同じである。無差別曲線 u' 上の点 D，点 E，点 F も同様のことがいえ，これら3つの点での財の組み合わせは同一の効用を与えることになる。同じ無差別曲線上では無差別な財の組み合わせを表していることになる。

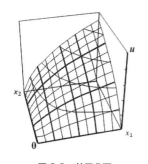

図3-9　効用曲面

効用水準は，2つの財 x_1 と x_2 の消費量に依存する。効用関数を3次元のグラフで表すと図3-9のような曲面になる。効用関数曲面を水平方向で切ると，曲面上にこの切口となる曲線が現れる。この曲線上のすべての点は効用水準が等しい2財の様々な組合せを表している。これらの曲線を真上から観察すると，図3-10のような曲線になる。これらの曲線が無差別曲線である。

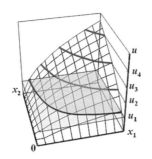
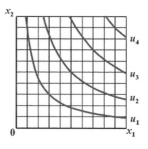

図3-10　効用関数曲面と無差別曲線

(3) 無差別曲線の性質

　無差別曲線の性質について整理をする。無差別曲線は選好の単調性という特徴をもつ。2つの組合せ A と A' について，A' のほうが A より少なくとも一部の財をより多く消費すれば，A' は A より選好されるという仮定を選好の単調性という。図3-11において A と A' と A'' という3つの消費の組み合わせがある。図では，組合せ A' は x_2 財の消費量が同じであるが x_1 財の消費量は A より多いので，A' がより選好され，A' を通る無差別曲線で表す効用 u' は A を通る無差別曲線で表す効用 u より高い，ということになる。同様に，A と A'' での財の組み合わせを比べると，A'' の方が高い効用であることがわかる。選好の単調性の仮定を満たせば，無差別曲線はより上位の線ほど選好順位が高く，効用の値は高くなる。

　無差別曲線は互いに交わらないという性質をもつ。選好の単調性仮定と推移性仮定から，無差別曲線は互いに交わらないことがわかる。仮に，図3-12のような交わった無差別曲線が描かれたとしよう。選好の単調性仮定から，組合せ A'' が A' より選好される。しかし，選好の推移性仮定から，A'' が A と無差別であり，A が A' と無差別であるから，A'' が A' と無差別であることになる。この結論は選好の単調性仮定からの結論と矛盾する。無差別曲線が交わる状態では，選好の推移性仮定と単調性仮定を同時に満たすことができなくなる。したがって，無差別曲線は互いに交わらない。

　選好の単調性仮定から，組合せ A から x_1 財をわずかな減少分に対して，同じ無差別曲線に乗るため代替する x_2 財を増加させなければならない（図3-13）。この x_1 財の減少分と x_2 財の増加分の比を限界代替率（marginal rate of

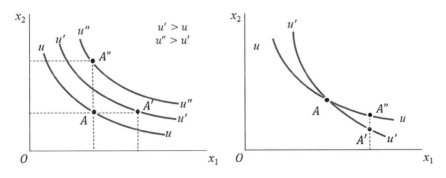

図3-11　選好の単調性　　　　　　　図3-12　無差別曲線の交差

substitution：*MRS*）と呼ぶ。限界代替率は，

$$MRS = -\frac{\Delta x_2}{\Delta x_1}$$

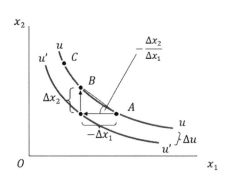

図 3-13　無差別曲線の凸性と限界代替率の逓減

と表すことができる。限界代替率が負であることは無差別曲線が右下がりであることを意味する。また，限界代替率は逓減する。組合せ A と B から，同じ量の x_1 財が Δx_1 だけ減少するとき，元の効用 u を維持するための x_2 財の増加分は A と B で異なる。それは限界効用逓減によるものである。既に確認した x_1 財と x_2 財の限界効用との関係を整理すると，限界代替率は2つの財の限界効用の比に等しくなることも確認できる。

　無差別曲線は原点に対して凸型であるという性質をもつ。x_1 財の保有量が減少するにつれ，x_2 財の効用関数が下方シフトするので，元の効用 u_1 を維持するために，A から B への代替に x_2 財の保有量は増加する必要がある。A から B への代替に必要な x_2 財の増加分は，B から C への代替に必要な x_2 財の増加分とは異なっている。限界代替率の逓減は無差別曲線が原点に対して凸であることを意味する。

⑷　選好のパターンと無差別曲線の形状

　図 3-14 を用いて同じ2つの財を消費する2つの家計の選好のパターンについて考える。いま，x_1 財をより選好する家計 A と x_2 財をより選好する家計 B は同じ2財の組合せをもち，そして2人が感じる効用も同じだとする。2人の組合せから同じ量の x_1 財を減らして，効用 u を維持するために，家計 A と家計 B にそれぞれ x_2 財をどれくらい与えればよいか，ということを考える。

　家計 A は x_1 財をより選好するので，同じ量の x_1 財の減少によって，感じる効用の減少分は家計 B よりも大きい。したがって，効用 u を維持するために，家計 B より多くの x_2 財を家計 A に与えなければならないことになる。このよう

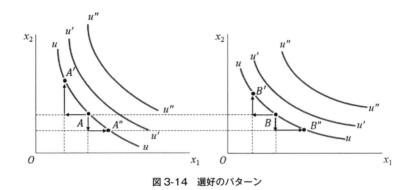

図3-14　選好のパターン

に，家計 A の限界代替率は家計 B のそれよりも大きいということが分かる。したがって，家計 A の無差別曲線は家計 B の無差別曲線よりも急な形をしている。

3-3　最適消費の決定

　家計はあたえられた予算で効用を最大にするような財の組み合わせを選択するはずである。図3-15をもとに家計の最適消費行動について確認する。

　予算制約線は AB，予算制約空間は AOB である。消費者の選択は点 F や点 G ではなく，無差別曲線と予算制約線の接する点 E を選択し，予算制約の中で最大の満足度を得ようとするであろう。点 E を通す接戦の傾きの大きさは予算制約線 AB の傾き，つまりここでの2財の価格比（相対価格）と一致する。これは

2財に対する客観的市場評価であるといえる。また，限界代替率は消費者の2財に対する相対的選好の強さを表すため，消費者の2財に対する主観的評価といえる。例えば，図の無差別曲線 u_1 上の点 F での財の組み合わせを考えてみると，点 F の接線の傾きの大きさは点 E のそれよりも大きくなっている。それは，点 F の x_1 財に対する主観的評価が，

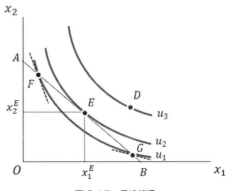

図3-15　最適消費

点 *E* の客観的市場評価より高いということを意味する。この場合，家計は x_2 財の消費を減らし，その分を x_1 財の消費に回せば，同じ所得をもって，より高位の無差別曲線に到達することができ，より高い満足度が得られるということになる。つまり，点 *F* から点 *E* 方向へ x_1 財を増やし x_2 財を減らすことで効用が増加し，点 *G* から点 *E* 方向へ x_1 財を減らし x_2 財を増やすことで効用が増加する。したがって，点 *E* がこの場合の効用最大点であり，最適消費の組合せである。

　このときの2つの財の需要の均衡点は予算線 *AB* が無差別曲線と接する点である点 *E* となり，効用最大化となる点である。無差別曲線は原点に対して凸であれば，このような接点はひとつしかない。そして，点 *E* において無差別曲線の傾きは予算線 *AB* の傾きに一致する。このときの家計の x_1 財と x_2 財に対する需要量はそれぞれ x_1^E, x_2^E となる。

　最適消費の条件について整理する。x_1 財の増加に伴う効用の上昇は，x_1 財の増加分と限界効用をかけた値である $MU_1 \cdot \Delta x_1$ として示される。同様に，x_2 財の減少に伴う効用の低下は，x_2 財の減少分と限界効用をかけた値である $-MU_2 \cdot \Delta x_2$ となる。したがって，同一無差別曲線に沿って動くときには，$MU_1 \cdot \Delta x_1 + MU_2 \cdot \Delta x_2 = 0$ が常に成立することになる。ここから，

$$-\frac{\Delta x_2}{\Delta x_1} = \frac{MU_1}{MU_2}$$

が導かれる。これにより，最適消費の条件は，

$$\frac{MU_1}{MU_2} = \frac{p_1}{p_2} \quad \text{または} \quad \frac{MU_1}{p_1} = \frac{MU_2}{p_2}$$

と表現することができる。

　それゆえ，消費の最適点では，家計は2財の限界効用の比率と市場の価格比率が一致するように，予算を x_1 財と x_2 財に配分することが示唆される。これは，限界効用をその財の価格で割った値がすべての財で均等でなければならないことを意味し，各財について，1円あたりの限界効用，つまり貨幣の限界効用が等しくなるように各財の需要量を決めるならば，家計の効用最大化が実現するといえることになる。これは，貨幣の限界効用の均等，あるいは，加重された限界効用均等の法則と呼ぶ。

3-4　所得と消費

⑴　所得・消費曲線

　家計の所得や財の価格が変化すれば，家計の消費可能な財の組み合わせも変わり，最適な消費選択も変わる。以下では家計の所得の変化が家計の消費決定に及ぼす影響を検討する。

　図3-16は2つの財の価格は変わらず，所得がMからM'に増えたときの予算線の外側へのシフトとそれによる最適消費点の点Eから点E'への移り変わりを示したものである。所得のみが増加した場合，予算制約線は右上へ平行移動し，消費者は効用最大化行動によって，よりいっそう上位の無差別曲線上の点E'の財の組み合わせを選択することになる。そのとき決定されたx_1財とx_2財の消費量が$x_1^{E'}$と$x_2^{E'}$である。図では最適消費点の移り変わりの軌跡を矢印で示してあるが，このような所得の変化に応じた均衡点の移動軌跡を描いた曲線を所得・消費曲線と呼ぶ。

　所得が増加した場合，普通の財であれば，生活水準の向上につれて，需要量も増える。このような財を正常財あるいは上級財と呼ぶ。所得が増えれば，消費する財への需要量は増加するのが一般的であるが，必ずしもすべての財に対してその考えが当てはまるわけではない。つまり，所得が増えると，財の需要量がかえって減ってしまうという財もある。このような財を下級財，あるいは劣等財と呼ぶ。

　図3-17は消費する財のうち片方の財が劣等財であるとき，所得の増加によりその財の消費の変化を所得・消費曲線を用いて示したものである。図(A)は縦軸が正常財であり，横軸は劣等財であるときに，所得が増加することによりそれら財の需要量がどのように変化しているのかをあらわしたものである。所得の増加に伴い，最適消費点が点Eから点E'へ移っているのがわか

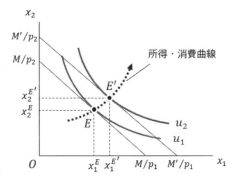

図3-16　所得・消費曲線

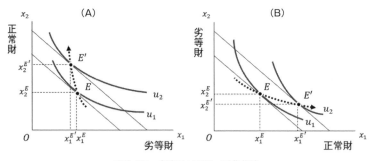

図3-17　劣等財と所得・消費曲線

るが，劣等財の需要量は x_1^E から $x_1^{E'}$ へと低下しているのがみてとれる。同様に，縦軸が劣等財のときの所得・消費曲線を描いたものが図(B)である。これらからわかるように，家計が2つの財を消費する場合，横軸の財が劣等財の場合，所得・消費曲線は左上がりの線となり，縦軸の財が劣等財の場合，所得・消費曲線は右下がりの線となることがわかる。

(2)　需要の所得弾力性

　所得が変化するときに需要量はどのくらい変化するのかを知る必要がある。所得が増えたときに需要量がどれくらい増えるのか，ということを表すのが需要の所得弾力性 ε（income elasticity of demand）である。需要の所得弾力性は所得 M の変化率とある財 x の需要量の変化率との比で表され，それは

$$\varepsilon = \frac{\Delta x/x}{\Delta M/M} = \frac{\Delta x}{\Delta M} \cdot \frac{M}{x}$$

となる。この財が正常財であれば，この値は0よりも大きくなる。正常財の中でも生活必需品であれば，所得の増加に対して需要量の増加が小さいといえるため，この値は相対的に小さい。対照的に，この財が娯楽品や贅沢品であれば，所得の増加に対して需要量の増加が大きいといえるため，この値は相対的に大きくなり，1より大きくなる。

　所得の変化と需要の変化の関係を示す代表的なものにエンゲルの法則がある。エンゲルの法則は家計の支出に占める食費の割合を示しており，一般的に所得水準が高まっていくとこの値は小さくなる傾向がある。図3-18は所得と需要との

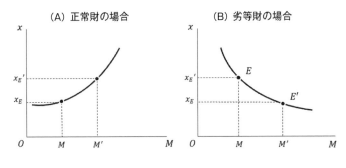

図3-18　エンゲル曲線

間の関係を正常財と劣等財それぞれについて表したものである。図(A)は需要の所得弾力性が1より大きい正常財の需要の変化を描いたものであり，正常財の場合は右上がりの曲線として描ける。所得の変化率と需要の変化率が同じである場合には，需要の所得弾力性は1になるため，エンゲル曲線は原点を通る右上がりの直線として描かれる。そして，図(B)は劣等財の場合の需要の変化を描いたものである。この場合のエンゲル曲線は右下がりの形をとることになる。

3-5　価格と消費

(1)　価格・消費曲線と家計の需要曲線

　財の価格の変化もまた家計の消費決定に影響をおよぼす。一般的に，財の価格が上がればその財の需要は減るであろうし，価格が下がれば財に対する需要は増えると考えられる。以下では価格の変化は家計の消費にどのような影響を与えるのかを検討する。

　いま x_2 財の価格は変わらず，x_1 財の価格 p_1 だけ変化したとするものとし，選好の状態，つまり無差別曲線の形状も変わらないものとする。p_1 が下落すれば x_1 財の消費は増える。既に確認したが，財の価格の変化は予算制約線の傾きの大きさを変えることになる。図3-19から分かるように，p_1 が下落すれば，予算制約線の傾きは小さく（緩やかに）なるため，右側の方にシフトすることになる。その際の最適消費点も E から E' へと変わる。x_1 財の価格 p_1 が次々に変化する場合には，そのそれぞれに応じて，家計は効用最大化行動により需要量を決定する。その需要量の移動の軌跡に沿って描いた曲線を価格・消費曲線と呼ぶ。別名

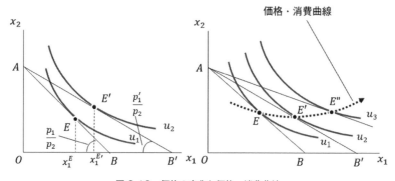

図3-19　価格の変化と価格・消費曲線

オッファー曲線である。財の価格の変化に伴う予算制約線のシフトと需要量の変化および最適消費点の軌跡である価格・消費曲線が図3-19に描かれている。

　財の価格が低下すると，その財の需要は増加する。例えば図3-20において，財の価格がp_1からp_1'へ低下すると，財の需要量は増加しているのがわかる。さらにp_1'からp_1''へ低下するにつれ，需要量もさらに増加することになる。このような財の価格と需要量の関係を描いたものが需要曲線である。一般的に，需要曲線は右下がりの曲線となる。

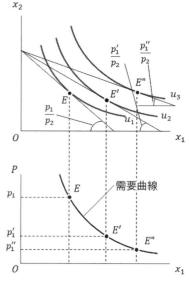

図3-20　家計の需要曲線

(2)　代替効果と所得効果

　ある財の価格の変化が家計の消費選択に与える影響を，代替効果と所得効果という概念にもとづいて検討する。

　図3-21は財の価格の低下が消費にもたらす効果を示している。x_1財の価格がp_1からp_1'に低下すると，同じ効用水準を保つためには同一の無差別曲線上の点E_0の財の組み合わせから点E_1の組み合わせに代替することになる。家計は相対的に安くなった財の需要を増やし，相対的に高くなった財の需要を減らすことに

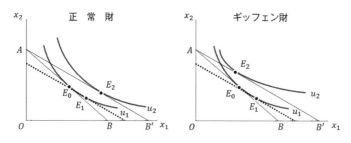

図 3-21　代替効果と所得効果

なるからである。財の変化に伴うこのような効果を代替効果と呼ぶ。これは財の価格の変化，つまり相対価格の変化によって，それ以前と同等の効用水準を実現するために，消費する財の組み合わせがどのように変化するのかを説明するものである。図 3-21 は，代替効果によって相対的に安くなった x_1 財の需要量は増えることになり，逆に，相対的に高くなった x_2 財の需要量が減っていること示している。

　x_1 財の価格の低下によって，家計の実質所得が増加する。これは実質的な購買力が増加したと考えることができる。家計の実質所得が引上がることにより，予算制約線は点 E_1 の接線である補助線（点線）から AB' へ平行に外側へシフトする。したがって，消費点は先の点 E_1 から予算線 AB' と無差別曲線 u_2 が接する新しい消費点である点 E_2 へ移動することにより点 E_2 が新しい最適消費点となる。財の価格を一定としたとき，所得の変化が需要量の変化をもたらす効果を所得効果と呼ぶ。価格 p_1 の下落によって，より上位の無差別曲線上に均衡点が移り，効用は u_1 から u_2 へ向上する。点 E_2 は点 E_1 より右上の方に位置することから，この場合の x_1 財と x_2 財は両方とも正常財であることがわかり，所得効果により 2 つの財の需要量は増加していることが図 3-21 からみてとれる。

　x_1 財の価格の低下が家計の消費選択に与える効果は最適消費点の点 E_0 から点 E_2 への動きで示されることになる。この全部効果は代替効果による点 E_0 から点 E_1 への動きと，所得効果による点 E_1 から点 E_2 への動きに分けることができる。これをスルツキー分解と呼ぶ。x_1 財の価格の低下に伴い家計の x_1 財の需要量は増加することから，図 3-20 でも確認したが，家計の需要曲線は右下がりの形になることがわかる。

　しかし，価格の低下が財の需要量の減少をもたらすような場合，需要の法則は

満たされず，需要曲線は右下がりではなく，右上りの部分をもつことになる。このような種類の財をギッフェン財と呼ぶ。所得効果の方が代替効果よりも大きいような劣等財はギッフェン財となる。つまり，財の需要増加をもたらす代替効果を完全にくつ返してしまうほど，負の所得効果があまりにも大きい財のことをいう。

　ギッフェン財のように需要の法則が満たされない特殊なケースは他にもある。それは高値であることが需要を喚起する主な原因となるケースや，自分の消費行動が他人の消費行動に影響されるケースなどである。前者をヴェブレン効果（Veblen effect），後者をデモンストレーション効果（demonstration effect）とそれぞれ呼び，高級ブランド品や贈答品などがこれにあたるとされ，価格と需要の動きは必ずしも逆方向に動かないケースのことである。

(3)　交差効果

　これまでに，x_1 財の価格 p_1 の変化が x_1 財の需要量に与える影響を検討した。しかし，ある財の価格の変化が別の財の需要量に影響を与えることも考えられる。これを交差効果と呼び，価格の需要交差弾力性（e_{ij}）を求めることからこの効果をみることができる。それは，

$$e_{ij} = \frac{\Delta x_j / x_j}{\Delta p_i / p_i} = \frac{\Delta x_j}{\Delta p_i} \cdot \frac{x_j}{p_i}$$

とあらわすことができ，i 財の価格の変化率とその財に関連する j 財の需要量の変化率との比として求めることができる。

　もし i 財の価格の低下により i 財の需要が増え，j 財の需要量が減少するのであれば，j 財は i 財に対して粗代替財であるといえる。これは消費の代用が可能となりうるウイスキーと日本酒などのような財に当てはまるであろう。もし i 財の価格の低下により i 財の需要が増え，j 財の需要量が増えるのであれば，j 財は i 財に対して粗補完財であるといえる。これはコーヒーとコーヒー用の角砂糖のように両財が同時に使用されえる財に当てはまるであろう。また，i 財の価格が変化したにもかかわらず，j 財の需要量には変化がなく，何ら影響を受けないようなとき，j 財は i 財に対して独立財であるという。

第4章

生産要素市場と所得分配

前章では，買い手としての家計の消費行動において，家計は予算という制約のもと効用を最大化する最適な財の組み合わせ，つまり最適消費行動を中心に検討してきた。その場合，家計は財の買い手となり企業は財の売り手である。しかし，労働，土地，資本といった生産要素市場を考えるとき，企業が生産要素の買い手となり，家計がそれらの売り手となる。要素価格が変わるとすれば，要素供給はどのように変わるのだろうか。消費者理論を応用して検討していく。

4-1　企業の労働需要

⑴　利潤最大化と要素需要

家計は労働の供給者になるのだが，労働供給を考えるときは，企業の生産者行動を考える必要がある。生産者行動の理論についての詳細は第5章で行う。企業は生産活動をする際にインプット（投入物）としてどれくらい労働などの投入を行うのかを考えて行動をするはずである。

企業の要素需要について考えてみると，企業は利潤最大化のもとで生産行動を行うので，利潤最大化を実現するための要素投入量は企業の生産要素に対する需要となる。利潤は π，価格は p，生産量は y，総費用は $C(y)$ とすると，利潤（π）は総収入から総費用を差し引いたものになるので，

$$\pi = py - C(y)$$

となる。また，2つの生産要素を使用し，要素1の価格を W_1，要素2の価格を W_2，要素1と要素2の投入量をそれぞれ x_1, x_2 とすれば，総費用 $C(y)$ は固定

費用 $\overline{C}$ と可変費用 $W_1 x_1 + W_2 x_2$ の合計であるので，

$$C(y) = (\overline{C} + W_1 x_1 + W_2 x_2)$$

と表せる。この場合の，企業の利潤関数は，

$$\pi = py - (\overline{C} + W_1 x_1 + W_2 x_2)$$

と書け，企業はこの関係にもとづいて利潤を最大にするような要素の投入量を決定する。

利潤関数に対して要素投入量 x_1 と要素投入量 x_2 で微分し，

$$\frac{\partial \pi}{\partial x_1} = p \frac{\partial y}{\partial x_1} - W_1 = 0$$

$$\frac{\partial \pi}{\partial x_2} = p \frac{\partial y}{\partial x_2} - W_2 = 0$$

とおけば，

$$p \frac{\partial y}{\partial x_1} = W_1$$

$$p \frac{\partial y}{\partial x_2} = W_2$$

を得ることができる。左辺は各要素の限界生産力に産出物の価格をかけたもので，価値で表した限界生産力（限界生産力の価値）であり，生産要素を１単位追加的に増加させるときに産出量がどれくらい増えるのかを表す。右辺は，すでに確認したように，要素価格であり，生産要素１単位当たりの費用と考えることができる。企業は利潤を最大化するように要素投入量を決定するが，そのための必要条件は，各要素の価値で表した限界生産力が各要素価格に等しいというものである。要素１の限界生産力を MP_1，要素の２の限界生産力を MP_2 とすれば，$pMP_1 = W_1$ および $pMP_2 = W_2$ とそれぞれ表すことができる。

いま，生産要素 i に対して，要素の価値で表した限界生産力が要素価格より大きければ（$pMP_i > W_i$），生産要素の投入を増加させることに伴う収入の増加は費用の増加より大きいということなので，このようなとき，要素投入量を増やして生産を拡大すれば利潤が増える。逆に，要素の価値で表した限界生産力が要素価格より小さいとき（$pMP_i < W_i$），生産要素の投入を増加させることに伴う収

入の増加は費用の増加より小さいので，要素投入量を減らして生産を縮小すれば利潤は増えることになる。このように，企業は要素の価値で表した限界生産力と要素の価格との関係で要素投入を決定するのである。

(2) 企業の労働需要曲線

生産要素が労働であるときを検討する。要素 1 を労働とし，図 4-1 では労働の投入量を横軸に，要素 1 の労働の価格である賃金率を縦軸にとってある。図の曲線 D は労働の限界生産力価値を表しており，これは労働の需要曲線となる。いま，労働の価格が W_1^1 であるとき，その W_1^1 と労働の限界生産力価値の交点に対応する L_1 で労働の投入量を決定すれば利潤が最大になる。もし労働の価格は一定で，労働の投入量が L_1 よりも少ない L_0 であれば，労働の限界生産力価値は賃金率を上回っているため，$pMP_L > W_1^1$ という状況である。このとき，労働をさらに投入することにより労働の価格を超える限界生産力価値がもたらされるため労働の投入量を増やすことが利潤を増やすことになる。逆に，労働の投入量が L_1 よりも多い L_2 であれば，労働の限界生産力価値は賃金率を下回っているため，$pMP_L < W_1^1$ であり，労働をさらに投入することによる限界生産力価値は労働の価格より小さいため，労働の投入量を減らす方が利潤を増やすことになる。結果的に，企業は労働の限界生産力価値が労働の価格の賃金率と一致するところで労働量の需要を決定するのである。

賃金率が変化すれば，労働量も曲線 D に沿って移動することになるため，労働量と賃金率は反対方向に動くことがわかる。このように考えると，賃金率が上昇するとき，労働投入量は減少し，逆に，賃金率が下落するとき，労働投入量は増加するため，生産要素の需要曲線は右下がりの曲線になる。

また，賃金率が一定であるとき労働需要は増加しないのであろうか。賃金率がたとえ一定であっても，労働の限界生産力が向上したり，財の価格が上昇したりすると，労働の限界生産力価値が増加することになる。このような場合，労働需要曲線は右側にシフトすることになり，

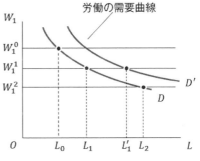

図 4-1 労働需要曲線

結果的に労働需要は L_1 から $L_1{}'$ に増加することになる。

4-2　家計の労働供給

(1)　初期保有と最適消費

　家計の労働供給について検討する。労働供給は，所得と余暇の選択が関連してくる。我々は，1日の限られた24時間の中で，どの程度の時間を労働に使って所得を稼ごうとするのか，そしてどの程度の時間を余暇（レジャー）に使って楽しむのかという選択に直面する。

　まず，初期保有と最適選択の問題について考える。ある個人が消費選択を決定する前から保有している財・サービスを初期保有量と呼ぶ。経済学では消費者がはじめから財の一定量を保有し，市場でどちらかの財を手放す（販売する）ことによって，他の財を獲得（購入）するという問題を扱うことがあるが，そのようなときにこの初期保有量という概念が重要となる。

　図4-2(A)において，いま，ある個人が2種類の財の x_1 と x_2 を点Aで保有しているとする。この個人の初期保有量を (w_1, w_2) の組合せで示している。市場で2財の価格がそれぞれ p_1，p_2 で与えられているとき，点Bの組合せで消費しようとすれば，この個人が第2財 x_2 をより多く購入し消費するためには，第1財 x_1 を市場で販売しなければならない。これは，第1財の販売量を Δx_1，第2財の購入量を Δx_2 として示すことができる。この個人が点Bの組合せで消費しようとするとき，消費支出と初期保有量の価値が等しくならねばならないことから，この場合の予算制約式は，

$$p_1 x_1 + p_2 x_2 = p_1 w_1 + p_2 w_2$$

となる。

　初期保有量の価値が上昇する場合，予算制約線は外側へ並行移動するが，もし第1財 x_1 の価格が上昇した場合，予算制約線はどのように変わるであろうか。所得が与えられた予算制約線と同じ様に，時計回りに回転することになる。通常の予算制約線と異なるのは初期保有の組合せ点Aを軸にして回転することである。なぜなら，点Aより左では，第1財 x_1 が販売されるならば，価格が高くなればそれだけ第2財 x_2 を多く購入可能であり，点Aより右では，第1財 x_1 の価

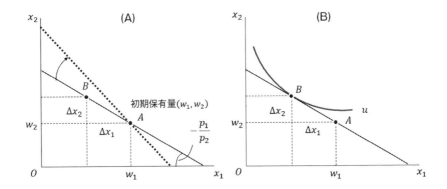

図4-2　初期保有と最適選択

格が高くなればそれだけ第1財 x_1 を購入できなくなるからである。

　この個人が点 B の組合せを消費しているならば，点 B で効用が最大になっていることになる。第1財 x_1 と第2財 x_2 との間には選好に基づいた無差別曲線が描かれるため，点 B で無差別曲線は初期保有がある場合の予算線と接することになる。図4-2(B)がそれを描いている。このように，初期保有がある場合にも，基本的には所得が与えられた場合の選択と同様の消費者選択が行われる。

(2)　所得と余暇の選択

　所得と余暇の選択について，消費者理論を応用して図4-3をもとに検討する。

　ここでは家計の効用を表す効用関数であるが，

$$U = U(M, F)$$

と表し，M は所得，F は余暇を意味するとする。このときの制約条件であるが，時間の制約条件を，

$$T = L + F$$

で表し，T は時間であり使える最大の時間は24時間とする。そのとき，L は労働時間とし，T から L を引いた残りが余暇で使える時間となる。さらに，W を賃金とすれば，労働による所得は WL となり，家計の財産所得を G とすれば，家計所得の合計は，

$$M = WL + G$$

と示すことができる。労働時間は使用可能な最大の時間から余暇で使う時間を引いた時間になるため $T-F$ で表すことができるので，予算制約式は，

$$M = W(T - F) + G$$

となる。

　所得と余暇は家計にとって望ましい財であるので，所得が増加すると，それだけ多くの財を消費することから効用が上がることになり，余暇の時間が増えると，それだけ自分の好きなことに利用する時間が増えることから効用は上がる。AB の予算制約線上の各点の高さは，余暇と労働の選択の結果，ある時間を労働として市場に供給することから得られる労働所得に非労働による所得 G を加えた値を表している。

　予算制約線 AB の制約範囲内において，無差別曲線上の点 E との接点で家計の効用水準は最大になることから，家計にとっての最適な所得と余暇の組み合わせは点 E である。このとき，図4-3の横軸からも分かるように，原点から右の方向に余暇時間を取ることができ，点 T から左の方向に労働時間を取ることができる。つまり，家計は F_0 の時間を余暇活動に使い，$T-F_0$ の時間を就労活動に使うということである。同様に縦軸の方から，家計の所得 M は M_0 から G を引いた分と，非労働の所得である G の2つの合計で M_0 の水準になることがわかる。

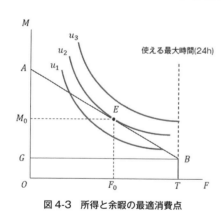

図4-3　所得と余暇の最適消費点

(3)　賃金上昇と余暇の選択

　賃金が上昇したときの所得と余暇の選択について検討する。図4-4(A)では点 E_1 で最適消費が達成している状態にあるとする。いま，賃金が上昇したら最適消費はどのように変わるのかを考える。賃金が上昇することは自由に使える時間の価値が上昇することを意味するため，予算制約線は時計回りに回転し，予算制

約線は $A'B$ になり，最適消費は点 E_1 の組合せから，点 E_2 で示す組合せに変化する。一般的には，点 E_1 から点 E_2 への移動は，労働供給が $(T-F_1)$ から $(T-F_2)$ に増加することを意味する。すなわち，賃金が上がれば労働供給が増える，ということがここからわかる。

　ここで，点 E_1 から点 E_2 への移動を代替効果と所得効果の視点から考えていく。賃金率が上昇した後の予算制約線 $A'B$ と同じ傾きをもつ最初の無差別曲線 u_1 上の点 E_1^* で接する仮想の線を描く。第3章で学修したように，この場合，代替効果は点 E_1 から点 E_1^* への動きとして示される。労働と余暇の選択において，賃金率は余暇を1単位余分に得るために犠牲にしなければならない金額であることから余暇の機会費用と考えることが出来る。したがって，賃金率の上昇はそれだけ余暇の価格が高くなることを意味する。その結果，代替効果の働きによって，余暇の需要量は F_1 から F_1^* へ減少する。これは労働の供給量が $T-F_1$ から $T-F_1^*$ に増加することでもある。

　同時に，家計は労働の供給者（売り手）であることから，賃金の上昇は家計の所得が高まることを意味するため，予算制約線は仮想の点線から $A'B$ へシフトすることになる。この場合，所得効果は点 E_1^* から点 E_2 への動きとして表される。ここでは，余暇は正常財と考えているため，所得が増えれば正常財の需要は増えることから，所得効果により余暇の需要量は F_1^* から F_2 へ増えることになる。反対に，労働の供給量は $(T-F_1^*)$ から $(T-F_2)$ に変化する。

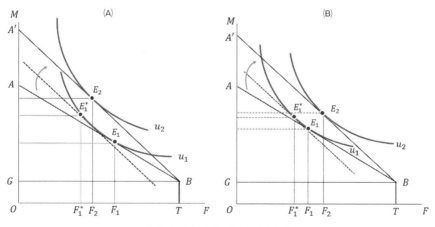

図 4-4　所得と余暇の最適消費点の変化

　賃金の上昇に伴う消費の組み合わせの変化を代替効果と所得効果の2つから考えると，労働と余暇の選択では代替効果と所得効果は反対方向に作用することがわかる。賃金の上昇が生じると，労働供給は代替効果によれば増えるが所得効果によると減る。したがって，代替効果が所得効果よりも大きい時は賃金の上昇につれて労働の供給は増加するということになる。

　一方で，賃金の上昇に伴い労働供給が減少することもある。図4-4(B)がそのような状況を描いている。賃金が上昇することにより所得と余暇の最適消費点は，点 E_1 から点 E_2 へ移動することになる。この場合，賃金が上がったにもかかわらず労働供給は $(T-F_1)$ から $(T-F_2)$ に減少している。これは賃金が高い水準に達すると，家計にとって所得の面で余裕が生じるという理由からこのような現象が生じるということである。そのような状況では余暇に対する選好の方が労働に対する選考よりも強くなることを意味し，賃金が高い水準になると働くよりもより多くの時間を余暇に使いたい，使えるようになるということを示唆している。この場合，代替効果よりも所得効果の方が大きいことになるため，点 E_2 は点 E_1 の右上の方に位置することになり，賃金の上昇が労働供給の減少を引き起こすということを表わしている。賃金率が上昇すると，余暇への消費を代替するために，以前よりも多く働くであろうが，賃金率の上昇は初期保有量の価値を高めることになる。臨時ボーナスのようなものを想定すると，家計はそれを使ってこれまでよりも多くの余暇を消費することができるようになる。このように所得効果に加え初期保有量の価値の変化による初期保有所得効果を考慮に入れると，余暇は上級財ではあるが，あたかもギッフェン財と同じ様な変化が生じることになる。

(4)　家計の労働供給曲線

　家計の労働供給曲線を描いてみる。これまでの内容から，賃金率が上昇するとき，代替効果が所得効果よりも大きければ，賃金率の上昇に伴い労働の供給は増える。つまり，賃金率と労働供給量は正の関係をもっていることになり，労働の供給曲線は右上がりになる。対照的に，所得効果が代替効果よりも大きければ，賃金率の上昇が労働の減少を引き起こす。つまり，賃金率と労働供給は負の関係をもち，労働の供給曲線は右下がりの形状となることが示される。

　図4-5はそれら2つを統合したものである。左側(A)の図はこれまで確認した図

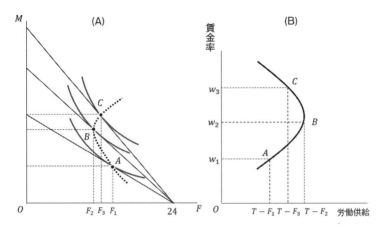

図4-5 家計の労働供給曲線

と類似したものであり，縦軸に所得，横軸に余暇を取ったものである。右側(B)の図は縦軸に賃金率，横軸に労働供給を取ったものであり，賃金の変化による労働供給の変化を示している。すなわち，労働供給曲線は右上がりの場合と右下がりの場合を持ち合わせた家計の労働供給曲線である。労働供給が増加していくにつれ，それに対応する賃金率は働いた時間に対して追加的な所得の上昇をもたらす。この場合が家計の労働供給曲線の右上がりの部分にあたる。さらに所得が増加し，ある水準を超えると，家計はその時の追加的な所得を余暇の消費に向けることになると考えられ，そのとき労働供給は減ることになり，これは家計の労働供給曲線の右下がりの部分にあたることがわかる。つまり，家計の労働供給曲線は後屈的な曲線として描くことができる。まとめると，賃金率がそれほど高くないときは代替効果が所得効果を上回るため賃金率の上昇は余暇への需要を減少させ労働供給を増やすことになり，また，賃金率が十分に高いときは所得効果が代替効果を上回るため賃金の上昇は余暇への需要を増やし労働供給を減らすことになる。

4-3 労働市場の均衡

(1) 均衡賃金率の決定

ここでは一般的な，右上がりの供給曲線と右下がりの需要曲線をもとに，労働

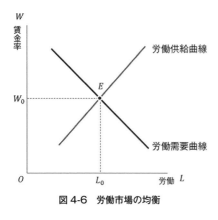

図4-6　労働市場の均衡

市場における均衡について考える。労働を供給するのは家計であり，労働を需要するのは企業である。これにより，様々な賃金率の水準において，各家計の労働供給量を足し合わせたものが市場での労働供給曲線となり，各企業の労働需要量を足し合わせたものが市場での労働需要曲線となる。前節では後屈的な労働供給曲線を確認したが，ここでは右上がりの労働供給曲線のみ捉える。

図4-6に示すように，2つの曲線の交点である点Eが労働市場での均衡点である。点Eに対応する労働の価格（賃金率）W_0を均衡賃金率，労働の取引量（雇用量）L_0を均衡労働水準とそれぞれ呼ぶ。市場での賃金率がW_0よりも低い水準のときは労働の需要量が供給量を上回っているため，超過需要の状態であり，このとき市場メカニズムにより賃金に上昇圧力がかかることになる。一方で，市場での賃金率がW_0よりも高い水準のときは労働の供給量が需要量を上回っているため，超過供給（失業の状態）となるため，賃金に下降圧力がかかることは容易にわかる。最終的には，均衡賃金率と均衡労働水準であるところに達する。

労働市場における均衡について考えたが，労働市場はひとつではない。つまり，労働市場の種類により賃金水準の高さは異なるのが一般的である。市場により均衡賃金率が異なれば賃金格差が生じるのであろうか。以下では，労働市場での需要曲線と供給曲線のシフトから賃金格差について考えていく。

賃金率がどの水準で決定されるのかは，それぞれの需要曲線と供給曲線を規定する要素に依存する。図4-7を使用して考えていく。労働により作り出される産出物の価格が高い水準にあるときや，技術革新などにより労働の生産性が高まるとき，限界生産力価値は大きくなる。その場合，労働に対する需要は高まり，労働需要曲線は右上方（$D_1 \rightarrow D_2$）にシフトする。その結果，賃金率は高い水準となる（$W_1 \rightarrow W_2$）。逆に，労働生産性が低くなる場合は，労働需要曲線は左下方にシフトするため，賃金率は低い水準となる。また，労働供給量が限られている場合や，労働の供給コストが非常に高くつく場合は，労働供給曲線は左上方（$S_1 \rightarrow S_2$）にシフトし，賃金率は高水準になる（$W_1 \rightarrow W_2$）。逆に，労働供給量

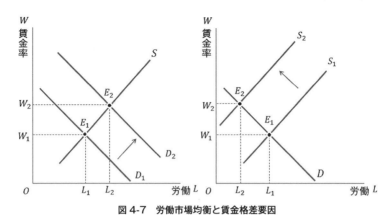

図4-7　労働市場均衡と賃金格差要因

が豊富である場合，労働供給曲線は右下方にシフトするため，賃金水準は低くなる。

　労働市場を長期的に考えれば，人口の変化や少子高齢化の影響などにより，労働供給量は一定ではないが，労働供給の調整を通じて，つまり賃金水準に応じて労働供給量はそれぞれの市場で変化するため，賃金格差は縮小する傾向を示すであろう。しかしながら，労働移動を妨げるさまざまな要因が存在するとき，職種間の賃金格差は長期間に存続することになるであろう。

(2)　固定的生産要素の価格決定と経済レント

　労働市場の均衡について考察したが，生産活動に投入される生産要素は労働だけでなく，資本や土地などもある。一般的に，土地をある期間，投入要素として使用するためにはその土地を使う権利が必要となり，土地の対価である地代（レント，土地サービス）を支払う必要がある。ここではそのような地代はどのように決定されるのかについて検討する。

　労働とは異なり土地は固定的な生産要素であるため，土地の供給量は完全に固定的であると想定する。その場合は，土地サービスの供給曲線は図4-8のように垂直な線として描くことができる。縦軸には土地の地代R，横軸は土地の量Nをそれぞれ示しており，土地の需要曲線と供給曲線が交差する均衡点をEで表している。需要と供給が一致しているところでの地代の水準と土地の量はR_E，$\overline{N}$とそれぞれ示している。

　土地の供給曲線が垂直になるということは，地代の変化に対する土地の供給は

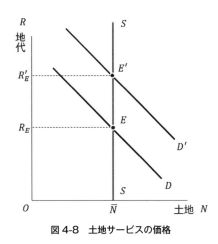

図 4-8　土地サービスの価格

完全に非弾力的であることを意味する。

一方，一般的に，土地の限界生産性は逓減するため，土地の限界生産力価値も次第に低下することから土地の需要曲線は右下がりになる。土地の供給量が完全に固定している場合に地代の水準がどのように決まるのかは，需要側の状況に依存することになる。

たとえば，生産物に対する需要が増加して生産物価格が上昇すると，土地の限界生産力価値が増加するので，土地の需要曲線は D から D' へ上方シフトし，市場均衡点は E から E' へ移動し，均衡地代は R_E から R'_E へ上昇する。土地の供給は一定であるため土地の量は変化はないままである。このとき，地代収入は面積 $R_E R'_E E' E$ の大きさだけ増加する。生産物価格の上昇や土地サービスの生産性上昇による利益は，地代収入の増加となり，土地の所有者にすべて帰することになる。

ここまでは地代（レント）について考察したが，固定的な生産要素の価格を意味する経済地代（経済レント）の概念について考える。経済地代（経済レント）とは，ある生産要素から得る収入から，その生産要素を他の用途に移転させることなく現在の用途にとどめるのに必要な最小の金額（つまり，その生産要素の機会費用）を差し引いた値のことである。

図 4-9(A)において，固定的な生産要素を他の用途に供給した場合に得られる収入の水準を原点から A の高さで与えられるものとする。このときの生産要素の価格は R_E で，生産要素の供給量は $\overline{N}$ であるため，生産要素の保有者が受け取る収入は $OR_E E \overline{N}$ の面積となる。このときのこの生産要素の機会費用は $OAB\overline{N}$ の面積であるので，経済レントはそれらの差の部分である $AR_E EB$ の面積となる。ここでの生産要素の供給曲線は垂直の BS と縦軸の OA 部分になる。もし生産要素の価格が A の水準より低ければ，この生産要素は他の用途に回されることになり供給量がゼロになるからである。

可変的な生産要素のときの経済レントの概念について考える。固定的な生産要素の代表的な例の土地であっても，長期では可変的な生産要素となることもあ

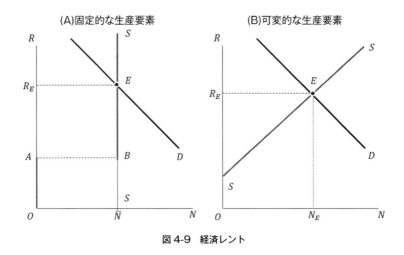

図4-9　経済レント

る。例えば，鉄道沿線などの土地開発が行われれば，その地域の土地の供給量は増えることになる。また，(B)図は，可変的な生産要素の需要曲線と供給曲線について示されたものである。この場合の需要曲線と供給曲線は点 E で均衡し，そのときの要素価格は R_E，均衡数量は N_E の水準でそれぞれ決まる。この場合の生産要素の保有者が受け取る収入は $OR_E EN_E$ の面積であり，このときの機会費用は $OSEN_E$ の面積であるので，経済レントはそれらの差の $SR_E E$ の面積となる。

　固定的な生産要素の場合と可変的な生産要素の場合の比較から，経済レントは，土地サービスの供給が非弾力的で，供給曲線が垂直に近い形になればなるほど大きくなる。需要曲線や供給曲線の傾きの大きさや特性などを考慮に入れ，様々な市場のケースを考えることができる。経済レントの概念は第6章で学修する生産者余剰の概念と類似しているのでそちらも参照してほしい。

第5章

企業の生産行動

5-1 投入と産出

(1) 生産関数と生産要素

　企業は何を目的として生産行動をしているのか，そして経済学で考える最適な生産活動とはどのようなものなのか。はじめに，生産関数の基本的な概念について考える。

　企業は財・サービスを生産・産出するにあたり様々な投入物を用いる。生産する際に技術的に必要な投入物のことを生産要素と呼ぶ。生産要素とは生産活動にインプットとして投入されるあらゆる要素のことであるが，一般的に，土地，労働，資本といったどこの国にも存在している要素のことを一般的生産要素という。資本においては，土地・建物・機械などといった資本を物的資本といい，生産活動をするために必要な資金としての資本を金融資本と表現したりする。企業はそれら生産要素を投入して，財やサービスを産出する行動をとる意思決定の主体である。

　一般的に，生産関数とは，企業による一連の生産活動について，投入物と産出物との技術的関係をあらわしたものであり，

$$y = F(L, K)$$

と表現する。ここでは生産量をy，労働量をL，資本量をKとし，生産量は労働と資本の2つの生産要素に依存して決まるということを意味している。

　図5-1は生産関数を描いたものである。ここでは縦軸に生産量，横軸に生産要素（ここでは労働）をとっており，労働投入を増やせば生産量は大きくなるとい

うことを表しており，投入物を増や
せば増やすほど，生産量は増加して
いくということがわかる。生産関数
はどのように土地，建物，機械，労
働を組み合わせれば生産量が最大
になるかを表わしている。生産関数
とは生産における投入物と生産物の
関係を単純な形で表現したものであ
り，料理のレシピのように，ある一
定の組み合わせが効率的な資源の利
用が可能であるかを示している。生

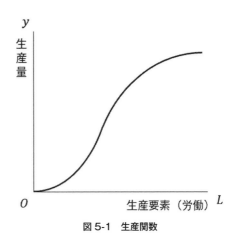

図 5-1　生産関数

産関数を図示すると，S字型であらわされるのが一般的である。これは可変的生
産要素を増加させると，はじめは生産量が増えるが，次第にその増え方が減って
いくことを表しているからである。

　企業の生産活動を考えるにあたり，短期と長期という概念が重要になってく
る。ここでいう短期と長期というのは，必ずしも時間の長短によるものだけでは
ないということに注意が必要である。短期とは，いわば，生産量に応じて調整不
可能な投入資源が存在する場合で，長期とは，生産量に応じてあらゆる投入資源
が調整可能な場合をいう。つまり，短期とは固定要素が存在する期間のことで，
長期では企業はすべての生産要素を調整することが可能である，ということであ
る。短期をマーシャルの短期と呼ぶこともある。

　生産活動に用いられる中間投入物は，固定的な投入物と可変的な投入物に区分
される。固定的投入物とは生産量に関わりなく一定量投入される投入物のこと
で，機械設備や建物などがそれにあたる。対称的に，可変的投入物とは労働や原
材料などのような生産量に応じて調整され投入される投入物のことである。

　中間投入物を短期と長期の視点を入れて考えると，ある一定期間，例えば10
日間，のうちに投入物の量を調整しないといけないとすると，新しい労働者を
雇うことは可能だとしても，設備を拡大するということは不可能に近い。けれど
も，その期間が半年や一年であればどうであろうか。その場合，新たな機械設備
を導入したり，工場を建設したりすることも可能となるであろう。つまり，労働
は比較的短期に調整が可能であるのに対し，設備投資などへの意思決定には比較

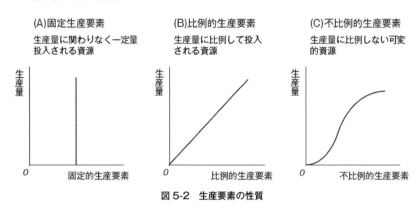

図5-2　生産要素の性質

的調整する期間が必要である。このことから長期では固定的なインプットも調整できる期間のことであるといえる。また，生産量が正である限り，企業の生産量と独立に一定量使用されなければならない生産要素もある。電気代などがこれに当てはまる。生産量がゼロであれば電気代を払う必要はないが，生産量がゼロでなければ一定の電気代が必要になる。以上の関係を描いたのが図5-2である。

(2)　総生産物・限界生産物・平均生産物

　生産物の総量のことを総生産物と呼ぶ。図5-3は，縦軸に生産量 y，横軸に労働量 L をとったときの労働投入量と生産物，すなわち総生産量との関係を表わす総生産物曲線 TP が描かれている。これは労働のみを生産要素として使用し生産活動を行う際に，それぞれの労働投入量に応じた生産量の水準を表している。

　投入物と生産物との関係は，限界生産物や平均生産物と呼ばれる概念からも考えることができる。いま，生産関数は

$$y = F(L, K_0)$$

とする。y は生産量であり，労働量 L と資本 K_0 に依存して決定されるとする。簡単化のために資本は一定とし，労働量のみ変化する場合を想定する。

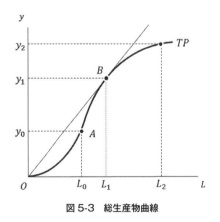

図5-3　総生産物曲線

限界生産物（限界生産力）とは生産者が労働1単位を追加的に投入することによる追加的な生産量のことである。ここでの労働の限界生産力は労働の変化分 ΔL と生産量の変化分 Δy で表すことできる。

$$MP = \frac{\Delta TP}{\Delta L} = \frac{\Delta y}{\Delta L}$$

MP は marginal product の略である。限界生産力は労働が1単位変化した時に産出量がどれくらい変化するのかということを意味している。

平均生産物（平均生産力）とは，労働1単位当たりで何単位の生産量を得られるかを意味し，生産量と労働投入量の比で表すことができる。

$$AP = \frac{TP}{L} = \frac{y}{L}$$

AP は average product の略である。総生産物を労働量で割れば，労働1単位当たりの生産量となり，いわゆる労働の生産性として知られる概念のことである。

図5-4を使ってこれらの関係を整理する。縦軸に生産物の生産量 y，横軸に労働量 L をとったときの労働投入量と総生産量の関係を表している生産関数がある。各労働投入量に応じて生産量がそれぞれ決定されている。点 A から点 D がそれを表している。

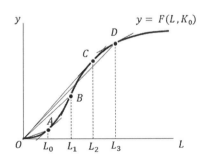

限界生産力とは生産要素が1単位増加したとき，つまり微小増加したときに，生産量がどの程度変化するのかを表すので，図5-4では各点（点 A から点 D）の接線の傾きの大きさでそれを表すことができる。点 A から点 D までそれぞれ接線をとってみると，生産の初期段階では傾きは大きいが，点 B を過ぎると減少していくのがわかる。平均生産力は生産要素1単位当たりの生産量を表すので，

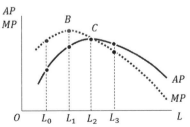

図5-4　限界生産物と平均生産物

原点 O から各点までの直線の傾きの大きさで表すことができる。原点から各点までの直線の傾きをみると，点 A から点 C まではその傾きは大きくなっていき，点 D では点 C よりも小さくなっていることがわかる。

　ここでは，限界生産力が逓増する限り平均生産力も拡大しているが，限界生産力が逓減すると，やがては平均生産力も減少している。点 C では平均生産力が最大になっており，その点 C では限界生産力と平均生産力の大きさである，点 C の接線の傾きと原点から点 C までの直線の傾きが等しくなっている。図では限界生産力と平均生産力が交差しているところがそれにあたる。

(3)　等産出量曲線

　等産出量曲線（等量曲線）は，ある生産量を一定の水準に維持しようとしたときに，それを実現する生産要素の組み合わせを表す曲線のことである。つまり，ある生産量 y を達成するために投入する労働 L と資本 K の組み合わせを表し，$y = F(L, K)$ のように書ける。等産出量曲線は，消費者行動の理論でも確認した無差別曲線と同様の形状をしている。

　図5-5を用いて無差別曲線のときと同様に考える。生産関数曲面を水平方向で切ると，曲面上にこの切口となる曲線が現れる。この曲線上のすべての点は産出水準が等しい2つの生産要素の様々な組合せを表している。これらの曲線を真上から観察すると，図5-5の右図のような曲線になる。これらの曲線が等産出量曲線である。

　等産出量曲線も無差別曲線と同様の特徴を持っており，等量曲線は右下がり

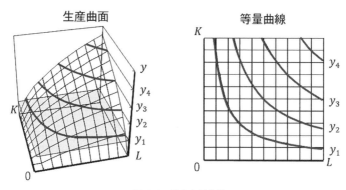

図 5-5　等産出量曲線

（ある生産要素の投入が増加すれば，別の生産要素の投入を減少しないと同じ生産量は維持できない），等量曲線は右上方に行くほど，より大きな生産水準に対応している（2つの生産要素の投入量がともに増加すれば，生産量も増加する），2つの等量曲線が交わることはない（無差別曲線同様に矛盾が生じる），原点に対して凸（技術的限界代替率）というものである。

(4)　技術的限界代替率

　生産要素の組み合わせ (L, K) が等量曲線に沿って変化することは，ある生産要素の減少による生産量の低下を他の生産要素の増加によって補うことから，元と同じ生産量を維持することができる。この生産要素 L の1単位の減少分と必要な要素 K の増加分の比を技術的限界代替率（marginal rate of technical substitution：$MRTS$）と呼ぶ。つまり，技術的限界代替率は，片方の生産要素を1単位減らしたとき，同じ生産量を維持するためには，もう片方の生産要素を何単位増やせばいいか，ということである。

　図5-6で確認すると，同一の等産出量曲線上ではどの生産要素の組み合わせの点でも同じ産出量を達成する。いま生産要素の組み合わせが点 A から点 A' に変化することを考えると，同じ産出量を維持するためには労働の低下を資本の増加で補うことにより，産出量を維持することができる。この労働1単位の減少分と資本の増加分の比が技術的限界代替率であり，

$$MRTS_{L,K} = -\frac{dK}{dL}$$

と表せる。

　等量曲線の性質で確認した原点に対して凸という仮定から技術的限界代替率逓減の法則を考えることができる。技術的限界代替率が等産出量曲線上のある点の接線の傾きから導けることから，その接線の傾きは，等産出量曲線に沿って右に移動すると減少していくのがわかる。つま

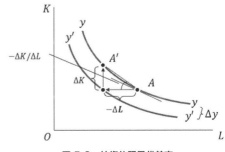

図5-6　技術的限界代替率

り，生産に用いる労働の量を増やしていけば，生産に用いる資本の量は減り，その減る資本の量は徐々に少なくなっていく。これは点 A' よりも点 A での接線の傾きの方が緩やかであることからも同様のことがわかる。つまり，等産出量曲線に沿って右の方に移動していくにつれ，技術的限界代替率は減少していく。これを，技術的限界代替率逓減の法則と呼ぶ。

技術的限界代替率と限界生産力の関係について考える。繰りかえしになるが，技術的限界代替率は等量曲線の接線の傾き $-dK/dL$ であらわすことができ，限界生産力は生産要素が1単位変化したときに産出量がどれくらい変化するのかということを意味した。生産要素を労働とすると，労働1単位増加したときの産出量の増加分である労働の限界生産物は $MP_L = \Delta y / \Delta L$ と，同様に資本の限界生産物は $MP_K = -\Delta y / \Delta K$ とかけるので，ここから，

$$MRTS_{L,K} = \frac{MP_L}{MP_K} = -\frac{\Delta K}{\Delta L}$$

を得ることができる。結果的に，技術的限界代替率は，y を一定に保つような労働の変化分と資本の変化分の比率と労働と資本の限界生産物の比に等しくなる。これは同一の等産出量曲線上では，労働投入量が増えるときにどれくらいの資本投入量を調整すれば，産出量を不変に保つことができるかという比率であり，このとき労働の限界生産物の減少と資本の限界生産物の増加が生じる。それゆえ労働投入量の増加による産出量の増加を相殺するために節約できる資本投入量は徐々に小さくなる。

表 5-1　基本的概念の比較

生産者理論	消費者理論
生産関数 $y = F(L, K)$	効用関数 $u = u(x_1, x_2)$
等量曲線 $y(L, K) = $ 一定	無差別曲線 $u(x_1, x_2) = $ 一定
（技術的）限界代替率 $MRTS$	限界代替率 MRS
限界生産物 MP	限界効用 MU
$MRTS = MP_L / MP_K$	$MRS = MU_1 / MU_2$
技術的限界代替率逓減の法則	限界効用逓減の法則
平均生産物 AP	なし

⑸　規模に関する収穫

　労働や資本が変化するときに産出量がどの程度変化するのかを考えるときに，規模に関する収穫という概念が重要となる。以下では「k次の同次関数」ということについて確認する。

　いま，生産関数 $y = F(L, K)$ は任意の正の定数 α について，

$$F(\alpha L, \alpha K) = \alpha^k F(L, K) = \alpha^k y$$

という性質をもつとき，この生産関数を「k次の同次関数」と呼ぶ。

　これは，生産要素を α 倍にしたときに，産出量が α の k 乗倍になる，ということを意味している。たとえば，労働 100 単位と資本 100 単位からつくり出される産出量は 100 単位であるとすると，もし労働と資本を 2 倍の 200 単位に増やしたときに，産出量も 2 倍の 200 単位になるとき，k は 1 なので 1 次同次の生産関数といい，その生産関数は規模に関して収穫一定の性質を満たしているということになる。この k が 1 よりも大きいときは，生産要素の増加以上の産出量の増加が達成できることになる。つまり，投入要素を α 倍拡大する場合に α 倍より大きい産出量が作り出されるとすれば，それを規模に関して収穫逓増という。逆に k が 1 よりも小さいときは，投入要素を α 倍にしても産出量は α 倍以下にしか増えないため，これを規模に関して収穫逓減という。

　以上の点を図 5-7 を使って確認する。点 A では L_0 の労働量と K_0 の資本量を投入して対応する産出量をつくり出している。いま，規模に関して収穫一定のもとでは，投入する労働量と資本量を 2 倍にすると，産出量も 2 倍になり $y_1 = 2y_0$ が成立する。これは，規模に関して収穫逓増の場合は $y_1 > 2y_0$，そして，規模に関して収穫逓減の場合は $y_1 < 2y_0$ がそれぞれ成立する。

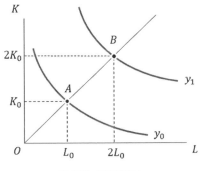

図 5-7　規模の拡大

5-2 生産要素の最適投入

(1) 等費用線

　これまでに，生産者は生産活動を行う際に，ある量の生産要素を投入し生産関数の性質に従った産出量をつくり出すということを確認した。次に，生産要素の費用について考える。

　いま，生産者が労働 L と資本 K という2つの生産要素を投入して生産活動を行うとするとき，労働であれば賃金，資本であれば資本のレンタルコストが費用としてかかる。賃金やレンタルコストは労働と資本の価格としてとらえることができる。労働の価格を w，資本の価格を r とすれば，生産に必要な要素投入費用 C は

$$C = wL + rK$$

と表すことが出来る。

　図5-8は総費用が C_0 のときの等費用線を描いている。この右下がりの直線は総費用 C に対応する2つの生産要素の組み合わせを示している。与えられた要素価格のもとで，費用が一定の値であるような投入可能な生産要素の組合せを示したこの線を等費用線と呼ぶ。この右下がりの等費用線の式を整理すれば，等費用線の傾きの絶対値は w/r であることから，等費用線の傾きは生産要素の価格比（要素価格比）になることがわかる。費用が小さく（大きく）なれば，切片の大きさが小さく（大きく）なることは図からもわかる。つまり，費用が高くなればなるほど，等費用線の位置は原点から離れることになり，費用が低くなればなるほど原点に近くなる。

　この要素価格比は市場における資本と労働の交換比率（代替率）でもある。生産をするにあたり，相対的に労働と資本のどちらをより多く使って生産をするの

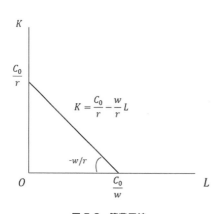

図5-8　等費用線

かという点を考えてみる。たとえば，日本とベトナムで野菜のような農産品を労働と機械という生産要素を使ってそれぞれ生産するとする。また，農産品の生産方法は両国で大きく異なり，日本は機械を相対的に多く使って農産品を生産し，一方で，ベトナムは労働を相対的に多く使って農産品を生産しているとしよう。この場合，相対的にみて，日本の農産品の生産は資本集約的であり，ベトナムの農産品の生産は労働集約であるといえる。生産方法にこのような差が生じる理由は，日本とベトナムは労働の価格である賃金に大きな差があるからである。賃金が相対的に安いベトナムでは労働を多く使った生産活動を行おうとし，反対に賃金が相対的に高い日本では生産活動のなかで代替できる部分に対して機械を導入して生産しようとする。

　図5-9では日本とベトナムの等費用線が描かれている。等費用線の傾きは日本とベトナムで異なっている。日本は相対的に資本が豊富で資本の価格がより安いため，資本を多く使って生産を行う。より多くの資本を使う日本の等費用線 C^J はベトナムの等費用線 C^V よりも急な形状になる。対照的に，ベトナムは相対的に労働が豊富で労働の価格がより安いため，労働を多く使って生産を行う。より多くの労働を使うベトナムの等費用線は日本に比べると緩やかな形状になる。

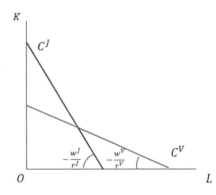

図5-9　等費用線と要素価格比

(2) 最適投入量の決定と拡張経路

　等産出量曲線と等費用線から生産要素の最適投入について考える。企業は，産出量一定の費用最小（あるいは費用一定の産出量最大）で，最適投入量を決定する。図5-10では，企業は等量曲線と等費用線が接する点である点 E で最適投入量を満たし，生産活動を行う。これまでに，等量曲線の傾きは技術的限界代替率であり，それは生産要素間の限界生産力に等しい，また，等費用線の傾きは要素価格比に等しいことを確認している。

　つまり，等量曲線と等費用線が接する点では，

$$MRTS_{L,K} = \frac{MP_L}{MP_K} = \frac{w}{r}$$

の式が成立し，これは，技術的限界代替率，2要素間の限界生産力比，2要素間の要素価格比，の3つが等しいということである。

　図 5-10 の点 A は技術的限界代替率は要素価格比よりも大きい点となる。生産量を減らさずに，労働の投入を増やして資本の投入を減らせば（労働集約的な生産方法にすれば），より低い費用水準を達成することができる。同様に，点 B は，技術的限界代替率は要素価格比よりも小さい点である。ここでは労働の投入を減らして資本の投入を増やせば（資本集約的な生産方法にすれば），生産量を減らさずに，より低い費用水準を達成することができる。点 A も点 B も費用最小点ではなく，要素価格比と技術的限界代替率が等しくなる点 E が費用最小点となる。

　次に，企業が生産量を拡大した場合について考える。投入物として使用する生産要素の価格の変動などから費用が変化するときや，目標とする産出量の水準が変化するとき，生産要素の最適投入はどのように変化するのか。

　産出量が大きくなると，等量曲線は原点から離れた方にシフトしていく。図 5-11 では y_0 から y_1，y_2 へと移っていくことが，産出量の拡大を示している。産出量が拡大するとそれだけ多くの生産要素を使用するため，総費用も増加する。総費用の増加は，等費用曲線の外側へのシフトで描かれる。目標とする産出量水

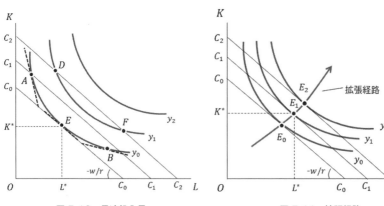

図 5-10　最適投入量　　　　　　　　　　　図 5-11　拡張経路

準が等産出量曲線 y_0 で決まるとすれば，その時の費用最小化を達成する最適な生産要素の組み合わせは点 E_0 である。産出水準が拡大するのであれば，それに対応する生産要素の投入量も変化することになり，最適投入量も変化する。E_0 から E_1, E_2 へと移っていくのがそれにあたる。生産要素の価格は変わらず，産出水準の変化に対する生産要素の最適投入量の組み合わせの移り変わりを表している曲線のことを拡張経路と呼ぶ。

5-3　費用曲線

(1)　総費用

　これまでに生産要素の組み合わせと産出水準の関係について考えたが，ここからは費用の諸概念について検討していく。費用について考えるにあたり，短期の費用と長期の費用に区別する必要がある。短期とは少なくともひとつは固定的な要素が存在する期間のことであり，長期とはあらゆる要素が可変的になる期間のことである。以下では，はじめに，短期の費用について考える。

　費用の概念として，固定費用（fixed cost：FC）と可変費用（variable cost：VC）がある。固定費用とは生産活動を行わなくても生じてくる費用のことであり，地代などがこれにあたる。そして，可変費用とは労働者への支払いなどといった人件費などがそれにあたる。具体的に，いま花屋を経営しているとき，土地の面積や温室の数が一定であるような短期での費用を考えてみよう。土地への地代や温室の維持管理および減価償却費は，花が1本も売れなくとも掛かる費用であり固定費用である。産出量の大小にかかわりなく，その投入量を一定とみなされる生産要素を固定要素と呼び，それらを購入する費用が固定費用である。これに対して，労働への支払い，種や肥料など花を栽培し販売する量が増えるにつれて増加する費用のことを可変費用という。産出量に応じて適宜調整できる生産要素を可変要素と呼び，それらを購入する費用は可変費用である。

　図5-12をもとに，費用曲線についてさらに検討する。ある産出量を生産するのに必要なすべての費用が総費用（total cost：TC）である。総費用は固定費用と可変費用の合計であり，

$$TC = FC + VC$$

と表せる。また，総費用を生産量で割った値は生産量1単位当たりの費用である平均費用（総費用／生産量）であり，また，生産量を1単位あたり増加させるときの費用の増加分のことは限界費用（総費用の増加分／生産量の変化分）と呼ぶ。

　以上の関係性を整理したものが図5-12である。ここでは労働と資本を使用して生産活動をすると仮定するが，資本は一定と仮定し，労働量の多さによって生産活動が決定されるとする。労働投入が増えていくにしたがい，生産関数に対応する点Aから点Eの水準に対応する産出量が決定される。可変費用は労働一単位当たりの価格wと労働量Lを掛け合わせたwLになる。それが右下の図である。生産には固定費用がかかってくるため，左下の図の原点からFCまでの分が固定費用となる。

　いま，生産を点Aで行うとき，それに対応する可変費用と，固定費用を合わせた総費用が左下の図の点aで表される。それぞれの生産に対応する総費用をみていくと，最終的には点aから点eまで取ることができ，すべての生産と総費用を対応させた点をつなぎ合わせていくと，総費用曲線TCを描くことができる。

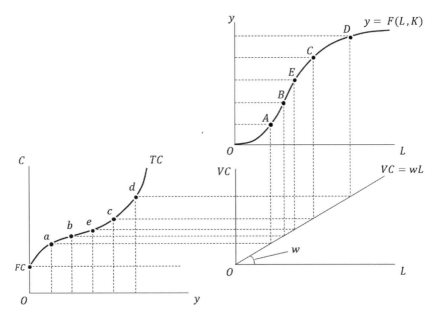

図5-12　費用曲線

右上の生産関数の図をみると，点 A から点 E くらいまでは，つまり，生産を開始しはじめの頃は生産効率がよいが，生産を拡大するためにさらに労働を投入して生産を行っていくと，他の要素が一定の場合，生産効率は悪くなっていく。これは同じ産出量を達成するのに必要とする労働量の増加分が異なっていることからも確認できる。総費用曲線と対応させると，生産効率がいいときは費用の増加分は小さいが，生産効率が悪くなると費用の増加分は大きくなることがわかる。

(2) 平均費用と限界費用

平均費用と限界費用について検討する。図 5-13 は産出量に対応する総費用，平均費用，限界費用を示したものである。

平均費用（$AC = TC/y$）は，総費用を生産量で割った値であるので，原点から総費用曲線上の点を結んだ直線の傾きの大きさで表すことができる。たとえば，点 a では原点からの直線の傾きは大きく，つまり，平均費用（単位当たりの費用）は大きい状態である。これは固定費用を少ない生産量で分担しなければなら

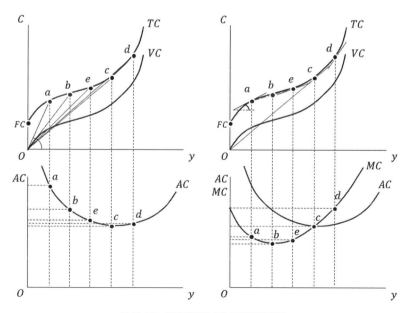

図 5-13 平均費用曲線と限界費用曲線

表5-2　費用一覧

総費用	費用全体 $TC(y) = FC + VC(y)$
固定費用	生産量とは独立にかかる費用 $FC = TC(y) - VC(y)$
可変費用	総費用うち，生産量に応じて増大する部分 $VC(y) = TC(y) - FC$
限界費用	生産量1単位増加することに伴う費用の増大幅 $MC(y) = \Delta TC(y)/\Delta y$
平均費用	単位当たりの費用 $AC(y) = TC(y)/y = AFC(y) + AVC(y)$
平均可変費用	生産物1単位当たりの可変費用 $AVC(y) = VC(y)/y$
平均固定費用	生産物1単位当たりの固定費用 $AFC(y) = FC/y$

　ないことから平均費用は大きくなるということである。このような総費用曲線の場合，生産量が増えるにつれ総費用は増えていくが，原点からの直線の傾きの大きさ，つまり平均費用は点 c の方へ向かうにつれ徐々に低下していく。そして，点 c が最も平均費用が低い点となり，そこからさらに生産量を増やしていくと，平均費用も徐々に上がっていくことがわかる。

　限界費用（$MC=\Delta TC/\Delta y$）は，ある生産量に対応する総費用曲線上の点の接線の傾きの大きさで表すことができる。つまり，ある産出量から追加的に1単位産出量を増加させたときの費用の増加分によって定義された。点 a から点 b くらいまでは生産に応じて限界費用（接線の傾き）は小さくなっていくのがわかる。点 c での傾きの大きさは，その産出水準のときの原点からの直線の傾きの大きさと同じであり，これは点 c では限界費用と平均費用が同じであることを意味する。この点 c では限界費用曲線と平均費用曲線が交差していることからも上のことがいえ，平均費用が最も低い位置である点 c で限界費用曲線と交差していることがみてとれる。

　図5-14を用いて，平均可変費用と平均固定費用について確認する。平均可変費用（average variable cost：AVC）は生産物一単位当たりの可変費用であり，可変費用を産出量で割ったものになる。これは可変費用の平均であるので，平均費用のときと同様に，原点から可変費用曲線上のある点の直線の傾きの大きさ

に等しい。生産量が増えるにつれ，平均可変費用は小さくなっていくが，点 e 以降は大きくなっていっているのがわかる。平均固定費用（average fixed cost：AFC）は生産物一単位あたりの固定費用であり，固定費用を産出量で割ったものになる。固定費用は生産しなくても生じてくる費用であるので，平均固定費用は生産量に伴い小さくなっていくことは容易にわかる。

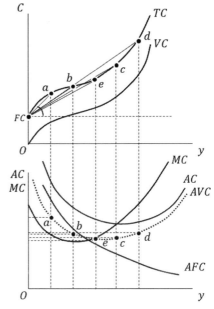

図5-14　平均可変費用曲線と平均固定費用曲線

(3) 長期の費用

費用曲線を短期と長期で区分して考える。図 5-15 には短期と長期の費用曲線が描かれている。図の上側は，短期の費用曲線が 3 本（STC_0, STC_1, STC_2）示されている。これは，3 つの大きさの生産設備（STC_0, STC_1, STC_2）があり，STC_0 よりも STC_1 の方が，そして，STC_1 よりも STC_2 の方が生産設備の規模は大きくなると考える。いま，産出量が y_0 のとき，3 つの生産設備に対応する総費用はそれぞれ P, Q, R となる。産出量が y_0 で一定であるとき費用が最も低いのはどれかというと，P であるので STC_0 の生産設備を使用するといえる。同様に考えると，産出量が y_1 の水準であるときは STC_1 を，y_2 の水準であるときは STC_2 を使用することになることがわかる。

設備水準などは短期では調整はできないが，長期ではそれが可能となる。つまり，短期では企業の固定資本設備の規模は一定であるが，長期では企業の固定資本設備の規模も可変である。それゆえ，最も低い費用を達成できる生産量と費用の関係を示している長期費用曲線は LTC で描くことができる。この長期費用曲線は短期費用曲線の包絡線となっている。

長期の平均費用と限界費用について考える。図 5-15 の下側には短期の平均費用曲線（SAC）と限界費用曲線（SMC）と長期の平均費用曲線（LAC）と限界費用曲線（LMC）が描かれている。

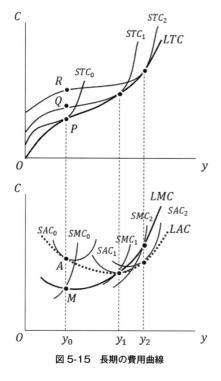

図5-15　長期の費用曲線

STC_0 に対応する平均費用は原点からの直線の傾きに等しいため，産出量の増加に伴い最初は低下していき，途中から増えていくという形状をとっており，これは既に確認した通りである。産出量 y_0 に対応する短期の平均費用（STC_0 に対応する点）は点 A で表され，y_1 と y_2 についてもそれぞれ同様にみてとれる。それぞれの産出量に対応する短期の平均費用曲線上の点を結んでいくと，長期の平均費用曲線 LAC を描くことができる。

限界費用についても，短期の方は既に確認した通り，短期の費用曲線上の任意の点の傾きの大きさで表すことができ，各 STC に対応する限界費用が各 SMC にあたる。

限界費用曲線の特徴について整理すると，短期の平均費用曲線 SAC と長期の平均費用曲線 LAC が接する点である点 A のときの産出量 y_0 において，短期の限界費用と長期の限界費用曲線が交差しているのがわかる。y_1 と y_2 についても同様のことがいえる。また，長期の平均費用曲線は短期の平均費用曲線の包絡線となっていたが，長期の限界費用曲線は短期の限界費用曲線の包絡線にはならない。ただし，平均費用曲線の最低点を限界費用曲線が通るというのは，長期でも同じである。

図5-15から，生産設備を大規模化することにより，ある産出量水準までは長期の平均費用を引き下げていくことが可能であることもわかる。たとえば，いま，企業の産出量が y_0 であるとすれば，点 A で長期の平均費用曲線に接するような短期の平均費用曲線に対応する生産設備が最適であり，産出量が y_0 となるところまでその生産設備を使用することにより平均費用を小さくすることができる。そして，産出量水準が y_1 に達するにつれ最適な生産設備を調整（例えば大規模化など）すれば，長期の平均費用を低下させることができる。これは大規模

生産の利益または規模の経済と呼ばれる現象である。

5-4　利潤最大化と最適生産

⑴　企業の収入

　これまでに企業の生産者行動における生産要素の最適な組み合わせや費用の諸概念について検討した。以下，完全競争のもとでの，企業の利潤最大化行動のもとでの最適生産の決定について考える。

　はじめに企業の収入について検討する。総収入（total revenue：TR）はひとつの財当たりの価格と産出した数量を掛け合わせたものであるため，pを財の価格とし，yを数量とすれば収入関数TRは，

$$TR = py$$

と表せる。完全競争のもとでは企業にとって価格は一定であるため，産出量の規模によって総収入の大きさが決まることになる。

　平均収入と限界収入について考える。平均収入（average revenue：AR）は産出物ひとつ当たりの収入であるので，総収入TRを産出量yで割ったものであり，

$$AR = \frac{TR}{y} = p$$

と表せる。限界収入（marginal revenue：MR）は産出物を一単位増加させたときに得ることのできる収入の増加分のことであり，

$$MR = \frac{\Delta TR}{\Delta y} = p$$

と表せる。総収入の増加分は積の微分の考え方から$\Delta TR = p\Delta y$となり，限界収入は価格に等しいことになる。つまり，限界収入と平均収入はともに価格pに等しいことになる。

(2)　最適生産量の決定

　最適生産量の決定について考える。企業は利潤を最大化するような生産活動を
おこなっている。利潤 π は総収入 TR から総費用 TC を引いたものであり，

$$\pi = TR - TC = py - C(y)$$

と表せる。ここでは産出物の市場価格を p，産出量を y とすれば，完全競争では
価格は市場で決定されるので産出量によって価格は変化しないため，総収入は
右上がりの直線（py）で表され，利潤を最大にするように産出量を決定する。ま
た，利潤関数は $\pi = TR - TC$ であり，企業はこの利潤を最大化するような行動
をすると考えられる。

　企業の利潤最大化条件を整理すると，利潤の最大化は利潤関数を産出量につい
て導関数を求めゼロとすればよいので，

$$\frac{d\pi}{dy} = \frac{dTR}{dy} - \frac{dTC}{dy} = p - \frac{dC(y)}{dy} = 0$$

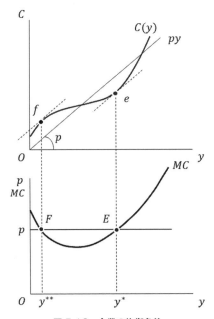

図 5-16　企業の均衡条件

となる。ここで p は価格であり，
$dC(y)/dy$ は産出量をわずかに増加させ
るときに必要な費用の増加分つまり，限
界費用であるので利潤を最大にするよう
な産出量水準のところでは $p = MC$ とな
る。さらに，p は総収入曲線の傾きつま
り，限界収入に等しく $p = MR$ であるの
で，結果的に，$p = MC = MR$ を得ること
ができる。

　図 5-16 を用いて利潤最大化と最適生
産について同様に考える。図には総収入
曲線と総費用曲線が描かれており，利潤
は総収入と総費用の差であるため，それ
ら 2 つの曲線の差が最大になるところで
利潤が最大化する。図で確認すると，利
潤が最大化しているところは産出水準が

y^* の水準のときであり，総費用曲線でそれに対応するのが点 e となる。この点 e から総収入曲線までの垂直差が利潤である。点 e での接線の傾きは総収入曲線の傾きに等しく，つまり並行であり，その大きさは p と等しい。この総費用曲線の傾きと総収入曲線の傾きが等しいところで，利潤最大化と最適生産量が実現することになる（$p = MC = MR$）。

　もし，価格が限界費用よりも大きいとき，生産者はどのような行動をとるか。価格が限界費用よりも大きいということは，その対応する産出量のときの費用関数の接線の傾きが価格に等しくないというときであり，$p = MC$ を満たしていない。このときは，

$$p\Delta y > \frac{\Delta C(y)}{\Delta y}\,\Delta y$$

という状態であり，産出量を増加させることにより，それに伴う費用の増加を上回る収入の増加を獲得することができるということになり，生産を拡大する行動をとるといえる。y^* よりも少ない産出水準のときがそれにあたる。

　価格が限界費用よりも小さいときは逆のことが考えられる。この場合，上の式の不等号が逆になるため，産出量が増加すると，それに伴う費用の増加は収入の増加を上回ってしまうため，産出量を減らすことにより費用を節約することができることから生産を縮小する行動をとるといえる。y^* よりも多い産出水準のときがそれにあたる。

　産出量が y^{**} の水準（点 F）のときも，限界費用と価格が等しい状態である。点 F において，y^{**} よりも右側の方では価格は限界費用よりも大きいため，産出量を拡大することになり，また，y^{**} よりも左側の方では価格は限界費用よりも小さいため，産出量は縮小することになる。つまり，この場合両方とも y^{**} から離れていくことになり，このような点は不安定均衡点であることがわかる。

　利潤最大化条件をより正確に定めておくならば，価格＝限界費用であり，限界費用は逓増しているとき（つまり，限界費用曲線が右上がりであるとき），という条件が求められる。y^* に対応する点 E では，$p = MC$ であり，MC が逓増しているという条件を満たしていることがわかる。

5-5　短期供給曲線と長期供給曲線

(1)　企業の短期供給曲線

　最適生産の決定について考察してきたが，ここでは価格が変化するとき，企業の最適生産をどのようにとらえることができるのかについて，短期と長期の両面から検討する。

　図 5-17 では，平均費用曲線 ATC，限界費用曲線 MC，平均可変費用曲線 AVC が描かれており，価格は p_1 で与えられているとすれば，それに対応する産出量は y_1 である。最適生産は価格と限界費用が等しい点 E_1 で表されている。企業の収入は価格×生産量で求められ，費用は平均費用で判断でき，利潤は収入から費用を引いた分になる。

　価格の変化が収入にどのような影響をもたらすかを確認する。たとえば，価格が p_1 から p_3 まで上昇したとすると，産出量も y_1 から y_3 へ拡大するため収入は増加するであろう。反対に価格が下がった場合，p_1 から p_0 まで下がったとすると，生産量は減少するので所得も減少するであろう。

　点 E_2 では収入と費用が等しくなる。この場合の企業の収入と費用の大きさはともに $Oy_2 E_2 p_2$ である。この点では $p = MC = ATC$ が成立し，利潤はゼロになる。この点を損益分岐点と呼ぶ。価格がこの水準を下回り p_1 になるとすれば，

これまで同様に考えると，収入は $Oy_1 E_1 p_1$ であり，費用は価格 p_1 と産出量 y_1 が平均費用曲線 ATC に対応するところで決まるため，費用の方が収入より大きくなることから損失が生じることになる。この場合，企業は生産活動をしないのかというと，生産活動をしなくても固定費用は生じるため，生産をすれば固定費用の一部を回収できることになる。損失が生じるからといって生産活動をしなければ，固定費用のすべ

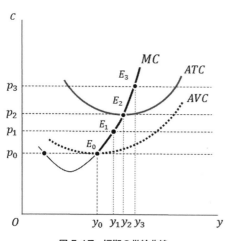

図 5-17　短期の供給曲線

てを支払うことになる。

　したがって，収入が平均可変費用より大きければ生産活動を続行し，平均可変費用より小さければ可変費用の回収もできなくなるので生産活動を停止することになる。生産をするかしないかは，平均可変費用の底辺のところで決まる。図のE_0がその点であり，この点を操業停止点と呼ぶ。

　企業は価格がp_0より低ければ生産活動を行わない。ゆえに，供給曲線は原点Oから縦軸のp_0までのOp_0の部分と操業停止点であるE_0より右上方の限界費用曲線の部分とで表すことができる。これが短期の供給曲線である。価格が上昇すれば，企業は利潤の増加を目指して産出量を拡大させる。つまり，供給曲線は価格の変化に対応して，企業がどれだけ生産活動を行うかということを表わしている。

(2)　企業の長期供給曲線

　企業の長期供給曲線について考える。短期において価格と限界費用が一致するところで利潤最大化と最適生産は実現することをすでに確認したが，長期においても同様に考えることができる。図5-18では短期の限界費用曲線（SMC）と平均費用曲線（SAC）と長期の限界費用曲線（LMC）と平均費用曲線（LAC）から長期の供給曲線を描いたものである。

　いま，産出物の価格がp_2であるとき，最適生産点は点Aになり（価格と長期の限界費用が一致する点），そのときの最適生産量はy_2で決まる。産出量がy_2の水準であるとき，長期の平均費用は点Cで示されるため，このようなとき，収入は費用を上回り正の利潤が生じることがわかる。ここで価格がp_2からp_1に下がったとする。この場合，価格と長期の限界費用が一致する点Bが最適生産点であり，この時の最適生産量はy_1である。費用についても同様にとらえることができるので，点Bにおいても正の利潤が生じる。さらに価格がp_0

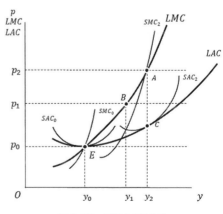

図5-18　長期の供給曲線

まで下がったとする。この場合の最適生産点は点 E となる。この点 E では長期の限界費用曲線が長期の平均費用曲線の最低点を通っていて，価格と長期の限界費用が等しく，利潤はゼロとなる点である。長期では固定的要素はなくすべて可変的要素となることから，価格が p_0 より下がるのであれば，企業は生産活動を行わない。よって，点 E は長期における損益分岐点であり，さらに操業停止点でもある。短期の供給曲線同様，長期の供給曲線は，原点 O から縦軸の p_0 までの Op_0 の部分と操業停止点である点 E より右上方の長期の限界費用曲線の部分とで表すことができる。

　長期均衡について考える。長期において，価格が損益分岐点を下回るようであればその企業は産業から退出する。一方，正の利潤を享受していれば，新企業がその産業に参入してくる。新規参入企業は，利潤＝（価格×生産量）−（平均費用×生産量）＝ $(LMC-LAC)y$，であるとき，つまり，長期の限界費用が長期の平均費用を上回っているときに企業の超過利潤が生じているため参入を試みる。図 5-19 の点 A のようなときでは超過利潤が発生している。このとき，必ず企業は新規参入を試みるため，点 A の状況は長くは続かない。

　それゆえ，超過利潤が生じているとき，新規企業は自由に参入し，同じ費用の条件で生産活動が可能であれば市場での総産出量は増えることになり，価格は低下することになる。図 5-19 では，価格が p_1 から p_0 まで低下すると，当該企業の産出量は y_1 から y_0 まで縮小し，つまり，長期の平均費用曲線の最低点に対応する産出量水準に至り，最終的には超過利潤はゼロになる。そのとき，他の企業の参入誘因はなくなる。そのような長期の均衡点では，

$$p = LMC = LAC$$

が成立することになる。長期の平均費用曲線がＵ字型である場合には，産業全体の需給均衡が達成されると，産業全体の総供給量が確定され，産業内の各企業の超過利潤ゼロまでの産出量も確定されるので，したがって，それと同時に，産業内の企業数も確定されることになる。

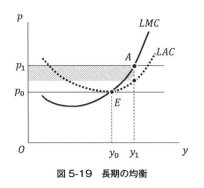

図 5-19　長期の均衡

第6章

完全競争市場と効率性

　完全競争市場と効率性について検討する。世の中の市場には，様々な市場が存在しているのが事実である。1社だけで市場を独占している独占市場や，2社程度が市場に存在している複占市場，そして，少数の企業が市場で競合している寡占市場などが代表的な市場の例である。これらの市場のことを不完全競争市場と呼ぶが，これについては後の章で学修する。ここでは不完全競争市場と対極にある完全競争市場について考える。

6-1　完全競争市場の均衡

(1)　完全競争

　完全競争とはいくつかの仮定を前提としていて，市場に歪みがない，いわゆる理想的な市場のことである。以下では，その4つの仮定について確認する。

① 　各財の買い手と売り手が多数存在：市場に影響力を持つ人は誰一人存在しない事を意味し，あらゆる経済主体は市場で万人共通に観察されること，すなわち価格の変化だけに注目して，他の経済主体の行動を考慮せずに自らの意思決定を行っている。

② 　財の同質性：財の製品差別化はなく経済主体は財の価格に注目して行動することになる。

③ 　情報の完全性：情報の非対称性はなく，市場に参加する経済主体は取引する財やサービスの情報を完全に持っているということである。

④ 　参入・退出の自由：経済主体は自分の意志で市場に参加するか，あるいは，退出するかどうかを決定できる。

　これらの仮定の下，完全競争では経済主体は市場において決定される価格を与件としてみなし，プライス・テイカー（価格受容者）として行動をするのである。

(2)　市場の需要と供給

　消費者行動の理論や生産者行動の理論では個別の家計や企業の行動から需要曲線や供給曲線について検討した。ここでは市場の需要曲線と供給曲線について考える。

　図6-1では，縦軸に財の価格，横軸に財の需要量を示し，ある市場での家計1と家計2の需要曲線が描かれている。市場での個々の家計の需要曲線を足しあげたものが市場の需要曲線となる。同様に，図6-2では，市場に参加している企業1と企業2の供給曲線が描かれている。市場での個々の企業の供給曲線を足しあげたものが市場の供給曲線となる。

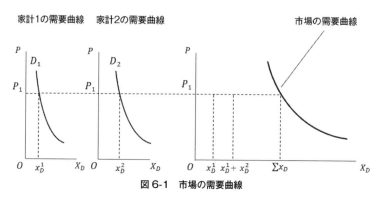

図6-1　市場の需要曲線

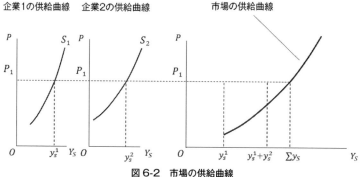

図6-2　市場の供給曲線

　市場の需要曲線と供給曲線
をひとつの図に表したのが
図6-3であり，曲線が交差す
るところで市場は均衡してい
る。この均衡点Eでは市場
の売り手も買い手も満足して
いる状態である。市場均衡で
は，需要量と供給量，需給を
一致させる均衡価格が決ま
り，個々の消費者の需要量や

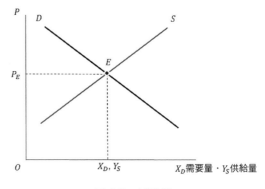

図6-3　市場均衡

生産者の生産量も同時に決まることとなる。需要量と供給量とが等しくなると，
その価格のもとでは総ての消費者が効用を最大にしているし，総ての生産者が利
潤を最大にしている。この状態が市場均衡である。

(3)　市場均衡の安定性

　もし価格が均衡価格より高かったり低かったりする場合，どのようなことが市
場で生じるのか。ここでは2章で確認した市場メカニズムの概念が重要となる。
価格が均衡価格と一致しないとき，市場メカニズムが機能し価格や数量といった
要素が調整される。市場メカニズムは，消費者や生産者の自由な意思決定の結果
であり，誰かに強制されて到達した結果ではない。生産者にとって望ましくない
状態を解消するには供給量を増減させなければならないため受け取り意思額，す
なわち価格が増減する必要がある。たとえば，価格が下落すると受け取り意思額
（価格）の下落によって供給量が減少すると同時に，需要量が増加してゆく。こ
の価格の下落プロセスは需要量と供給量とが等しくなるまで続くことになる。消
費者や生産者が与えられた価格のもとで最適な選択を行おうとする限り，需要量
と供給量とが等しくなる。この調整プロセスが市場メカニズムであり，個々の消
費者の効用最大化や生産者の利潤最大化の結果として，市場で自律的に機能する
重要な仕組みである。

　市場の調整プロセスとしてワルラス的調整過程を図6-4から考える。いま，均
衡価格よりも高い価格に直面しているとする。この場合，売り手の方はより多く
供給したいというインセンティブが働くため，需要量を超える供給量を提供する

ことになる。そのような供給が需要を超えていることを超過供給と呼ぶ。逆に，需要が供給を超えている場合を超過需要と呼ぶ。超過供給であろうが，超過需要であろうが，いずれにせよ，均衡に向けた価格の調整が生じることになる。超過供給の場合，売り手は過剰な財を売りさばくためにより低い価格をつけることになり，価格は下落し，需要の増加と供給の減少を招く。超過需要の場合，買い手は不足している財を入手するためにより高い価格であっても受け入れることになり，価格は上昇し，需要の減少と供給の増加を招く。売り手側と買い手側の行動により，需要と供給は市場での価格調整を通じて点 E へ収束することになる。このように超過需要のときに価格が上昇し，超過供給のとき価格が低下する調整メカニズムのことをワルラス的調整過程と呼ぶ。

　需要と供給の不均衡がおきる場合に，価格による調整ではなく，数量による調整も考えることができる。取り引きされる財の数量によって市場の不均衡が調整されることをマーシャル的調整過程と呼ぶ。図6-5では Y' や Y'' のとき，需要価格と供給価格は同一ではなく乖離している。このような場合，たとえば Y' のとき，需要価格が供給価格を上回っているので，企業は生産を拡大しようとする。つまり，超過需要価格が生じているとき，生産量が拡大するにつれ需要価格は低下し，供給価格は上昇することになる。Y'' のときは逆のことを考えることができ，超過供給価格が生じるため，企業の生産は縮小し，需要価格が上昇し供給価格は低下するということが考えられる。

　次に，時間的要素も市場の不均衡の調整には重要であることを考える。これは生産量の調整にタイムラグを導入した考え方である。図6-6をもとに考える。たとえば，今期の生産量が Y' であるとき，その生産水準に対応する需要水準のところで価格 P_0 が決まり，生産者はこの価格 P_0 を所与として次の期の生産計画を考えるとする。その時の生産量は Y'' であり，そこに対応する需要量が決まると価格は P_1 に決まる。そして，価格 P_1 を所与としてさらにその次の期の生産計画をする。このような調整が続いていくと，需要と供給は次第に均衡点 E の方へ収束することになる。つまり，前期の市場価格がそのまま維持すると予想し今期の生産数量を決定し，今期の産出量はすべて今期の市場で売り尽くされねばならないという仮定のもとで，需要と供給は市場での動学的調整を通じて点 E へ収束していくのである。このような動学的調整のプロセスを蜘蛛の巣理論と呼ぶ。

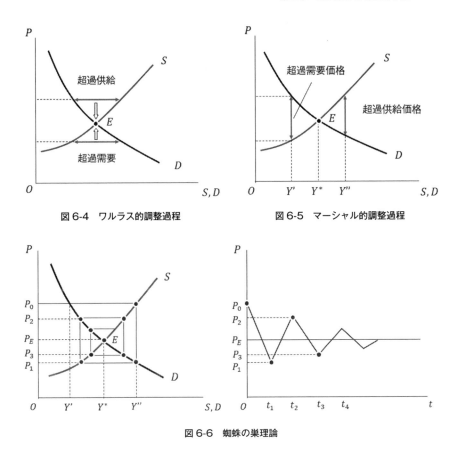

図6-4 ワルラス的調整過程

図6-5 マーシャル的調整過程

図6-6 蜘蛛の巣理論

6-2 経済余剰と市場の効率性

　経済余剰と市場の効率性について考えていく。経済活動を行っている消費者や生産者は市場価格のもとで様々な取引を行っている。市場取引から発生する利益を経済余剰という。ここでは自由な経済活動による経済主体への利益・メリット（経済余剰）はどの程度であり，それはどのように表すことができるのかという点を確認するにあたり，消費者余剰と生産者余剰という概念を用いる。

　図6-7では，需要曲線と供給曲線が描かれていて，それらが交差するところで均衡価格と均衡取引量が決まっていることがみてとれる。市場があることで消費者が節約できた分が消費者余剰であり，消費者が支払ってもいいと思った

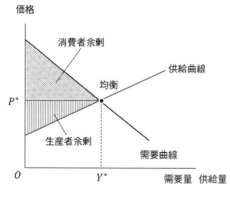

図6-7　消費者余剰と生産者余剰

価格と市場での価格の差の部分が消費者余剰にあたる。たとえば，ある財を購入しようとする消費者が1,000円まで支払ってもいいと思っているとき，その財の市場価格は700円であるとすれば，この消費者は300円節約できた（得をした）と考えることができる。生産者余剰についても同様の考え方があてはまる。ある財を販売しようとする生産者がいて，その財に対して販売したい価格と市場での価格の差のところが生産者余剰にあたる。

　消費者にとっての利益，つまり消費者余剰は価格と需要曲線の間の面積で表すことでき，生産者にとっての利益，つまり生産者余剰は価格と供給曲線との間の面積で表すことができる。消費者余剰と生産者余剰を合計したものが総余剰（社会的余剰）であり，これは社会全体の利益（経済厚生）であるといえる。このような部分均衡分析における余剰の和の大小は，社会的厚生を測るひとつの基準として用いられており，余剰の和が大きいほど資源配分がより効率的であると考えられる。

　では，どのようなときに経済厚生は最大とならないのであろうか。図6-8から厚生の損失についていくつかの例から考える。はじめに，資源配分が効率的なときの余剰について確認する。市場が均衡している場合，取引量（供給量＝需要量）は Y^* であり，価格は P^* で決まる。そのときの総余剰は三角形 aEb である。均衡価格が P^* のとき，生産者の総収入は価格と数量を掛け合わせた部分となるため OP^*EY^* の面積になり，そのときの費用は $ObEY^*$ の部分であるのでその差の部分にあたる三角形 bEP^* が生産者余剰となる。消費者余剰についても同様にみると，購入することによって得られる評価の総額は aEY^*O の部分で，そこから支払った部分である P^*EY^*O を引いた三角形 aEP^* の部分が消費者余剰になる。

　ここで，過剰生産の場合の厚生損失について考える。ここでは過剰生産の場合の供給量を Y_2 で示され，Y_2 がすべて需要される価格は需要曲線上の q に対応

(A)過少生産による
厚生損失：三角形 QER

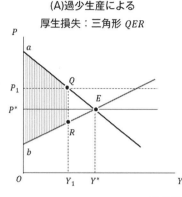

(B)過剰生産による
厚生損失：三角形 rqE

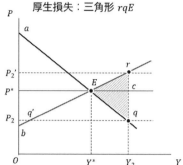

図6-8　厚生の損失

する P_2 になる。消費者は価格 P_2 で Y_2 分を消費するので，消費者余剰は三角形 aqP_2 となる。生産者余剰は P_2qY_2O から brY_2O を引いた部分になり，収入と費用の共通部分である $bq'qY_2O$ は相殺されるため，生産者余剰は三角形 $P_2q'b$ から三角形 $q'Eq$ の部分と三角形 Erq の部分を引いた大きさとなる。

　生産者余剰の損失である三角形 $q'Eq$ は消費者余剰の方で相殺されることを考慮に入れると，過剰生産のときの総余剰は三角形 Erq の部分が損失として残ることがわかる。したがって，過剰生産のときの総余剰は完全競争市場均衡のときの総余剰よりも三角形 Erq の分だけ小さいということになる。

　過少生産についても過剰生産と同じように考えることができる。左側の図を使用して確認する。生産量が Y^* よりも小さい Y_1 であるとすると，ここでの財がすべて売りつくされる価格は需要曲線上の Q に対応する P_1 になる。このときの消費者余剰は三角形 aQP_1 であり，企業の収入は P_1QY_1O の部分であり，費用は $ObRY_1$ の部分になるのでそれらの差である P_1QRb の部分が生産者余剰となる。ゆえに，このときの総余剰は $aQRb$ の部分となり，これもまた完全競争市場均衡のときの総余剰よりも三角形 QER の分だけ小さいということになる。これらのような厚生の損失のことを死荷重（デッド・ウェイト・ロス）と呼ぶ。

　政府の介入により価格を均衡価格より高い水準に維持する政策が行われる場合の経済厚生への影響について図6-9を用いて考える。ここではある財の市場を想定し，その市場での均衡価格は 15,000 円，そのときの均衡点は点 C とする。そして，価格維持政策により価格が 20,000 円に設定されたとする。このとき，消

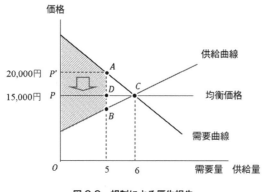

図6-9　規制による厚生損失

費者余剰は $P'ACP$ の部分の大きさだけ減少する。生産者余剰は価格の上昇による利益の拡大効果（$P'ADP$）と，生産量の減少による利益の縮小効果（CDB）が生じることになる。市場の均衡価格よりも価格を上昇させると，はじめは拡大効果の方が大きいが，上昇させすぎると縮小効果の方が大きくなる。この場合，生産者余剰の拡大効果は消費者余剰の減少分の一部しか相殺できないことから，総余剰は必ず減少することになる。その減少分が三角形 ABC の部分であり，これは価格維持政策による経済への超過負担とみなせる。このような超過負担は政策により価格を低い水準に維持する場合でも同様に観察される。

　生産量が完全競争での市場均衡における Y^* より多くても少なくても，経済厚生，つまり総余剰が完全競争市場均衡での経済厚生より大きくなることはない。また，価格が市場均衡における P^* よりも高い水準であろうが低い水準であろうが，総余剰が完全競争市場均衡での経済厚生より大きくなることはない。つまり，完全競争市場均衡は最大の社会的厚生をもたらすという結論を得ることができる。

6-3　効率性の基準

(1)　パレート最適

　資源配分の効率性について検討する。既に学修したように，我々が使用しているあらゆる経済資源は有限であり，すべての経済主体は価格の動きに従ってそれぞれ独立した行動をとっている。ここでは，それら経済主体の行動と社会的厚生の最大化との関係性について考える。社会的厚生の水準は社会の各成員の欲望の充足水準に依存しており，その欲望の充足水準は経済的行動の主に3つの側面に影響される。それは，社会的資源がさまざまな産出物の間にどのように配分され

るのか，この産出物の生産にはどのような生産方法が使用されるのか，そして，この産出物が社会の各成員にどのように分配されるのか，である。

　パレート最適の概念について確認する。現在の資源配分や産出物を社会の成員への分配を変化させたときに，他の成員の満足をも減少させずにある成員の満足を増加させることができるならば，社会的厚生は最大であるとはいえない。資源配分や分配の変化が他の成員の誰かを不利にすることなしに誰かを有利にすることはできない状況をパレート最適という。別の言い方をするならば，ある一方の状況を改善させるためには，他の状況を悪化させなければならい状態，または，他者を犠牲にすることなく厚生を改善する余地がないという状態のことをパレート最適と呼ぶ。つまり，パレート最適でなければ，誰の厚生を悪化させることなく，他の誰かの経済厚生を改善することができる，ということである。

　パレート最適は，近代経済学の中でも資源配分に関する概念のひとつであり，イタリアの経済学者であり社会学者のヴィルフレド・パレート（Vilfredo F. D. Pareto：1848-1923）がこれを提唱した。パレート最適は，あくまで資源配分の効率性から社会的に望ましい状態を判断する基準であって，所得分配の公正という視点を同時に考慮に入れたものではない。

⑵　パレート最適な資源配分：消費のパレート最適

　どのような条件が満たされるときにパレート最適な資源配分となるのであろうか。ここでは消費のパレート最適について考える。

　部分均衡分析ではあるひとつの財の市場での価格と取引量の変化を分析するが，そこでは他の財の市場の影響を考慮に入れていない。以下では，消費のパレート最適のより一般的な分析のために，2人の主体と2つの財について取り上げ，パレート最適について確認する。

　図6-10では2人の主体の初期保有量とそれぞれの選好を示す無差別曲線が描かれている。初期保有量とは主体が市場に参加する前にどれだけの財を保有しているかを表したものである。第1主体の初期保有量は (w_1^1, w_2^1) であり第1財 x_1 をより多く保有しており，第2主体の初期保有量は (w_1^2, w_2^2) であり第2財 x_2 をより多く保有していることがわかる。2人は効用最大化を目的とした行動をとるので，より多く持っている財とあまり多く持っていない財があれば，効用最大化のためにお互いに交換し合うであろう。この2人にとって最適な財の分け

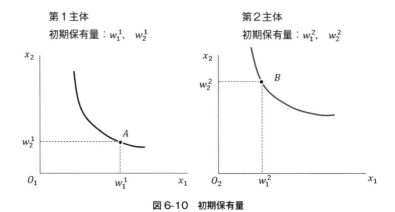

図6-10　初期保有量

方，つまり最適な資源配分はどのように決まるのかを考える。

　図6-10の2人の初期保有量と無差別曲線の図をひとつの図で表すために，第2主体の図をひっくり返し点Aと点Bが重なるように合わせたのが図6-11である。これが2人の主体と2つの財からなる交換経済のエッジワース・ボックスである。ここでは，2つの財（x_1とx_2）の総量は主体1のもつ各財の量と主体2のもつ各財の量の合計を縦軸と横軸の2つの座標軸の上に取ることができ，2人の主体の実現可能な財の配分が示されている。第1財の総量は$w_1^1 + w_1^2$であり，第2財の総量は$w_2^1 + w_2^2$となる。このエッジワース・ボックスのなかでは，主体1の保有量が決まれば，主体2の保有量も同時に示してくれる。たとえば，もし第1財が20単位，第2財が10単位ある場合，主体1の保有量が（12, 3）を

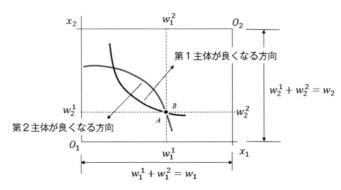

図6-11　エッジワース・ボックス

保有すれば，主体2は（8, 7）を
保有しているということになる。
主体1の第1財の保有量を左下の
原点 O_1 から横軸方向への長さで
測り，主体2の第1財の保有量を
右上の O_2 から横軸方向への長さ
で測り，同様に第2財の方はそれ
ぞれの原点から縦軸方向の長さで
測ることができる。つまり，ボッ
クス内のあらゆる点は2人の主体

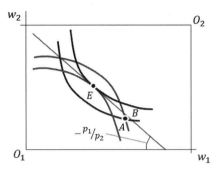

第1主体の限界代替率 ＝第2主体の限界代替率

図6-12　消費のパレート最適

の財保有量を異なる原点から測っており，ボックス内の点は各財のすべての実現
可能配分を示している。

　図6-12ではそれぞれの主体の初期保有量が点 A と点 B で重なって表されてい
る。初期保有の点よりも各主体が改善される領域はどの方向になるだろうか。主
体1を考えると，A を通過する無差別曲線よりも右上の方の財の組み合わせが
それにあたり，主体2の方は B を通過する無差別曲線よりも左下の方の組み合
わせがそれにあたる。両方の主体がともに改善される領域はどこになるであろう
か。それは明らかにこれら2つの領域の重なった部分であるラグビーボール形の
内側のところになる。2人の主体は双方に利益の出るように財の交換をし続ける
と，最終的には両主体の無差別曲線が接する点 E に至り，この点はもはや他の
主体を悪くせずに改善されない配分となる。ラグビーボール形の領域の中であれ
ば，初期保有量のときよりも改善されるので，この領域内のある組み合わせにむ
かって取引によって移動することになる。初期保有からのこの交換は両主体に
とってより好まれる交換が存在しなくなるまで続けられる。その位置は2人の無
差別曲線が接するところであり，そこでの配分をパレート効率的配分と呼ぶ。

　パレート効率的配分では，あらゆる経済主体の限界代替率が等しく，限界代替
率は財の相対価格に等しくなるため，消費のパレート最適では，

$$MRS_1 = MRS_2 = \cdot \cdot \cdot = MRS_n = -\frac{p_1}{p_2}$$

が成立する。

　主体1と主体2のバナナとイチゴの消費からパレート効率的配分について図6-13(A)から確認する。いま，2人の初期保有量（点a）について，主体1はバナナを3個とイチゴを5個保有し，主体2はバナナを7個とイチゴを15個保有しているとする。主体1の無差別曲線はU_1（U_1^1, U_2^1, U_3^1）で描かれており，左下の原点から右上の方に行くほど高い効用水準であることを示している。同様に，主体2の無差別曲線はU_2（U_1^2, U_2^2, U_3^2）で描かれており，右上の原点から左下の方に行くほど効用水準が高いことを示している。初期保有は点aで表されていることから，この点を通る無差別曲線U_a^1とU_a^2に囲まれたラグビーボール形の領域の点は点aと比べるといずれも少なくとも一方の主体に高い効用水準を与えることが見て取れる。つまり，その領域内に移動するような交換をおこなうことにより，いずれの主体の効用も低下せずに，片方あるいは両方の効用が増加することから，点aはパレート最適な状況ではないことが分かる。

　点Eはどうであろうか。この点では両主体の無差別曲線のU_1^1とU_3^2が接している。主体1にとってこのU_1^1よりも高い効用水準を達成する交換は主体2の効用をU_3^2の水準より低下させる。つまり，点Eでは他の主体の効用を低下させることなしに，もう一方の主体の効用水準の増加は不可能な状態であることから，点Eでの配分はパレート最適である。主体1も主体2も最適な消費行動の

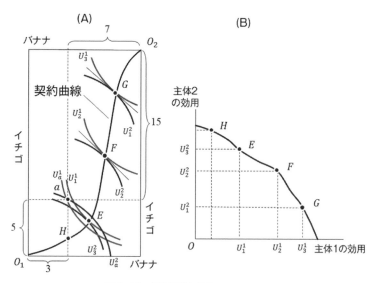

図6-13　契約曲線と効用フロンティア

結果，点 E では2財の限界代替率，つまり無差別曲線の接線の傾き，がこの2財の価格比に等しくなる。両者の無差別曲線が接している点，つまりパレート最適な点を結んだ曲線を契約曲線と呼び，契約曲線上では両者の無差別曲線の接線の傾きつまり限界代替率が等しくなる。

　また，図6-13(B)は，パレート最適な点を結んだ線上を動いた時の両主体の効用の動きを表した効用フロンティアである。この効用フロンティアは主体1と主体2の間でバナナとイチゴを配分したときに実現できる効用の組み合わせを表している。

　この曲線上の点は片方の効用が高くなれば，もう一方の効用は必ず低下することから右下がりになっている。形状が凸凹であるが，これは効用の絶対的な大きさそのものに意味がないという効用の序数性を表しているためである。

(3)　パレート最適な資源配分：生産のパレート最適

　消費の配分から確認したパレート最適は，生産要素の配分についても成立する。いま，2つの企業（企業1と企業2）と2つの生産要素（労働と資本）を想定し，一定量の生産要素を2つの企業の間に効率的に配分し，パレート最適な資源配分が実現するときの条件について図6-14(A)から考える。消費の場合と同じように，生産要素について考えるときも，企業の費用最小化行動によって，資源配分の最適性を確認することができる。既に学修したが，企業は産出量一定の費

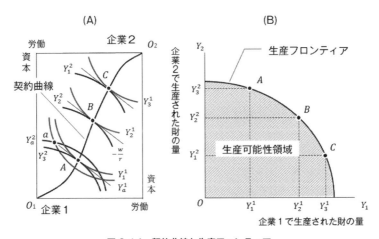

図6-14　契約曲線と生産フロンティア

用最小（あるいは費用一定の産出量最大）で，最適投入量の決定，つまり生産方法の決定をする。そのときの企業の均衡条件は，

技術的限界代替率＝2要素間の限界生産力比＝2要素間の要素価格比

が成立するというものであった。

　企業間で技術的限界代替率が等しくなっていることは，生産要素が企業間で効率的に配分されるために必要なことである。点A，点B，点Cはその条件が成立するところであるのは消費のパレート最適のときと同じ解釈をすれば容易にわかる。その均衡条件は，

$$MRTS_1 = MRTS_2 = \cdot \cdot \cdot = MRTS_n = \frac{MP_L}{MP_K} = -\frac{w}{r}$$

が成立している点を結んだ曲線は契約曲線であり，点A，点B，点Cでは，一方の生産水準を低下させることなく他方の生産水準を増加させることはできない状態であることがわかる。契約曲線は図6-14(B)の生産フロンティアになり，それはエッジワース・ボックスの中のパレート最適の点をつなぎ合わせて描くことができる。横軸には企業1で生産された財の量を，そして縦軸には企業2で生産された財の量をそれぞれ示しており，両企業にとって最適な労働と資本の配分から実現可能な2つの財の生産量を表している。生産フロンティアは生産可能性領域の中の境界にある曲線のことであり，この線上の点はどこでも技術的限界代替率の均等が成立している。

(4)　消費と生産のパレート最適

　消費と生産を含めたパレート最適な資源配分について考える。はじめに限界変形率について図6-15から確認する。

　資源制約のもとで，ある財をより多く生産するためには他の財の生産をあきらめなければならない。X_2財の生産量を1単位減らし，その生産に使用された生産要素をX_1財の生産に配分すれば，X_1財の生産量はどのぐらい増やせるかということを表しているのは，X_1財の生産の機会費用であることはわかる。衣服と食料の例で考えると，衣服1単位の追加生産に必要な資源を確保するために食料生産のある分量が犠牲となる。この衣服の追加生産分対食料生産の犠牲分の比は

衣服の機会費用である。

　これは生産フロンティア上の点
の接線の傾き，つまり限界変形率
（marginal rate of transformation：
MRT）の大きさで表すことができ
る。限界変形率は，ある財が他の財に
変形される率を測ったものということ
になるが，ここでいう変形とは，他の
財をより多く生産するために生産要素
を移動する，というように理解できよ
う。たとえば，衣服の限界費用が200

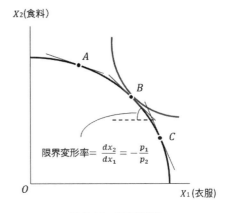

図6-15　限界変形率

円，食料の限界費用が100円であれば，衣服を1単位余分に生産するには食料を
2単位犠牲にしなければならないということで，衣服の限界費用を食料の限界費
用で割った値は，衣服を1単位余分に生産するために減少させなければならない
食料の単位数のことである。つまり，それが限界変形率である。

　消費および生産の効率性では，パレート効率的配分においてその条件をそれぞ
れ確認したが，消費と生産を含めたパレート最適な資源配分はどのように考える
ことができるか。結論から言うと，完全競争の下では，限界変形率は両財の価格
比 p_1/p_2 に等しくなり，価格を通じて，生産における2財の限界変形率は消費に
おける2財の限界代替率に等しくなるように調整される。

　消費のパレート最適で確認したことを再考すると，契約曲線上ではどこでも2
人の主体の限界代替率は等しくパレート最適であり，そこでは1人の主体が財を
交換したいと思う比率はもう1人の消費者が財を交換したいと思う比率に等しい
という条件が成立した。また，同様に，限界変形率とは片方の財をより多く生産
するときに，もう片方の財をどれくらい少なく生産しなければならないかを表し
たものであった。

　しかしここで消費と生産を含めた資源配分を考えるときに，どのような条件の
もとでパレート最適が達成されるのであろうか。消費と生産が存在する経済にお
いて，ひとつの財ともうひとつの財を交換するのにもうひとつの方法がある。そ
れはひとつの財をより少なく生産し，もう一方の財をより多く生産するというこ
とである。生産を考慮に入れると消費の契約曲線上のすべてがパレート最適とは

限らない。限界代替率と限界変形率が異なるときは，パレート最適ではなくなるからである。

　この理由について考えていく。限界代替率と限界変形率が異なるということは，ある主体が第1財を第2財と交換しようとする比率が，第1財が第2財へと変形される比率とは異なることになる。これはつまり，生産のパターンを変えることによって，その主体を改善する手段が存在するということを意味する。

　図6-16において，生産可能性曲線上の点Eで生産が行われるとき，生産された財はO_1とO_2を原点とするエッジワース・ボックス内で2人の主体に配分される状況を考えるとする。

　契約曲線上ではどこでも消費者間の限界代替率は等しく，財の配分はパレート最適であるといえた。しかし，生産を考慮に入れると，契約曲線状のすべての点がパレート最適とはいえなくなる。たとえば，いま，限界代替率を1とすれば，1対1の比率で交換してもよいということであり，また，限界変形率が2であるとすれば，第1財を1単位あきらめることによって第2財を2単位得ることができるということである。これは第1財の生産を1単位減らすことが，2単位余分に第2財を生み出すことになるため，これはあきらかに重要な意味をもつことになる。なぜなら，その主体にとって，第1財の1単位と第2財の1単位は無差別である（限界代替率が1である）ので，第2財を2単位得ることは明らかに改善される，ということを意味しているからである。

　図6-16の点Fでは，二人の消費者の限界代替率は点Eの限界変形率よりも大きいということが，各接線の傾きの大きさの差異からわかる。このときX_1の生産を1単位増加させるとX_2の生産は限界変形率の大きさの分だけ減ることになる。追加的に生産したX_1財を主体，たとえば消費者A，に与え，その代わりにX_2財を限界代替率の分だけ減らしても，この消費者の効用水準は維持できる，つまり，変わらないことになる。そうすると，ここであまったX_2財をさらに配分することに

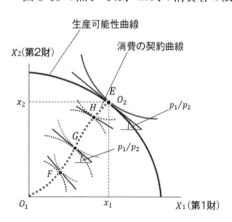

図6-16　消費と生産の効率性

なるので，結果として消費者の効用を高めることになる。つまり，点 E の生産と点 F の消費の組み合わせはパレート最適ではないことになる。点 H については点 F の逆のことがいえる。同様に，接線の傾きの大きさを比べると，ここでは限界代替率は限界変形率よりも小さい状態であることがわかる。この場合でも，一方の状態を悪化させずに，もう片方の状態を改善させることができる状態（パレート最適ではない状態）ということが考えられる。

このように，限界変形率と限界代替率の大きさが異なるとき，一方の状態を悪化させずに，もう片方の状態を改善させることが可能であるため，そのようなときはパレート最適とはいえないということになる。結局，契約曲線上の点 G のように限界代替率が点 E の限界変形率と等しくなるときに，消費と生産の組み合わせはパレート最適な状態になるということがわかる。つまり，消費と生産の効率性の条件は，限界変形率と限界代替率が等しくなる，つまり，それらと相対価格が等しくなるということで，そのときにパレート最適になるということである。その条件式は，

$$MRT = \frac{p_1}{p_2} = MRS_A = MRS_B$$

と表せる。

以上のことから，以下の2つの定理が導かれる。競争市場は必ずパレート効率配分を達成する，つまりそれは，競争均衡が誰かの効用を下げることなしには，他の誰の効用も上げることはできない状況であるということになる。市場均衡はパレート効率的である，というこのことを厚生経済学の第1の基本定理という。また，初期保有量のある組み合わせに対応して，市場メカニズムによって価格が決定され，ひとつの競争均衡が実現する。したがって，初期の保有配分を調整することにより，競争均衡が実現することになる。あるパレート効率的配分を達成するためには，初期保有配分が調整されれば，市場調整メカニズムにまかせることが可能である，つまり，パレート効率的な資源配分は市場で実現が可能である，ということを厚生経済学の第2の基本定理という。

第 7 章

不完全競争市場

7-1　不完全競争市場と独占

　ここまでの議論では，すべての売り手と買い手はプライス・テイカーであると
されている。しかし，市場全体に影響を与えられるほど大規模企業が存在する場
合，このような企業は価格を左右できる価格支配力をもつことになる。

　価格支配力を持つ取引者が存在するような市場を不完全競争市場という。この
章では，企業がある市場の供給を完全に独占している売り手独占と，複数の企業
が存在するが，それぞれ一定の価格支配力をもつ独占的競争の2つに注目してこ
れらの企業の行動を考えよう。

(1)　独占市場

　市場において，ある財を供給している企業がひとつしか存在しない状態は売り
手独占と呼ばれる。独占市場は完全競争市場とは正反対の市場状態であり，独占
企業は自らの利潤を最大にするように価格と生産量を決定する。

　完全競争市場ではすべての経済主体が価格を与件として行動するが，独占企業
は価格を与件とせず，自ら価格を決定することができる。つまり，独占企業は価
格支配力をもっているプライス・メイカーである。価格支配力を持つ取引者が存
在する市場を不完全競争市場と呼ぶ。

　独占は，主に，売り手独占，買い手独占がある。売り手が1社しか存在しない
独占は売り手独占という。例として，JTタバコ販売，新技術開発による特許独
占，鉄道や電力などの地域独占が挙げられる。

　買い手が独占者となる形態は買い手独占といい，例として，JTによる国内葉

タバコ生産農家からの煙草の買い取りや，企業城下町における労働市場などが挙げられる。

　需要と供給の双方に同時に成立するケースもある。たとえば，JT，軍需産業などが挙げられる。これを双方独占と呼んでいる。

　また，ガス，水道，電力など巨額の固定設備を必要とする産業では，生産量が拡大するにつれて1単位当たりの費用が低くなる。このような産業が自由競争を行うならば，相対的に小規模な企業は平均費用が高くなることから競争の過程で淘汰され，最も大きな企業のみ生き残る。このような現象を自然独占と呼ぶ。

(2)　独占企業の行動
A　需要の制約

　独占企業は価格支配力をもっているプライス・メイカーである。ここで，需要関数に注目しよう。

　需要関数は，

$$p = p(y)$$

で表される。厳密にいうと，これは需要関数の逆関数となっているものである。

　完全競争市場における個々の企業は市場全体の中で十分に小さく，需要の制約を考慮する必要はないが，独占企業は自らしか供給主体が存在しないので，市場での需要の制約を考慮せざるを得ない。逆にいえば，この制約を考慮する限り，価格を自由に設定することもできる。

　需要の制約の概念についてであるが，企業が全体としてより多くの財を販売するためには，市場価格が下落して需要を拡大させる必要がある。これが需要の制約である。

B　需要の制約独占企業の利潤最大化

　独占企業の利潤最大化について考えよう。利潤（π）は総収入（TR）から総費用（TC）を引いたものであり，以下の式のように表される。

$$\pi = TR - TC$$

つまり，利潤＝総収入－総費用となる。

　完全競争市場では，この総収入（TR）は「価格（p）×生産量（y）」で表される。これは，完全競争市場では，価格が自分の影響が及ばないところで決まるからである。これに対して独占市場では，価格は生産量が決まった後で明らかになる。よって，総収入（TR）は価格（p）を用いずに，次の形のままで表せる。

　利潤を生産量で微分して利潤最大化の条件を求めよう。

$$\frac{d\pi}{dy} = \frac{dTR}{dy} - \frac{dTC}{dy}$$

dTR/dy は，総収入を生産量で微分した限界収入（MR）となり，dTC/dy は，「総費用を生産量で微分」した限界費用（MC）となる。

　図7-1の上方の図には総収入曲線 TR と総費用曲線 TC が描かれている。価格が変数となったため，総収入曲線 TR が上に凸となる緩やかなカーブの形状となる。生産量は y_M であるとき，総収入曲線 TR 上の点 M_A を通す接線と，総費用曲線 TC 上の点 M_B を通す接線が平行し，それらの接戦の傾きの大きさが一致する。利潤は総収入から総費用を差し引くものであり，この生産量 y_M のとき，総収入曲線 TR と総費用曲線 TC との差額が最大になり，利潤が最大となる。点 M_A を通す接線の傾きの大きさが限界収入であり，点 M_B を通す接線の傾きの大きさが限界費用であることから，限界収入が限界費用と一致するところで利潤最大化が実現し，それに対応する生産量は y_M であると捉えられる。

　図7-1の下方の図は，縦軸に限界収入と限界費用をとり，横軸に生産量をとったものである。限界収入曲線は右下がりであり，限界費用は右上がりである。図に示したように，限界収入曲線と限界費用曲線が点 L で交わり，この点 L に対応する産出量が独占企業の最適な生産量 y_M である。独占市場では，生産量 y_M が

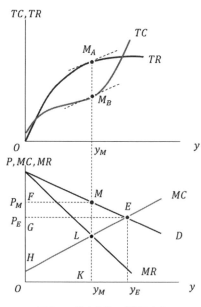

図7-1　独占企業の利潤最大化

決まると同時に独占価格 P_M が決まることになる。

　再び以下の利潤最大化の条件式を確認してみよう。

$$\frac{d\pi}{dy} = MR - MC = 0$$

この式を「イコール・ゼロ」（＝0）と置くことにより，利潤最大化条件が求められ，$MR-MC=0$ が得られる。これを整理すると，次の形になる。

$$MR = MC \tag{7.1}$$

つまり，限界収入が限界費用と等しくなる。これが独占市場の利潤最大化条件となる。

(3)　限界収入曲線

　限界収入曲線はどのような性質をもつのであろうか。限界収入について，生産量が Δy だけ増加したときの総収入 $TR=p \cdot y$ の変化分を ΔTR とすれば，限界収入 MR は $\Delta TR/\Delta y$ に相当する。

　「積の微分」より展開すると，

$$MR = \frac{\Delta TR}{\Delta y} = \frac{p \cdot \Delta y + \Delta p \cdot y}{\Delta y} = p + \frac{\Delta p}{\Delta y}\, y \tag{7.2}$$

と表せる。

　図 7-2 で描かれているように，需要曲線が右下がりであるとすれば，$\Delta p/\Delta y$ は負になるから，限界収入曲線 MR が価格を決定する需要曲線 D の下に描かれているのは，以上のことによるものである。ただし，生産量 y がゼロのときには，上式より価格と限界収入が一致するので，需要曲線と限界収入曲線の縦軸切片が等しくなる。

　需要曲線が以下のような右下がりの直線と想定しよう。直線の式は，

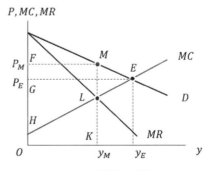

図 7-2　限界収入曲線

$$p = -ay + b \quad (a, b \text{ は正の数である})$$

で表される。

　この場合，総収入は，$TR = p \cdot y = (-ay+b)y = -ay^2 + by$ である。

　それを微分すれば，限界収入 MR は，$MR = -2ay + b$ が得られる。これは需要曲線と同じ縦軸切片を持ち，傾きが 2 倍の直線で表される。

⑷　独占市場の均衡

　独占企業の主体的な均衡条件は，

$$p + y \cdot \frac{\Delta p}{\Delta y} = MC$$

となる。この式を変形すると，

$$p \left(1 + \frac{\Delta p}{\Delta y} \cdot \frac{y}{p} \right) = MC$$

が得られる。需要の価格弾力性は，$\varepsilon = -p/y(\Delta y/\Delta p)$ で表せるので，これを $(\Delta p/\Delta y) \cdot (y/p) = -1/\varepsilon$ に書き換えると，

$$p \left(1 - \frac{1}{\varepsilon} \right) = MC \tag{7.3}$$

が得られる。

　独占度（ラーナーの独占度）を $m = 1/\varepsilon$ と定義しよう。独占度は，独占度が上昇すると，つまり需要の価格弾力性が小さいほど，マークアップ率，いわば価格対費用が高くなることを意味している。

　独占度は以下のように，

$$m = \frac{(p - MC)}{p} \tag{7.4}$$

に書き直すことができる。

　この式から分かるように，独占度とは，価格が限界費用から乖離する度合いを

示すものである。

　独占度の高い企業は，生産量を少なめにして価格が高くなれば，価格が限界費用から乖離し，大きな利益を得られるということになる。独占度と価格弾力性の関係は，表7-1のようにまとめてある。

表7-1　独占度と価格弾力性の関係

独占度	需要の価格弾力性
0	無限大
1	1
独占度が大きくなるほど，マークアップ率（価格／費用）が高くなる	弾力性が小さくなる

　独占企業は価格支配力をもっているプライス・メイカーである。独占企業は限界収入と限界費用が一致する点を選択して，供給量と価格を同時に決めている。したがって，供給曲線という概念は独占企業には当てはまらない。

　完全競争と独占を比較してみよう。企業数について，完全競争の場合は無数であるが，独占の場合は1社のみとなる。企業の均衡の条件について，完全競争の場合は，価格＝限界費用となり，独占の場合は，限界収入＝限界費用となる。供給曲線については，完全競争の場合は右上がりとなるが，独占の場合は存在しない。そして資源配分の効率性について，完全競争の場合は満たされているが，独占の場合は生産が過少で価格が過大となるため超過負担が生じる。

(5)　独占の弊害

　市場が競争的であれば点 E が均衡となり，生産量は y_E となる。独占の場合，企業は限界収入と限界費用が一致する利潤最大化条件のもとで生産量を決定するわけで，独占状態にある企業の生産量は y_M となる。ここでは先ず，図7-3の市場における生産者余剰を確認しよう。

　完全競争市場の均衡点 E では，企業の収入は四角形 $GEJO$ であり，可変費用は台形 $HEJO$ に相当するから，企業の収入から可変費用を差し引いて，生産者余剰は三角形 EHG の面積となる。図7-3の売り手独占における生産者余剰を確認しよう。売り手独占の均衡に対応する点 M において，企業の収入は四角形 $FMKO$，可変費用は台形 $HLKO$ となるから，生産者余剰は台形 $FMLH$ の面積

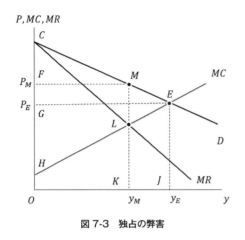

図7-3　独占の弊害

となる。

　続いて，消費者余剰を確認しよう。市場が競争的であれば点 E が均衡となる。その時の消費者余剰は三角形 CEG の面積となる。一方，売り手独占状態における消費者余剰を確認しよう。

　売り手独占の均衡に対応する点 M において，消費余剰は三角形 CMF の面積となるため，完全競争状態と比べると，消費者余剰は小さくなり，独占により消費者が被った不利益は台形 $FMEG$ の面積となる。

　そして，総余剰を比較してみよう。競争市場の均衡点 E では，総余剰は三角形 CEH となり，売り手独占の均衡に対応する点 M では，総余剰は台形 $CMLH$ となる。完全競争状態と比較すれば分かるように，独占の場合の総余剰は三角形 ELM だけ小さくなる。

　売り手独占の均衡に対応する点 M では，独占利潤は台形 $FMLH$ の面積となり，独占利潤＝生産者余剰が最大となる。しかし，消費者余剰は価格の上昇によって減少し，社会的余剰も減少する。独占は資源を非効率に利用し，社会に損失をもたらすことになり，これが独占の弊害である。図7-3で示した独占の弊害（経済厚生の損失）は三角形 ELM の面積である。この損失は，独占市場の超過負担あるいは死荷重とも呼ばれる。

　競争的市場において，すべての企業が結託し P_M 未満の価格で販売することを禁止するような価格カルテルが成立すれば，売り手独占の均衡が実現し，生産者余剰は拡大する。しかし，これにより消費者が被る損害は生産者余剰の増分より大きいので，カルテルは総余剰を減少させ，社会的には望ましくない。

7-2　独占的競争

(1)　製品差別化，価格支配力と独占的競争

　独占的競争とは何か。個々の売手の商品が差別化されているために，各売手は

右下がりの個別需要曲線に直面するという意味で，価格支配力を持っているといえる。しかし，各売り手は独立した市場を完全に独占しているわけではない。また，同種の商品が互いに代替品であるために，供給する企業間に競争的要因が作用している。このような不完全競争市場と完全競争市場の双方の性質をもっている状態を独占的競争と呼ぶ。

独占的競争は以下のような特徴が挙げられる。まず，独占的競争において企業は多数存在している。「長期」的には市場に自由に参入できる。この点では，完全競争市場と同じであるが，財の同質性は成立しない。各企業の商品は差別化されているため，自社の商品に対してある程度の価格支配力を持つ。この点では独占企業と同じである。この独占的競争状態は，現実の経済を現しているといえる。

独占的競争においては，製品差別化が重要な概念となる。自社製品を品質，機能，イメージなどの点で競合他社製品とは異なったもの差別化であると消費者に知覚させ選好させることが製品差別化という。たとえば，自動車は性能，デザイン，イメージなど，さまざまの点で各社の製品は異なっている。同一の産業に属する企業の製品であっても，さまざまな点で異なっている場合があり，完全に同質であるとはいえない。

このように，ある売手の製品が他の売手の製品と，性質・性能，イメージ，付帯サービスなどで異なっており，他の売手の製品よりも価格が高くてもこの売手の製品を買う買手が存在する場合，製品は差別化されているという。スマートフォン（iPhone）がその例である。

(2)　独占的競争市場の均衡

独占的競争市場の均衡は短期と長期に分けて分析する必要がある。ここでいう短期とは新規参入がまだない状態を指している。ある企業が，新しい大ヒット商品を生み出した状態をイメージしよう。この場合，この商品は他の企業の類似した商品とは「違う」わけで，これを「差別化」という。

このような「短期」的な状態では，独占企業と同様に価格支配力をもつことができる。よって，独占的競争における利潤最大化条件は，限界収入＝限界費用（$MR = MC$）となる。図 7-4 で示したように，価格支配力を持つ企業は，独占企業と同様，限界収入曲線 MR と限界費用曲線 MC が交わる点で生産を行う。差別化された商品を生産している企業は，短期的には独占的な利潤を得ることがで

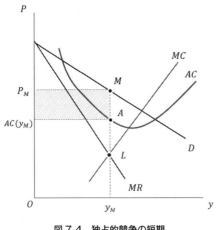

図7-4　独占的競争の短期

きる。長期的にみれば，正の利潤が見込まれるから，これが企業の新規参入のインセンティブとなる。

　新規参入により企業数が増えれば，市場全体の需要はより多くの企業が分け合うことになり，図7-5で示したように，個々の企業の直面する需要量が減少し，需要曲線が左シフトする。この需要の制約により，限界収入曲線も左にシフトし，各企業の生産量は徐々に縮小する。

　新規参入により企業数が増えれば，各企業の利潤が下がる。利潤がゼロまで下がれば，新規参入が終了し，企業数が一定となる。この状態を長期均衡と呼ぶ。

　図7-6は独占的競争の長期均衡状態を示している。このとき，各企業は限界収入と限界費用が一致する点 y_E で生産する。長期均衡では，価格は平均費用と一致することになる。この「価格＝平均費用」となる状態になるまで新規参入が続いていくのがポイントである。

　独占的競争下の各企業の生産量 y_E は完全競争下の生産水準を下回り，独占的競争市場では，長期的には過当競争が生じ，資源の浪費が発生してしまう。

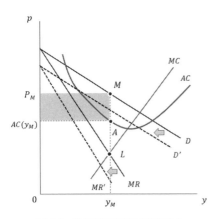

図7-5　独占的競争市場の新規参入

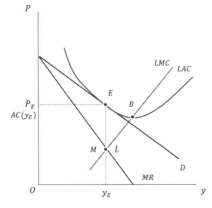

図7-6　独占的競争の長期均衡

7-3　寡占

前節においては，企業がある市場の供給を完全に独占している売り手独占と，複数の企業が存在するが，それぞれ一定の価格支配力をもつ独占的競争の 2 つに注目してこれらの企業の行動を見てきた。この節では，複数の価格支配力を持つ企業が，互いに相互依存関係を意識しながら行動する寡占について検討する。

(1)　寡占とは

寡占と複占について考えよう。ある産業で財・サービスを供給する企業の数が少数に限定されており，それぞれの企業が価格支配力をある程度もっているが，同時に他の企業の行動によっても影響される状態を寡占といい，寡占のなかでも特に企業の数が 2 つに限定されている場合を複占という。

寡占市場で取引される財は，同質財と差別財の 2 つのケースがある。寡占市場では，通常，資本財や中間財などを企業に対して販売される財は同質財のケースが多く，逆に，消費者に対して販売される財には差別財が多い，ということである。

(2)　寡占企業の価格決定

寡占企業の価格決定を分析するときに，屈折する需要曲線がよく使われている。

屈折する需要曲線は，寡占市場における価格硬直性を説明する有力な概念である。図 7-7 に描かれている DAD は，点 A で屈折した個別需要曲線を示している。

限界収入曲線は DH，GF の 2 つに分かれている。HG 部分で MC と交われば，主体的均衡点での価格は P_A，生産量は y_A となる。利潤最大化条件は，独占企業と同じ，限界収入と限界費用が一致する点で与えられる。限界収入曲線は全体としてみれば，$DHGF$

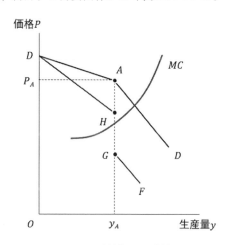

図 7-7　屈折する需要曲線

という折れ曲がった形となり，外的ショックがあっても，価格や生産量を変化させない。要するに，限界収入曲線に，*HG* の幅が生まれるので価格が変わらない，つまり価格が硬直的である。

(3)　カルテル

　寡占市場をみてみると，市場内では，寡占企業間で協力が可能であることが分かる。生産量や価格について合意形成できれば，独占企業と同様の独占利潤を寡占企業全体として獲得できる。それの利潤を企業間で分配すれば，協力しないで生産や価格決定を行うより，各企業の利潤は大きくなる。したがって，寡占企業はカルテルを結んで，協調して価格を上昇させたり，生産量を抑制させたりするインセンティブが生まれてくる。特に，同質財を生産している場合は，価格競争を避けるためにカルテルを形成する誘因が大きいと考えられ，これがカルテル行為の経済的な理由となっている。

　しかし，カルテルは参加企業に強制力を持たせて維持するのが困難である。他の企業がカルテルを維持するなら，カルテルを破棄して生産を拡大した方がその企業にとって利潤が増えるからである。要するにカルテルは不安定である。その理由は4点ある。第1に，カルテル行為は生産を抑制する。第2に，企業にとって限界収入は限界費用より大きい状態にある。第3に，限界収入が限界費用と一致するまで生産を拡大すれば利潤が増える。そして第4に，ひとつの企業だけが価格を引き下げて生産を拡大することは可能であり，それによって大きな利潤が得られる。ただし，ほかのすべての企業が生産を拡大すれば，カルテルを維持することによって個々の企業の得る利潤は少なくなる。しかし，ひとつの企業がカルテルから抜けることで，その企業は大きな利潤が得られる。

(4)　クールノーの寡占モデル

　以上のカルテルの分析で分かるように，寡占企業は利潤最大化するため常に相手を意識して行動する必要があると考える。寡占企業を分析するときによく使われているのは「クールノーの寡占モデル」である。

　寡占のなかでも特に企業の数が2つに限定されている場合を複占という。モデルを単純化するため，ある市場の同一の財を供給する企業が2つ存在するものとして議論を進めよう。

　独占の場合は1社のみで，自社のことだけを考えていればよいが，これに対して，複占の場合は，「他者」の行動を考慮に入れて企業は生産を行なわなければならない。一方，複占企業は独占企業と同じように，価格支配力をもつ。よって，利潤最大化条件は，限界収入＝限界費用（$MR = MC$）となる。

　モデルを以下のように定式化しよう。

　市場には2つの企業，企業Aと企業Bが存在するとしよう。この2つの企業が直面する，ある市場における需要曲線は，$P = -ay + b$で表されるとしよう。そして，両企業の固定費用はゼロであると仮定する。企業Aと企業Bの生産量はそれぞれy^Aとy^Bし，市場全体の生産量は$y = y^A + y^B$となる。よって市場の需要曲線は以下のように書ける。

$$P = -a(y^A + y^B) + b$$

企業の利潤（企業Aの場合）をΠ^Aとすれば，企業Aの利潤は以下のように求められる。

$$
\begin{aligned}
\Pi^A &= P \cdot y^A - c \cdot y^A \\
&= \{-a(y^A + y^B) + b\} y^A - c \cdot y^A = \{-a(y^A + y^B) + b - c\} y^A \\
&= -a(y^A)^2 + (-ay^B + b - c) y^A
\end{aligned}
$$

(5)　クールノー均衡

　クールノー均衡について確認しよう。企業Bの生産量y^Bが拡大すると，企業Aの生産量y^Aが同じままであれば，それを市場で売り切るのに必要な需要増加をもたらし，価格は下落する。図7-8に企業Bの生産量y^Bの拡大による影響が示されている。企業Aの限界収入曲線MR_1が左下方シフトし，均衡点が左へ移動し，生産量y^A_Eは減少する。

　このような企業Bの行動に応じて，企業Aがどのように最適行動を取るかを示したものを反応関数と呼び，グラフで企業Aと企業Bの反応曲線が示されている。反応関数とは，もう一方の企業がある数量を生産したときに自社はどれだけ生産すればよいか，という相手の生産量と自分の生産量の関係を表す関数のことである。図7-9に示された直線AAとBBは反応曲線である。

　クールノー均衡では，各企業は相手の企業の生産量を考慮に入れて利潤最大化

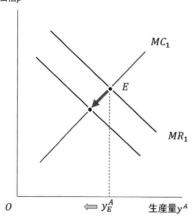

図7-8 限界収入曲線のシフト

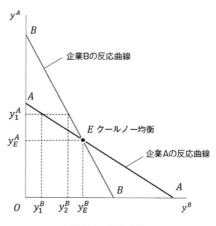

図7-9 反応曲線

行動をとることとし，このことを相手の企業の「生産量を所与とする」と表現する。図で描かれた2つの反応曲線の交点 E がクールノー均衡点である。

反応関数は，利潤最大化条件から求める。各企業の反応関数を求めて，連立方程式として解くことによって生産量を求めることができる。

クールノー均衡の均衡解は次にように解ける。

企業 A の利潤関数（企業 B の生産量 y^B を所与として）は以下のように得られる。

$$\Pi^A = P \cdot y^A - c \cdot y^A$$
$$= \{-a(y^A + y^B) + b - c\} y^A = -a(y^A)^2 + (-ay^B + b - c)y^A$$

利潤最大化の式は以下のように書ける。

$$\frac{d\Pi^A}{dy^A} = -2ay^A - ay^B + b - c = 0$$

上式を以下のように変形する。

$$-2ay^A - ay^B + b - c = 0$$

利潤最大化の下での企業 A の反応関数は，企業 A の最適生産量として表され，

(7.5) 式のようになる。

$$y^A = -\frac{1}{2}y^B + \frac{b-c}{2a} \tag{7.5}$$

同様にして，企業 B の反応関数（企業 A の生産量 y^A を所与として）を求めると，企業 B の最適生産量で表した反応関数は，以下の (7.6) 式で得られる。

$$y^B = -\frac{1}{2}y^A + \frac{b-c}{2a} \tag{7.6}$$

(7.5) 式と (7.6) 式の連立方程式で均衡解を求めると，企業 A と企業 B の生産量は，$y_E^A = y_E^B = (b-c)/3a$ となる。

　企業 A の利潤は以下のように解ける。

$$\Pi^A = P \cdot y_E^A - c \cdot y_E^A$$
$$= \{-a(y_E^A + y_E^B) + b - c\}y_E^A$$
$$= \left\{-a\left(\frac{b-c}{3a} + \frac{b-c}{3a}\right) + (b-c)\right\} \cdot \frac{b-c}{3a} = \frac{(b-c)^2}{9a}$$

同じ方法で解けば，企業 B の利潤 $\Pi^B = (b-c)^2/9a$ が得られる。

　各企業の利潤は，

$$\Pi^A = \Pi^B = \frac{(b-c)^2}{9a}$$

となる。

　クールノー均衡はどのような意味合いをもつのであろうか。企業 A と企業 B は互いに相互依存関係を意識しながら行動するとすれば，2つの企業の反応曲線が交わる点 E では，企業 A はライバル企業 B が生産量 y_E^B で行動すると予想して，企業 A の反応曲線より最適な反応の生産量 y_E^A が決まる。実際に企業 A が y_E^A で生産を行うと，企業 B は最適生産量 y_E^B で反応することとなり，企業 A の予想が当たる。同じように，企業 B はライバル企業 A の生産量 y_E^A を予想して，実際に企業 B が y_E^B を生産すると，企業 A は最適生産量 y_E^A で反応するため，企業 B の予想が当たる。つまり，点 E においては企業 A と企業 B は共に予想は的

中したため，生産行動を変える誘因は持たない。この状態をクールノー均衡という。

7-4　産業規制

　独占企業の行動が社会的に望ましくないとすれば，政府はそれに対してどのような対策を講じれば良いのであろうか。独占企業を多数の小企業に分割し，競争状態を回復させるのもひとつの方法ではあるが，鉄道や電力，ガスなどの1企業ごとに巨額な固定費用を必要とする産業においては，多数の小企業に生産を分担させれば，全体として必要とする費用は却って高くついてしまう。このような産業では，独占企業の存在を容認しつつ，それを規制したり，公有化したりするのが一般的である。この節は，これらの産業に対する規制の在り方について議論しよう。

⑴　規模の経済と自然独占

　固定費用がかかるため，生産規模が拡大するにつれて平均費用が逓減することを規模の経済と呼ぶ。規模の経済性が大きく，事実上ひとつの企業が供給を独占している。このような独占は自然独占と呼ぶ。電力，ガスなどの公益企業がその例である。

　なぜ自然独占が生じてしまったのか。それは費用の劣加法性があったからである。劣加法性とは，定義域に含まれる2つの元の和についての関数の値が，それら各元についての関数の値の和よりも常に小さいか等しい，という性質のことをいう。費用関数が $c(y)$ で与えられたとして，以下の式のように，y の生産量を x_i ずつ任意の m 個に分割したとしよう。

$$y = \sum_{i=1}^{m} x_i \tag{7.7}$$

このとき，費用の劣加法性は以下，

$$c(y) < \sum c(x_i) \tag{7.8}$$

式のように成立するならば，ひとつの企業が生産する方が複数の企業が分割して生産するよりも総費用が少なくて済むことを意味する。また，平均費用も小さく

なる。これは市場需要に比べて規模の経済が大きいため，事実上1企業しか存在し得ない。これを自然独占の状態という。

(2)　限界費用価格形成原理

　自然独占企業に対して，どのように規制すればよいのであろうか。規制するには，いくつかの方法があるが，ここで先ず限界費用価格形成原理による規制をみていこう。

　限界費用価格形成原理を分析するにあたって，便宜上，限界費用を一定にして，$MC=c$ としよう。AC は平均費用，CD は需要曲線，MR は限界収入曲線としよう。

　独占企業が生産量を自由に決められるとすれば，限界収入と限界費用が一致するところで生産量 y_M が実現し，独占均衡点 M において価格 p_M が決まる。この独占価格は限界費用 $MC=c$ を上回り，平均費用 $AC(y_M)$ よりも高くなっているため，独占企業は正の利潤を得ている。完全競争の場合，価格イコール限界費用で，需要曲線と交わる点 E で生産量 y_E が決まるから，独占均衡時の生産量は完全競争の最適な水準の生産量より小さい。この独占による弊害を是正するために，市場の総余剰が最大になるように，価格と限界費用を一致させるような規制を加えれば，均衡生産量は y_E となり，総余剰は最大化される。このような考え方は限界費用価格形成原理と呼ばれる。

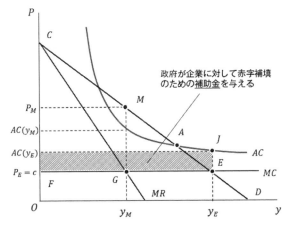

図 7-10　限界費用価格形成原理

　図7-10でわかるように，企業は規制されたことにより赤字が出てしまう。この赤字は規制当局によって補填される必要があり，それは政府が企業に対して赤字補填のための補助金を与えることになる。

(3)　平均費用価格形成原理

　もうひとつは，平均費用価格形成原理に基づく規制である。補助金が導入できない場合には，企業に赤字を強いる規制は実施できない。その次善の策として，規制当局は「平均費用以上の価格で生産物を販売することを禁止する」という規制を出すことになる。

　図7-11において，需要曲線 CD と平均費用曲線 AC の交わる点 A で規制を加える。この点 A では，企業の収入と費用は同じ大きさとなり，企業の利潤はゼロになるが，負にはならない。それによって，企業が独立採算を可能にする範囲内で総余剰を最大化することになり，このような考え方は平均費用価格形成原理と呼ばれる。

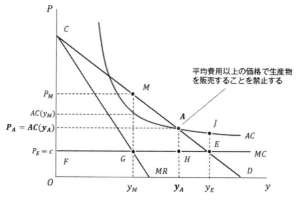

図7-11　平均費用価格形成原理

(4)　2部料金制

　限界費用価格形成原理は総余剰を最大化するが，補助金を必要とした。平均費用価格形成原理では，補助金は不要であるが総余剰は最大化にならない。規制される企業の独立採算を可能にしつつ，総余剰を最大化する方法は2部料金制と呼ばれるものである。

　2部料金制とは，基本料金と従量料金の2つの部分からなる料金のことをいう。この方法は電力，ガス，水道料金などで幅広く用いられている。2部料金は，基本料金で固定費用を徴収するとともに，従量料金を限界費用価格形成原理で設定するものである。

(5)　X非効率性とその対策

　自由に利潤を追求する企業は，生産費用を削減する誘因を持つ。規制を受ける産業では，価格や補助金が企業の費用条件を考慮したうえで，結果的に利潤を適当な水準に保つように設定されるため，費用削減の努力は必ずしも利潤拡大に結びつかない。結果として損失が穴埋めされるということを企業が前もって理解していれば，費用を最小にする誘因が乏しくなる。このような非効率性をX非効率性と呼ぶ。その対策として，プライス・キャップ制とヤードスティック競争の2つの方法がある。

　技術進歩などにより企業の費用関数が日々に変化するなか，その時々の平均費用を調査して規制価格を改定し続けるのではなく，過去の実績などから予想される平均費用の変化率をあらかじめ定めておき，規制価格をその率に合わせて機械的に改訂しようとするのが，プライス・キャップ制の考え方である。例えば，予想される平均費用の削減率が2%であれば，規制価格も年2%ずつ引き下げられる。したがって，企業が年2%以上の費用削減が実現できれば，その差はすべて企業の利潤となる。よって費用削減のインセンティブが生まれる。

　ヤードスティック競争とは，一般的には他の企業の費用情報に基づいてその企業の料金を決定する方式のことをいう。類似した複数の産業が規制を受ける場合，それぞれの産業の規制価格，ライバル産業の費用条件をもとに決めようとするのが，ヤードスティック競争である。この場合，規制を受ける産業がライバル産業以上の費用削減を達成すれば，その差額は費用を削減した産業の利潤となる。電気やガスのような地域独占が行われている場合の公共料金の価格決定に競争原理を持ち込むことができる。

第8章

外部性と公共財

市場メカニズムが効率的な資源配分を実現するためには，多くの条件を必要とする。たとえば，前の章で見たような平均費用が逓減する場合，市場で自由な競争が行われたとしても，その結果は自然独占となり，独占均衡における生産量は完全競争市場の均衡で実現する最適な水準を下回る。市場が効率的な資源配分の実現に失敗することを市場の失敗という。市場の失敗が起こる原因としては，規模の経済などにより生じる不完全競争の他に外部効果の存在がある。また公共財のような特殊ケースの存在も指摘されている。この章ではこれらの問題について検討しよう。

8-1 外部性と環境問題

(1) 外部性

外部性とは，ある経済主体の活動が市場を通さなくて，直接別の経済主体の環境に影響を与えることを指している。この経済主体は家計であれば効用関数，企業であれば生産関数あるいは費用関数に影響を及ぼすことになる。

他の経済主体に良い影響を与える外部性を外部経済といい，他の経済主体に悪い影響を与える外部性と外部不経済という。また，金銭的外部性と技術的外部性の概念にも注意する必要がある。ある経済主体の経済活動が，価格を変化させることによって他の経済主体に影響を与えることを金銭的外部性と呼び，価格の変化を経由せずに直接発生するものを，金銭的外部効果とは区別して，技術的外部性と呼ぶ。

(2) 環境問題のモデル

　環境問題は典型的な外部性の例として扱われている。ある企業がある地方に工場を立て，周辺環境を悪化させながら財を生産し，この財を遠く離れた都市に販売するモデルを想定しよう。このモデルの経済には，3種類の経済主体，都市住民，地域住民，企業が存在すると仮定し，環境モデルは以下のように設定する。

　都市住民は y 単位の y 財を消費することにより，$U(y)$ の満足を得る。

　企業が y 単位の生産を行なうために，$C(y)$ の費用がかかる。

　地域住民は直接 y 財を消費することはないが，企業が1単位の生産を行なうごとに地域環境が悪化し，それによって b 円を失うのと同様な苦痛を感じる。この b は外部費用であり，1単位当たりの地域環境悪化の代償とも解釈できる。

　ここで，$C(y)$ を私的費用，$b \cdot y$ を外部費用，私的費用と外部費用の合計を社会的費用と呼ぶ。

　図 8-1 に示されたように，需要曲線は CD，企業の私的限界費用は FG，FG は y 財の供給曲線と解釈できる。この私的限界費用を PMC と表し，$PMC = \Delta C / \Delta y$ となる。社会的限界費用は，企業の私的限界費用 PMC に域環境悪化の代償 b を上乗せた形で SMC と表され，この SMC は，$SMC = \Delta C / (\Delta y + b)$ となる。なお，外部性が存在しない場合，$b = 0$ となり，私的限界費用と社会的限界費用が一致することになる。

　完全競争であると仮定した場合，企業は地域住民の負担する外部費用を考慮に入れずに行動した結果，都市住民の y 財の需要曲線 CD と企業の y 財の供給曲線（私的限界費用曲線）FG が交わる点，つまり，企業の私的限界費用と価格が一致した点 A で生産量を決定する。その時の y 財の価格は P_A となる。

　地域住民の環境被害の負担を考慮した場合，環境被害は $b \cdot y_A$ の大きさとなり，平行四辺形 $QBAF$ の面積となる。総余剰は，企業と都

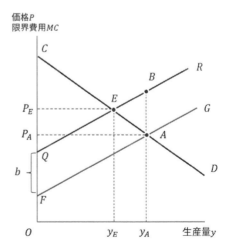

図 8-1　外部不経済を発生させる産業

市住民の余剰から地域住民の環境被害を差し引いて得られ，図8-1では，三角形 EQC から三角形 EBA を差し引いたもので表される。

　生産量 y_A は適正かを考えよう。企業は y 財の生産量 y_A から1単位を縮小すれば，企業の生産費は私的限界費用 $\Delta C/\Delta y$ だけ減少する。これは同時に地域住民の苦痛も b の分軽減されることを意味するもので，y 財生産の費用は全体として社会的限界費用 $\Delta C/(\Delta y + b)$ だけ節約される。結局，均衡生産量 y_A のところ，社会的限界費用は限界費用より大きいため，生産を縮小することによって社会的限界費用は節約されるになる。このことは，市場均衡において負の外部効果をもたらす財が過剰に生産されていることを意味する。一般に，市場が効率的な資源配分の実現に失敗することを市場の失敗という。外部性は市場の失敗を起こす原因のひとつである。

(3) 外部性を伴う産業の最適規模

　外部性は市場の失敗の原因となる。y 財の最適生産量について考えよう。外部費用を考慮に入れると，企業の限界費用と地域住民が負担する外部費用を合わせた社会的限界費用と，都市住民の受ける便益である限界効用が等しくなる水準が最適水準であり，y 財の最適生産量が決定される。図8-2で分かるように，需要曲線 CD と社会的限界費用 SMC を表す直線 QR の交点 E に対応する生産量は y_E となる。

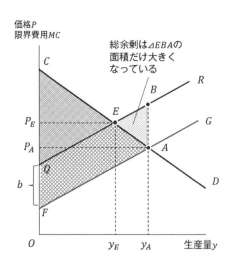

このときの総余剰を比較してみよう。市場均衡点 A において発生する総余剰は，企業と都市住民の余剰から地域住民の環境被害を差し引いて得られ，三角形 EQC から三角形 EBA を差し引いたものである。最適生産量が y_E であるときの総余剰は三角形 EQC である。明らかに，三角形 EBA の面積だけ大きくなっていることが分かる。

図8-2　外部性を伴う産業の最適規模

8-2 環境対策

(1) 当事者間交渉

　環境問題について，どのような対策を取ればよいのか。ここから，当事者交渉と環境対策について考えよう。

　先ずは，環境利用権を設定しよう。環境利用権とは，1単位のy財生産に必要なだけの環境を利用する権利のことをいう。地域住民が環境利用権を企業に売り渡すならば，y財生産は1単位拡大し，環境悪化のため外部費用bだけの被害を被ることになる。環境利用の価格がb未満であれば，地域住民がそれを供給しない。

　逆に，環境利用の価格がbを超えるならば，地域住民がそれをすべて企業に売り払おうとしよう。その場合，市場は超過供給となる。環境利用権の市場が機能する，いわば価格調整機能が働くとするならば，そこでの均衡価格はbとなる。

　環境利用権の市場取引が可能になれば，企業にとってy財の限界費用は，環境利用権の購入費用に相当するbだけ上昇する。そのとき，供給曲線はFGからQRに上方シフトする。市場を通して環境の負荷に適正な価格がつくことにより，外部費用が当事者に意識されるようになれば，最適な生産量y_Eが実現される。このような外部費用が当事者に意識されるようになる方法を外部費用の内部化という。

(2) コースの定理

　企業が自由に環境を利用する権利を持ち，地域住民が環境を利用とする場合を想定しよう。企業が利用し残した環境の利用権を買い取る必要があるとすれば，企業が1単位の環境を利用してy財の生産を1単位拡大することは，生産に直接にかかる費用が$\Delta C/\Delta y$増えるだけでなく，地域住民に売り払うことができる環境利用権が1単位減少することを意味する。地域住民は1単位の環境を買い取るために，外部費用bを支払っても良いと考えるから，企業が生産を1単位拡大する際に発生する費用は，生産に直接にかかる費用の増加分$\Delta C/\Delta y$＋環境利用の機会費用bとなり，それは社会的限界費用と一致する。

　このように，環境利用権の市場取引が可能になれば，それに対する所有権がど

のように設定されるかにかかわらず，効率性が回復することになる。当事者間で交渉に費用がかからなければ，どちらに法的な権利を設定したとしても，当事者間での自発的な交渉は同じ資源配分の状況をもたらし，しかもそれは効率的になる。これが「コースの定理」である。コース（Ronald H. Coase, 1910–2013）はこの定理を主張したことで，1991年のノーベル経済学賞に輝いた。

　コースの定理によれば，民間の経済主体の自主性に任せておくだけで市場の失敗が解決できる。つまり，市場機構に問題があっても当事者間の自発的交渉という新しい点を考慮することで最適な資源配分が達成されるといい，政府の役割は小さくても十分であり，政府が介入しなくても市場の失敗が回避できるという。これがコースの定理の経済学的な意義である。一方，当事者間で交渉をする場合に権利関係が確定している必要があり，また交渉それ自体に費用がかかることに留意する必要があると考える。

(3)　環境対策

　環境利用権の市場取引が可能であれば，環境問題は当事者間の交渉により解決される可能性がある。しかし現実には，そのような市場を設置するのは難しい。その理由として以下の2点が挙げられる。第1に，環境利用の程度を計測するのは容易ではない。第2に，環境利用の所有権の帰属について社会的な合意を形成するのは難しい。環境利用の取引市場が開設されたとしても，当事者間の交渉には多大の取引費用がかかる。そのため一般には，環境問題に代表される外部性の問題に対して，政府が何らかの対策をとるべきであろうと考えられる。

　このような対策として，①数量規制，②課税（ピグー税），③補助金，④市場の創設，が考えられる。

A　数量規制

　もし政府が最適な生産量を知っているとすれば，企業の生産量をその水準に一致させるような直接的な数量規制を行うことができるかもしれない。しかし，最適な生産量を計算するには，社会的限界費用曲線と需要曲線についての正確な情報をもつ必要がある。また1つの産業内には多様な企業が操業しており，その最適な生産量は企業ごとに異なり，企業の実情に合わせた規制が必要である。したがって，きめの細かい規制は制度的に難しく，直接規制によって効率性を達成す

るには多くの困難を伴うであろう。

B　ピグー税

ピグー課税は，外部不経済を出す企業に対してその外部費用を課税コストという形で上乗せすることで，市場機構のもとでも最適資源配分を実現させるものである。

図8-3で示したように，本来の私的限界費用 PMC に b の大きさに相当する税負担分を追加し，企業にとっての限界費用を社会的限界費用 SMC に一致させることになる。ピグー課税は外部費用に相当する税を課すことにより，効率的な生産を実現し，資源配分の効率性を達成する確かな方法を提示している一方，課税に関わる所得配分については議論していない。この点は留意すべきところである。

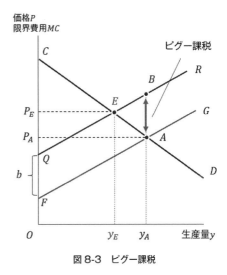

図8-3　ピグー課税

C　環境対策への補助金

負の外部効果をもつ産業を対象に，外部費用を削減するような活動に対して補助金を交付しても課税と同様の効果が得られると期待できる。企業が生産を1単位縮小すれば，その生産費用が $\Delta C/\Delta y$ だけが節約できる。それに，b の補助金が加えられると，企業の限界費用は $\Delta C/\Delta y + b$ となり，社会的限界費用 SMC に一致することになる。

D　環境市場の創設：外部経済の市場

ピグー課税が効果を持つためには，政府が外部効果または外部費用に関する情報をきちんと把握している必要がある。現実的な世界においては，ピグー課税は必ずしも利用可能な政策になっているわけではない。ピグー課税以外には，資源配分の効率性を回復する方法としては市場の創設という考え方がある。汚染物質

排出許可証を発行，さらに，その許可証の取引所を設置するなど，外部費用は内部化され，汚染物質の排出を削減する誘因が生まれる。このような措置はアメリカで現実にとられている。

8-3 公共財

(1) 公共財と市場の失敗

　公共財は，消費における非競合性と排除不可能性から定義される。公共財は，ある人の消費が増加することによって他の人のその財・サービスに対する消費が減少しないという消費における非競合性と，ある特定の人を（たとえば受益に見合った負担をしていない理由で）その財・サービスの消費から排除することが技術的，物理的に不可能という排除不可能性の2つの性質を持っている。

　公共財については，ただ乗りの問題が付きまとっている。ただ乗り（フリーライダー）とは，負担を伴わないで便益を受けるとのことである。公共財の負担を回避する行動の結果として，より小さい負担で，ある程度の便益が利用可能であれば，それもただ乗りとみなせる。

　私企業は，公共財を適切に供給することはできない。例えば，治安維持や衛生など，社会的に必要な公共財が存在するならば，それらは政府のような非営利的存在によって供給されなければならないことである。

(2) 公共財の供給メカニズム

A　公共財の最適供給

　公共財の最適供給について考えよう。

　ある経済において，n人の消費者が公共財を利用するような状況を考えよう。公共財は非競合的という性質を持っているから，経済全体でY単位の公共財が供給されるとすれば，各消費者はY単位の公共財のすべてを同時に利用でき，このとき，i番目の消費者は公共財を利用することによって得られる満足度を$U = U_i(Y)$としよう。その限界効用，$MU_i = \Delta U_i / \Delta Y$と表せる。

　公共財供給を1単位増やすことができるならば，そのために，各消費者の公共財に対する限界効用の合計に相当する費用がかかったとしても，消費者全体として不利益を被ることはない。公共財生産の限界費用をMCとすると，公共財の

最適供給に関するサミュエルソン条件,

$$MU_1 + MU_2 + \cdots + MU_n = MC \tag{8.1}$$

が得られる。

　サミュエルソン条件の左辺が右辺よりも大きいとすれば,公共財生産を1単位拡大し,そこに必要な追加的費用 MC を消費者間で適当に分担することにより,すべての消費者の効用を同時に高めることが可能である。公共財供給の追加的な1単位の限界的便益は,すべての個人の限界便益の総和で与えられ,これが公共財の追加的な限界コストに等しくなければならない。これがサミュエルソン条件式の経済学的な意味である。

B　投票による公共財生産量の決定

　公共財の供給量はどのように決定されるのであろうか。公共財の最適生産量を決めるには,各消費者間の限界効用と公共財の限界費用を正確に把握しなければならないが,公共財の供給量が民主的な選挙を通して決定されるのであれば,政府が各消費者の効用関数を知らないとしても,投票によって効率的な公共財の生産量が近似的に実現される可能性がある。

　モデルを単純化するために,消費者は3人であるとし,公共財の限界費用は c としよう。公共財については限界効用逓減の法則が適用されると仮定すれば,3人それぞれの右下がりの需要曲線が描かれる。政府は公共財の生産費を3人の消費者から均等に徴収するならば,公共財価格は $c/3$ となる。各消費者にとって公共財の最適(生産量)供給量は,各自の限界効用と費用負担 ($c/3$) が一致するところで決まる。3人の効用関数が異なれば,それぞれが示した望ましい公共財の最適(生産量)供給量は一致しない。ここで,政党 A と政党 B の2つの政党が存在するとしよう。

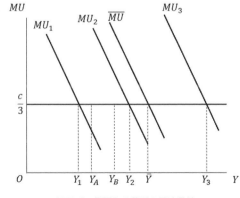

図8-4　投票と公共財の最適供給

　図8-4のように，政党 A の公共財の最適生産量は Y_A とし，政党 B の公共財の最適生産量は Y_B とすれば，各消費者は自分が望ましいと考える公共財の生産量により近い公約を掲げる政党に投票するとしよう。その結果，より平均に近い最適生産量を掲げた政党 B が支持されてしまう。過半数ルールの投票制度のもとでは，政党は中位の投票者の意向に沿った形で公約を掲げるならば支持を集めやすくなり，結果として中位の投票者が望ましいと考える最適生産量が実現すると考えられる。

C　リンダールの方法

　投票による公共財の最適供給の決定のほかに，リンダールの方法が存在している。単純化するために，消費者は 2 人しか存在しないものとする。

　図8-5でモデルが示されたように，公共財に対する限界効用については，第 1 消費者の限界効用は O_1 と MU_1 の垂直距離とし，第 2 消費者の限界効用は O_2 と MU_2 の垂直距離とする。費用の分担比率について，第 1 消費者の負担比率を a とし，第 2 消費者の負担比率を $1-a$ とする。そして，第 1 消費者にとっての最適な公共財生産量は Y_1，第 2 消費者にとっての最適な公共財生産量は Y_2 である。

　リンダール（Erik Lindahl：1891-1960）は適正な所得分配が達成されているとの仮定の下で，政府が公共財の価格（費用の負担率）の提示と変更を繰り返すことにより公共財の需要が調整されていくという方法を提示した。具体的には，各消費者は自分が望ましいと考える公共財の生産量を正しく政府に申告する。消費者の意見が異なるため，政府はより多くの公共財を望む者の費用負担を引き上げるように費用の分担比率を改定する。この新しい分担比率のもとで，各消費者の望む公共財生産量を申告し直させ，望む公共財生産量が一致するまで，このような改定作業を繰り返すことになる。

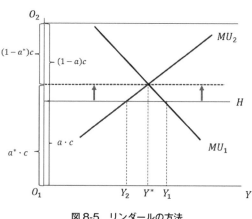

図8-5　リンダールの方法

　図8-5で分かるように，費

用分担比率が消費者の限界効用曲線の交点に対応する水準 a^* まで上昇したところで，政府が両者にとって最適な公共財の生産量 Y^* を供給すること決定する。このような状態をリンダール均衡という。リンダール均衡では，両者の公共財に対する（限界効用の和＝限界費用），効率的な公共財供給が実現している。このリンダールの方法は公共財の効率的供給が達成される可能性を示唆した。

D　フリーライダーの問題

　ただ乗り，すなわちフリーライダーとは，負担を伴わないで便益を受けることである。公共財の負担を回避する行動の結果として，より小さい負担である程度の便益が利用可能であれば，それもただ乗りとみなせる。ただ乗りの問題がどの程度現実的に重要かは，便益の異質性がどの程度拡大しているかに依存する。

　ただ乗りの対策として，受益者負担の原則を適用することである。これによって公共財の過大表示の誘因が排除されるが，過小表示の誘因が残る。そして本来実施されるべき公共財計画が不採用になることにも注意したい。また，公平性に関する政府に対する信頼感を増すことが，ただ乗り対策として重要である。

第9章

ゲームの理論

9-1 ゲームの理論とは何か

⑴ ゲーム論の経済分析への応用

　ゲームの理論で優れた業績を上げた3人の経済学者ナッシュ（John Forbes Nash, Jr.：1928-2015），ゼルテン（Reinhard Selten：1930-2016），ハーサニ（John Charles Harsanyi：1920-2000）に，1994年のノーベル経済学賞が与えられた。ゲームの理論は1950年代から経済学のひとつの分野として研究されていたが，経済学全体の理論的な分析に大きな影響を与えるようになったのは，ここ2，30年くらいだ。最近ではゲームの理論は，ミクロ経済学を中心としたさまざまな分野で経済現象を解明するための有益な分析用具として用いられている。民間部門が予想インフレ率を決定し，そのあと政府が経済政策を決定するというゲームを考えると，経済厚生を最大にしようとして選択する政府の戦略は，必ずしもゲームの解としては経済厚生を最大にする解にならない。2国間交渉について自由貿易を主張しながら，制裁などの保護貿易を実行するのは繰り返しゲームあるいは罰の戦略としても捉えられる。与党の政治家が政策決定について，ゲーム論の立場からの研究が行われている。政党間のとり得る政策は，それぞれの政党の戦略であり，政党間でのゲームの解として現在の政策も決定される。動学的なゲームを考えると，与党が理想とする政策を実行することが与党にとっても最適とはならない可能性があり得る。

⑵ ゲーム論の構造

　ゲーム論の基本的な考え方は，ある主体が何らかの意思決定をする際に他の主

体がどのように行動するかを予想して，最適な行動を決定するというものである。その際に，自分の意思決定の結果，相手がどのように行動するかを相手の立場に立って予想する。いわば，自分で自分と相手の2つの立場を使い分けながら，最適な選択をするのである。これが，囲碁や将棋，チェスなどのゲームでの先手と後手の手の選択とよく似ているので，ゲームの理論と呼ばれる。

　したがって，ゲーム論の特徴はその戦略的な思考にある。ある主体が何らかの意思決定をする際に，他の主体がどのように行動するかを予測して，最適な行動を決定するというものである。ミクロ経済分野で戦略的な思考が必要になるのは，経済主体間の意思決定がお互いに影響しあう環境である。ゲーム論の特徴はその戦略的な思考にある。

　ゲーム論の構造を見てみよう。ゲーム論では，プレイヤーが意思決定の主体である。各プレイヤーが選択できる手を戦略と呼び，そして，各プレイヤーがそれぞれ特定の戦略を選択した結果として，各プレイヤーが手にすることのできる利得をペイオフと呼んでいる。

　次の簡単なコイン・ゲームを想定しよう。プレイヤーAとBはそれぞれ1枚のコインをもっている。表9-1のように，自分のコインの表か裏かを見せ合い，両者が同じであれば，つまり（表，表）か（裏，裏）かであれば，プレイヤーAの勝ちとなり，両者が異なればプレイヤーBの勝ちとなる。このゲームでは，自分の戦略を決めるときに相手がどのような戦略を取るのかは分からないと想定している。この場合のペイオフと各プレイヤーの戦略との関係を示したのが表9-1の利得表である。たとえば，利得表にある（5，−5）はプレイヤーAのペイオフは5であり，プレイヤーBのペイオフは−5であることを意味する。このペイオフ（5，−5）の数字5は，（表，表）が出て，プレイヤーAが勝ち取った利得の値である。このコイン・ゲームは，お互いのペイオフの合計が常にゼロであることから，ゼロ・サムゲームと呼ばれている。

表9-1　コイン・ゲーム

プレイヤーB

		表	裏
プレイヤーA	表	(5, −5)	(−5, 5)
	裏	(−5, 5)	(5, −5)

9-2 戦略型ゲームとナッシュ均衡

(1) 戦略型ゲーム

戦略型ゲームについて考えよう。同一の財を供給する 2 つの寡占企業 A と B（プレイヤー）が存在すると想定しよう。戦略は s_A と s_B であり，s_A と s_B のとり得る値は P_H，P_L の 2 つだけである。企業 A の利潤を Π_A，企業 B の利潤を Π_B とすれば，利得関数は $\Pi_A(s_A, s_B)$ と $\Pi_B(s_A, s_B)$ で表せる。ゲームのペイオフは表 9-2 の利得表でまとめている。

表 9-2 戦略型ゲーム

利得表

企業 B の戦略 企業 A の戦略	P_H	P_L
P_H	(5, 5)	(0, 8)
P_L	(8, 0)	(3, 3)

この利得表に基づくと，企業 A の P_H, P_H 戦略のもとで得られる利潤 $\Pi_A(P_H, P_H) = 5$, P_L, P_H 戦略のもとで得られる利潤 $\Pi_A(P_L, P_H) = 8$, P_H, P_L 戦略のもとで得られる利潤 $\Pi_A(P_H, P_L) = 0$, P_L, P_L 戦略のもとで得られる利潤 $\Pi_A(P_L, P_L) = 3$ となる。

一方の企業 B は，P_H, P_H 戦略のもとで得られる利潤 $\Pi_B(P_H, P_H) = 5$, P_L, P_H 戦略のもとで得られる利潤 $\Pi_B(P_L, P_H) = 0$, P_H, P_L 戦略のもとで得られる利潤 $\Pi_B(P_H, P_L) = 8$, P_L, P_L 戦略のもとで得られる利潤 $\Pi_B(P_L, P_L) = 3$ となる。

戦略型ゲームにおいて，ある戦略の組み合わせ (s_A^*, s_B^*) を考えよう。このとき各プレイヤーが相手の戦略を所与としたときに，自らの利得を最大にするような戦略（これを相手の戦略に対する最適反応という）を選択しているならば，(s_A^*, s_B^*) をナッシュ均衡という。戦略の組み合わせ (s_A^*, s_B^*) がナッシュ均衡となるためには，他のどのような戦略の組み合わせ (s_A, s_B) に対しても，以下の 2 つの条件，

$$\Pi_A(s_A{}^*, s_B{}^*) \geqq \Pi_A(s_A, s_B{}^*)$$
$$\Pi_B(s_A{}^*, s_B{}^*) \geqq \Pi_B(s_A{}^*, s_B)$$

が成立する必要がある。

このゲームにある戦略 P_H を高価格戦略，戦略 P_L を低価格戦略に置き換えて考えてみよう。両企業はお互いに相手の取る戦略を想定して自社の戦略を決めていくのであれば，企業 A にとっての最適戦略は低価格戦略であり，企業 B にとっての最適戦略も同じ低価格戦略である。つまり，$s_A{}^* = P_L$，$s_B{}^* = P_L$ という戦略の組み合わせは，相手の戦略を所与としたときの各プレイヤーの最適戦略となり，ナッシュ均衡となる。このゲームの解は (P_L, P_L) であり，ペイオフは $(3, 3)$ である。

(2)　支配戦略

相手のとり得る戦略のすべてのケースについて自分の特定の戦略が望ましいとき，プレイヤーはその戦略を選択するであろうと考える。このような戦略を支配戦略と呼んでいる。簡単に言えば，相手のどの戦略に対しても自分の他の戦略よりも良い戦略が支配戦略である。囚人のジレンマのゲームでは，お互いに非協力の戦略が支配戦略である。

非協力ゲームの囚人のジレンマゲームを見てみよう。二人の囚人は取り調べに対して，「自白」か「自白しない」か，という 2 つの戦略をもっている。自分が自白しない（黙秘する）と，相手の囚人の利益になる。しかし，自分だけ自白して相手に罪をかぶせると自分としては大きな利益が期待できる。ゲームのペイオフは表 9-3 で示されている。

ゲームのペイオフで読み取れるように，囚人の二人はお互いに「協力」（＝自白しない）の戦略を選択すれば，ペイオフは $(-1, -1)$ であるのに，相手の取

表 9-3　囚人のジレンマ

A の戦略 ＼ B の戦略	自白する	自白しない
自白する	$(-7, -7)$	$(0, -10)$
自白しない	$(-10, 0)$	$(-1, -1)$

る戦略いわば裏切られることを想定すると,「協力」は最適反応ではないので,選択されない。相手の取る戦略を想定して自分の戦略を決めた結果, お互いに「非協力」(＝自白する)を選択することがゲームの解となる。ゲームの解は（自白する, 自白する), ペイオフは（−7, −7）である。これが囚人のジレンマである。

　もうひとつのゲームを見てみよう。ステーキ屋さんとしゃぶしゃぶ屋さんが水道橋駅東口か西口かのどちらかに出店するゲームを考えよう。戦略は「水道橋駅東口」か「水道橋駅西口」の2つで, ペイオフは表で示されている。

表9-4　ステーキ屋さんとしゃぶしゃぶ屋さんの出店ゲーム

プレイヤーBしゃぶしゃぶ屋

プレイヤーA ステーキ屋 ＼ Bの出店戦略 Aの出店戦略	水道橋駅東口	水道橋駅西口
水道橋駅東口	(400, 600)	(800, 300)
水道橋駅西口	(300, 800)	(100, 200)

　ステーキ屋さんのとる戦略を見てみよう。しゃぶしゃぶ屋さんの戦略を所与とした場合, しゃぶしゃぶ屋さんが駅東口に出店するならば, ステーキ屋さんは駅東口に出店したほうが400の利得が得られる。しゃぶしゃぶ屋さんが駅西口に出店するならば, 同じく東口に出店したほうがより大きな利得800が得られる。

　続いて, しゃぶしゃぶ屋さんのとる戦略を見てみよう。ステーキ屋さんの出店戦略を所与とするわけで, ステーキ屋さんが駅東口に出店するとしたら, しゃぶしゃぶ屋さんは駅東口に出店すると利得600が得られる。ステーキ屋さんが駅西口に出店する場合, しゃぶしゃぶ屋さんは駅東口に出店する戦略をとれば, 800の利得が得られる。

　この出店ゲームでは, 相手のどの戦略に対しても, 自分の他の戦略よりも良い戦略が水道橋駅東口に出店する戦略であり, この駅東口に出店する戦略が支配戦略である。このゲームの解は（水道橋駅東口, 水道橋駅東口), ペイオフは（400, 600）である。

(3)　支配される戦略のゲーム解

　相手のとりえるすべての戦略について, 自分のある戦略が必ず他の戦略よりも

望ましくないとき，支配される戦略という。ゲームの解法として，支配される戦略を消去して，最終的に残される戦略としてゲームの解を求める。

次のようなゲームを想定しょう。表9-5で示したように，プレイヤーAは上，下の2つの戦略がある。プレイヤーBは，左，中，右の3つの戦略がある。ペイオフは表の通りである。

表9-5 支配されるゲームの戦略

プレイヤーB

		左	中	右
プレイヤーA	上	(2, 0)	(1, 5)	(0, 2)
	下	(0, 5)	(0, 2)	(6, 0)

プレイヤーBにとっては，右の戦略は「中」の戦略に支配される。

プレイヤーAが上・下どちらを選択しても，プレイヤーBのペイオフは，「中」のほうが，「右」より大きいからだ。したがって，プレイヤーBは「右」を選択しないだろう。これをプレイヤーAも知っていれば，「右」の選択を排除してゲームを考えることになる。これが合理的な行動という仮定の意味するところである。プレイヤーAはBの実際の戦略の決定行動を見ることができないが，Bが合理的に行動する限り，「右」という戦略はとらないだろうと予測することができる。「右」の戦略を除外したゲームのペイオフは下の表に示している。プレイヤーAにとっては，「下」の戦略は「上」の戦略に支配される。

したがって，プレイヤーAは「下」を選択しないだろう。これをプレイヤーBも知っていると考えると，「下」の選択を排除できる。そうすると，Aは必ず「上」を選択するので，BはAの行動を考慮すると，「中」を選択することになるだろう。その結果，(1, 5) のペイオフがゲームの解として決まる。Aが「上」，Bが「中」を選ぶのが最適戦略となる。このようなゲームの解法は，支配される戦略を消去して，最終的に残された戦略としてゲームの解を求めるものである。ゲームの解は (1, 5)，最適戦略は (A「上」，B「中」) である。

(4) ナッシュ均衡

このようなやり方では必ずしもプレイヤーが選択する戦略をひとつに絞りきれないケースも多い。たとえば，先のようなゲームでは，支配される戦略はゼロで

あり，まったく絞りきれない状態になる。したがって，ゲームの解を求めるには，支配される戦略の消去という方法よりも強い概念を導入する必要がある。それが，ナッシュ均衡という概念である。

　ナッシュ均衡とは，相手のそれぞれの戦略に対して，自らの最適な戦略を決めるものである。互いに最適戦略である戦略の組み合わせとしてゲームの解を求めると，ナッシュ均衡解になる。

　均衡とは，その状態から，自分だけではそれ以上利得を高くできない状態を指している。

　次の支配される戦略のゲームを見てみよう。相手のそれぞれの戦略に対して，自らの最適な戦略を決めることは容易だろう。互いに最適戦略である戦略の組合せとしてゲームの解を求めると，そのような解はナッシュ均衡解である。この設例の表では，プレイヤーＡは，E，F，Xという3つの戦略がとり得る。プレイヤーＢはJ，K，Yいう3つの戦略がとり得る。それぞれのプレイヤーの最適戦略を考えてみよう。

表 9-6　支配される戦略のゲームの解

プレイヤーＢ

		J	K	Y
プレイヤーＡ	E	(0, 4)	(4, 0)	(4, 3)
	F	(4, 2)	(0, 4)	(4, 3)
	X	(3, 4)	(2, 3)	(6, 5)

　まずプレイヤーＡについて，プレイヤーＢのJ，K，Yのそれぞれの戦略に対応する最適戦略は，順にF，E，Xとなる。つまり，プレイヤーＢがJを選択すれば，プレイヤーＡはFを選択するときに，自分のペイオフが最大になり，プレイヤーＢがKならばプレイヤーＡはEを，また，プレイヤーＢがYならばプレイヤーＡはXを選ぶときに，自分のベイオフが最大になる。

　同様にしてプレイヤーＢの最適な戦略を考えてみると，プレイヤーＡのE，F，Xのそれぞれの戦略に対するプレイヤーＢの最適戦略は，順にJ，K，Yとなる。したがって，両方のプレイヤーの最適戦略の組み合わせは (X, Y) となる。このとき，プレイヤーＡは相手がYをとると考えて，それを所与としたときの最適な戦略Xを選択し，プレイヤーＢは相手がXをとると考えて，それを

所与としたときの最適な戦略 Y を選択する。これがナッシュ均衡である。

　ゲームの解として，両方のプレイヤーのペイオフが (6, 5) となる。相手の行動に対する最適反応がポイントとなる。この例では，最適戦略の組み合わせは (X, Y) のひとつしかない。

(5)　純粋戦略と混合戦略

　ジャンケン・ゲームを例として見てみよう。ゲームの構造は表9-7で読み取れるように，プレイヤー A と B がジャンケンをする。ただし，このジャンケンは普通のものと異なる特殊なジャンケンで，チョキを出すことは許されない。また，二人が違うものを出した場合には A の勝ち，同じものを出した場合には B の勝ちとし，敗者は勝者に 100 円を支払うものとしよう。

　各プレイヤーがとり得る戦略は，グーとパーの2通り，両者のペイオフは，二人が同じ戦略をとったときには，A が-100，B が 100 であり，両者の戦略が異なっているときには，A が 100，B が-100 となる。ペイオフは表の通りである。

　このゲームにおいて，B がグーを出すとすれば，そのときの A の最適反応はパーである。ところが，A がパーを出すとすれば，それに対する B の最適反応はパーであり，さらに B がパーを出すならば，それに対する A の最適反応はグー，…というように，最適反応の連鎖を追って行けば，表の中を時計と逆回りに巡回し，とどまることがない。このことは，以上のゲームにおいて，どの戦略の組み合わせもナッシュ均衡とはならないこと，つまり，ナッシュ均衡が存在しないことを意味する。

表9-7　ジャンケン・ゲーム

プレイヤーB

プレイヤーA ＼ A の戦略 ＼ B の戦略	グー	パー
グー	(-100, 100)	(100, -100)
パー	(100, -100)	(-100, 100)

　続いて，逢い引きのゲームを見てみよう。最適戦略の組合せであるナッシュ均衡は，いつもひとつとは限らない。ナッシュ均衡は複数存在する場合もある。その例として次のようなゲームを考えよう。

　太郎と花子が「コンサート」か「スポーツ観戦」か，どちらかでデートするケースを想定しよう。太郎は，どちらかといえばスポーツ観戦の方がよく，花子はどちらかといえばコンサートの方がよい。もちろん，互いに自分の好みを優先してバラバラに選択すれば，デートは成立しないからペイオフはゼロとなる。このようなゲームでは，ともにスポーツ観戦，ともにコンサートの2つの組合せがナッシュ均衡になる。これは逢い引きのジレンマとよばれるゲームである。

表9-8　逢い引きのジレンマ

プレイヤーB（太郎）

太郎の戦略／花子の戦略	コンサート	スポーツ観戦
コンサート	(3, 1)	(0, 0)
スポーツ観戦	(0, 0)	(1, 3)

プレイヤーA（花子）

　表9-8で示したように，この逢い引きのジレンマと呼ばれるゲームでは，ゲームの解としてどちらのナッシュ均衡解が選択されるかは何とも言えない。

　複数の戦略をある確率で組み合わせて採用することを混合戦略と呼ぶ。混合戦略ゲームとは，参加者が行動を確率的に選ぶような戦略をとることでナッシュ均衡に到達する非協力ゲームのことである。このようなゲームでは純粋戦略ナッシュ均衡が必ずしも存在せず，ナッシュ均衡は各参加者の行動確率の組として表される。ナッシュ均衡は，経済分析をゲーム論的な立場から考察する際の基本的な概念になっている。ナッシュ均衡は支配戦略の均衡より弱い概念であるから，支配戦略で均衡が存在すれば，それはナッシュ均衡でもある。しかし，逆は成立しない。相手のある戦略に対して，自分のもっとも望ましい最適戦略を求め，互いに最適戦略である戦略の組み合わせで，ゲームの解を求める。混合戦略を考えると，必ずナッシュ均衡が存在するといえる。

9-3　ゲームの木と展開型ゲーム

⑴　ゲームの木

　ゲームの時間要素を明示的に考慮しないゲームを戦略型ゲームと呼んでいる。これに対して，時間的要素を明示するゲームを展開型ゲームと呼んでいる。ゲー

ム進行の時間的要素を視覚的に表現するには，ゲームの木と呼ばれる図が有効である。

　ゲームの木の最も基本的な構成要素は，点とそこから延びる枝である。始点から始まり，いずれかの頂点で終わる。各頂点には，それでゲームが終了した場合に，ペイオフが表示される。

　ゲームの木において，頂点以外の点を手番といい，その手番において当該プレイヤーが選べる選択肢を表している。

　展開型ゲームには情報集合という概念がある。情報集合とは，あるプレイヤーの手番が来たとき，その時点で彼が持っている情報をゲームの木の上で視覚的に表現したものである。

　図 9-1 のゲームでは，点 B1 と点 B2 は別の情報集合に含まれているが，これは B の手番が来た段階において，B は自分が点 B1 にいるのか，点 B2 にいるのかを知っていること，すなわち，プレイヤー A は，プレイヤー B がどの選択肢

(A) 完全情報ゲーム

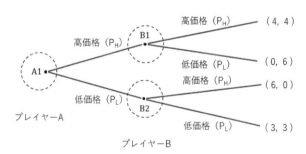

(B) 不完全情報ゲーム

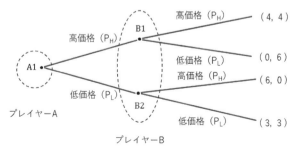

図 9-1　ゲームの木

を選んだかを観察したうえで自分の行動を決めることを意味している。ゲームの木を用いて表現されたゲームを展開型ゲームという。すべての手番において，該当するプレイヤーが自分のいる点を識別できるようなゲームでは，すべての情報集合は1点だけからなる。このような展開型ゲームを完全情報ゲームと呼ぶ。それに対して，前回のモデルのように両プレイヤーが同時に意思決定する場合には，プレイヤーBは，Aがどちらの行動をとったのかを知らない状況で意思を決定することになるため，Bは自分が点B1にいるのか，点B2にいるのかを識別できない。したがって，このようなゲームでは，点B1と点B2は図のように，ひとつの情報集合に含まれる。2つ以上の点からなる情報集合が少なくともひとつ存在するようなゲームは不完全情報ゲームと呼ばれる。

(2)　展開型ゲーム

　これまで考察した同時ゲームに対して，ゲームの木を用いて表現されたゲームを展開型ゲームという。展開型ゲームにおいて，戦略とはプレイヤーが自分の各情報集合において，とる行動の予定表を「もし情報集合Bに到達したときは，行動Aをとる」というように，条件付きの形で表したものである。したがって戦略は，各情報集合における個々の行動とは明確に区別されなければならない。たとえば，先の完全情報ゲームにおいてプレイヤーBの情報集合はB1とB2の2つなので，プレイヤーの戦略はこの表のように表されているように4通りある。

表9-9　完全情報ゲームにおけるプレイヤーBの戦略

戦略	情報集合B1	情報集合B2
A	P_H	P_H
B	P_H	P_L
C	P_L	P_H
D	P_L	P_L

　4つの戦略に対し，表のような「完全情報ゲーム」の利得表が得られる。このような利得表を使えば，展開型ゲームを戦略型ゲームに書き直すことが可能である。したがって，展開型ゲームにおけるナッシュ均衡は，そのゲームを戦略型に変換したうえで，戦略型に変換されたゲームのナッシュ均衡をもって定義すればよい。この場合では，AがP_L，Bが戦略Dをとるような戦略の組み合わせが，

ナッシュ均衡となり，ペイオフは (3, 3) となる。

表9-10　完全情報ゲームの利得表

A の戦略 ＼ B の戦略	戦略 A	戦略 B	戦略 C	戦略 D
P_H	(4, 4)	(4, 4)	(0, 6)	(0, 6)
P_L	(6, 0)	(3, 3)	(6, 0)	(3, 3)

(3) 動学ゲーム

次のようなゲームの木（2段階ゲーム）を考えよう。

ゲームの構造として先に花子が A か B かの戦略を決める。そのあとで太郎は a か b かの戦略を決定する。両者のペイオフは（太郎，花子）として与えられている。このゲームのナッシュ均衡を求めてみよう。

まず，花子が A という戦略を選択したとしよう。このとき，太郎にとっての最適な戦略は a となり，太郎のペイオフは2となる。また，花子が B という戦略を選択したとき，太郎は戦略 a を選択し，ペイオフは4となる。

次に，花子は最初に A か B かのどちらかに戦略を決めるのかを分析しよう。花子にとってみれば，自分がある戦略を選択すれば，それを太郎も知っていて，太郎がそれをもとに自分の利得を最大化するように行動すると予想できる。したがって，相手が合理的に行動すると自分が予想する限り，自分にとってはその後の相手の行動を織り込んで自分の最適な戦略を決定することになる。

このゲームの場合は，花子にとって戦略 A を選択してペイオフ1を手にするほうが，戦略 B を選択してペイオフが何も得られないより望ましい。その結果，ゲームのナッシュ均衡は (A, a) となり，ペイオフ (2, 1) である。

動学ゲームを少し拡張してみよう。2段階型コイン・ゲームを考察する。ゲームの構造として，先に花子が表か裏か戦略を決めて，そのあとで太郎は表か裏

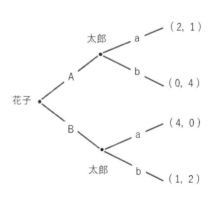

図9-2　2段階ゲーム

かの戦略を決定する。両者のペイオ
フは（太郎，花子）として与えられ
ている。図9-3のゲームの木で分か
るように，花子がどちらを選んでも
負けである。つまり，先にコインを
見せたら必ず相手に負けてしまう。
このゲーム構造のもとでは，先に動
く方が必ず損するという結論に至
る。

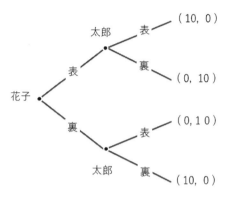

図9-3 ２段階型コイン・ゲーム

9-4 繰り返しゲーム

⑴ 繰り返しゲームと囚人のジレンマ

　有限回の繰り返しゲームを見てみよう。同時ゲームが複数回繰り返す場合に，
繰り返されるそれぞれの段階でのゲームを段階ゲームと呼ぶ。1回限りであれば
非協力しか考えないプレイヤーであっても，何度も同じゲームを相手と繰り返す
場合には，お互いに協力し合って，ともに利益を分かち合おうとする誘因が生ま
れる。有限回の繰り返しゲームでは，すべての回で裏切る（非協力）がゲームの
解として実現してしまう。

表9-11 非協力ゲーム

A の戦略 ＼ B の戦略	裏切る	協力する
裏切る	$(-7, -7)$	$(0, -10)$
協力する	$(-10, 0)$	$(-1, -1)$

　無限回の繰り返しゲームについて考えてみよう。無限回の繰り返しゲームで
は，最後のゲームがないから，今回協力することで，将来の損失を回避する誘因
が生まれる。ペイオフの割引現在価値は以下のように表せる。

$$\sum_{t=1}^{\infty} \frac{u_t}{1+r}$$

割引率 r が高くない限り，協力するというナッシュ均衡が生まれる。

　無限回の繰り返しゲームの場合の最適戦略は次のように考える。

①　前回相手が非協力的でなければ（＝協力的である），今回自分は協力する。

②　前回相手が非協力的であれば，今回以降永遠に自分も非協力を選択する。

　これが罰の戦略（トリガー戦略）と呼んでいる。罰の戦略のペイオフは以下のように与えられている。

表9-12　囚人のジレンマ：罰の戦略のペイオフ

| 今回非協力 | 5 | 1 | 1 | 1 | 1 | 1 |
| ずっと協力 | 2 | 2 | 2 | 2 | 2 | 2 |

罰の戦略のペイオフを計算してみよう。割引率を r とする。

「今回非協力」の現在価値は，

$$5 + \frac{1}{1+r} + \frac{1}{(1+r)^2} + \frac{1}{(1+r)^3} + \cdots = 5 + \frac{1}{r}$$

「ずっと協力」の現在価値は，

$$2 + \frac{2}{1+r} + \frac{2}{(1+r)^2} + \frac{2}{(1+r)^3} + \cdots = 2 + \frac{2}{r}$$

となる。割引率が，

$$r < \frac{1}{3}$$

であれば，「ずっと協力」の現在価値のほうが，「今回非協力」の現在価値より大きくなる。割引率が小さいほど，将来の利得の方が相対的に重視される。要するに，お互いに罰の戦略をとり，そしてずっと協力しつづけるのがナッシュ均衡になり得る。そのような場合に，協力解がナッシュ均衡として実現する。

　無限回の繰り返しゲームでは，囚人のジレンマ・ゲームでの裏切る（非協力）解以上のペイオフをナッシュ均衡として実現できる。これは，フォーク定理と呼ばれている命題である。この命題は，囚人のジレンマを解決することが，無限回の繰り返しゲームでは可能だということを意味している。これは，経済分析にお

いても重要な役割を持つ定理である。

9-5　部分ゲーム完全均衡

(1)　スーパーマーケットの参入ゲーム

　複数のナッシュ均衡を持つゲームも存在する。ひとつの例を紹介しよう。

　ある町にスーパーマーケット（スーパー A）が 1 軒だけ存在し，独占利潤を享受しているとしよう。この町にスーパー B が参入を計画している。ゲームは 2 期間にわたって行われ，第 1 期にはスーパー B が参入するかどうかの意思決定が行われ，第 2 期にはスーパー A が，その対応策についての意思決定を行うものとする。このゲームは，ゲームの木を表示している。もし第 1 期にスーパー B が参入しないとすれば，スーパー A は 5 の独占利潤を享受できるが，参入しなかったスーパー B の利得は 0 である。

　また，スーパー B が参入を決定した場合，スーパー A には，値引き競争などをして「闘う」ことと「闘わない（＝共存する）」ことの 2 つの選択肢がある。スーパー A が闘うとすれば，両スーパーはともに傷つき，利得はともに−1 となる。また，スーパー A が闘わない場合，市場全体として 2＋2＝4 の利潤が発生するが，両スーパーはこれを折半し，両者の利得は 2 となる。

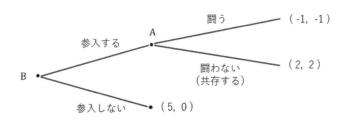

A の戦略 ＼ B の戦略	参入する	参入しない	
参入したら闘う	(−1, −1)	(5, 0)	均衡②
参入されても闘わない（共存する）	(2, 2)	(5, 0)	

均衡①

図 9-4　スーパーマーケットの参入ゲーム

この展開型ゲームを戦略型に直したものが図9-4の下側の表となる。この表から明らかなように，このゲームには，

Aが「参入されても闘わない」，Bが「参入する」という均衡①と，

Aが「参入されたら闘う」，Bが「参入しない」という均衡②，

の2つの純粋戦略ナッシュ均衡が存在する。

　スーパーマーケットの参入ゲームで2つのナッシュ均衡を持つが，このうちの均衡②について考えてみよう。均衡②におけるAの戦略は実際にその状況になったときに始まる，1人ゲームにおいて，合理的な行動とは言えない。その意味では信憑性が欠いており，Bはそれを実効性のない「から脅し」だと判断するのであろう。したがって，均衡①に比べれば，②の均衡が実現する可能性は低いと思われる。

⑵　部分ゲーム完全均衡

　あるゲームの木において，ただひとつの点からなる情報集合から出発する部分だけを取り出して作った新たなゲームを，元のゲームの部分ゲームという。

　例えば，この図9-5(A)で示したゲームの木において，四角形の枠で囲んだ4つ

(A)複数の部分ゲームを持つ場合

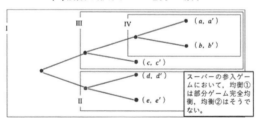

スーパーの参入ゲームにおいて，均衡①は部分ゲーム完全均衡，均衡②はそうでない。

(B)元のゲームだけが部分ゲームになる場合

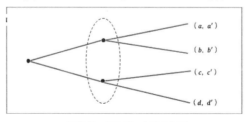

図9-5　部分ゲーム完全均衡

の木 I, II, III, IVは, いずれも部分ゲームである。

　しかし, 図9-5(B)のゲームにおいて部分ゲームは実線の四角形で囲んだ元の
ゲームそれ自体しかない。図9-5(B)の右側の2つの木は, いずれも「ただひとつ
の点からなる情報集合から出発する」という条件を満たしていないからである。

　ある展開型ゲームのナッシュ均衡が与えられたとき, それを部分ゲームに限定
して考えてみよう。このとき, 元のナッシュ均衡における戦略の組み合わせがど
の部分ゲームにおいてもナッシュ均衡となっているなら, 元のナッシュ均衡は部
分ゲーム完全均衡となる。先のスーパーの参入ゲームでは, 均衡①は部分ゲーム
完全均衡だが, 均衡②はそうでないことを確認しよう。均衡②では, 後者の部分
ゲームにおいて, Aは「闘う」ことを選んでいるが, これはこの部分ゲームの
ナッシュ均衡とならない。したがって, 均衡②は部分ゲーム完全均衡ではない。
一方, Aの戦略「参入されても闘わない」は, 手番Aから始まる部分ゲームに
おいてもナッシュ均衡を与えるため, 均衡①は部分ゲーム完全均衡である。

第10章

情報とリスクの経済学

10-1 情報と情報市場

(1) 情報とリスク

　情報は一種の財であり，その市場も確かに存在している。完全競争市場の前提条件のひとつである。完全情報では，すべての市場の参加者はありとあらゆる情報を等しく共有するとされているが，情報が不完全であるとき市場はどうなるか。また，これまで不確実性の要因は考慮しなかったが，現実の経済活動では不確実な要因，あるいはリスクは重要な影響をもっている。

　たとえば，天候などは需要，供給それぞれの大きさを決める際に不確実な要因としてかなりのインパクトを与えている。また，震災，台風，大雨のような天災などはいつ起きるか分からないリスク要因である。さらには，国際的な政治，経済環境が悪化して貿易が円滑に行われなくなれば，サプライチェーンなど，経済活動にも大きな悪影響を及ぼす。

　こうした国民経済全体や世界経済に対するショックから，個々の経済主体の個別的なショックに至るまで，情報とリスクは現実の経済では無視できない。この章では，不確実性の経済について考えてみよう。

(2) 情報市場

　情報は，いろいろな面で他の財とまったく異なっているが，いままでで扱ってきたものと同じ，財のひとつである。しかし，情報は概してみかんやコメのような財とは違って，そのもの自身に何ら形があるわけではない。情報は，何かに関する情報であり，情報には中身があり，それが知識と呼ばれる。中身には，入れ

物が必要となり，情報の知識は媒体を通して配信されている。このように，情報の特徴は，対象，中身，媒体の３つがセットとなっている。

　情報の知識は多様であり，その市場もまた様々である。個人的な情報を扱う探偵や弁護士によるサービスを考えると，市場全体の需要量と価格弾力性は，ともに極端に小さくなり，需要曲線は図 10-1 (A)のように，DD 曲線として表される。また，そのようなサービスを生産するには，費用が非常に高くなる傾向があるため，供給曲線は図 10-1 (A)の SS 曲線のようになる。市場均衡点は E_1 となり，均衡量は非常に少なくなる一方，均衡価格はかなり高くなる。

　一方で，一般的な情報を扱う新聞やテレビのケースでは，市場全体の需要量が極端に大きい場合もあり，需要曲線は図 10-1 (B)のように DD 曲線として表される。また，このような情報を生産する場合，限界費用がかなり低くなる傾向があるので，供給曲線は図 10-1 (B)の SS 曲線のようになる。この場合，市場均衡は点 E_2 となり，均衡量は非常に大きい一方，均衡価格は非常に低い水準にある。また，市場規模が増大するにつれて価格が下落する。民放テレビやインターネットのように，価格がほとんどゼロとなっている。

　供給側の長期的視点からみれば，長期供給曲線が下方シフトし，横軸に限りなく近づいていくような形となっている。市場の均衡価格があまりにも低下してしまうと，オリジナルの情報を生産するのに必要な利益が見込めず，その財がまったく供給されなくなる。社会的には望ましくない結果が生じる場合は，著作権や特許を厳格化して，オリジナルの生産者に，ある程度独占的な特権を与えること

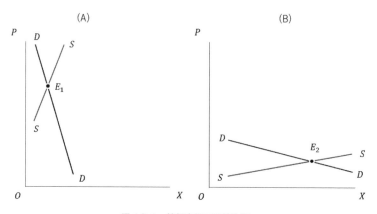

図 10-1　情報市場の需給均衡

も選択肢である。

　需要側からみると，時間の経過に伴い，価値を失う傾向があり，特にニュースなどの時事情報はそれに当てはまる。また，投資情報のように，購入者が増えるほど情報のもつ重要性が減るものも多い。需要曲線が限りなく原点に近づくと，最終的には，いかなる価格でも誰も必要としなくなり，やがてその市場は存在しなくなる。

　広告とサーチについて考えてみよう。複数の企業が同一市場で激しく競争している場合，各企業とも，同じレベルの広告を行うこともある。消費者が製品を購入する際に情報不足から損をしないよう，情報収集に時間やお金を費やすことをサーチといい，広告は供給側の企業が需要側の消費者のサーチ活動に，積極的に働きかける典型的な手段である。過度の広告競争を回避しつつ，消費者からのサーチを容易にし，消費者からの信頼を得ることが競争ライバル同士の企業が同業者組合に参加するインセンティブとなっている。

10-2　不確実性と意思決定

(1)　サンクトペテルブルクのパラドックス

　1738 年，サンクトペテルブルクに住んでいたダニエル・ベルヌーイ（Daniel Bernoulli：1700-82）が，学術雑誌『ペテルブルク帝国アカデミー論集』で論文「リスクの測定に関する新しい理論」を発表した。これが，サンクトペテルブルクのパラドックスの提起であった。サンクトペテルブルクのパラドックス（St. Petersburg paradox）は，意思決定理論におけるパラドックスのひとつであり，極めて少ない確率で極めて大きな利益が得られるような事例においては期待値が発散する場合があって，このようなときに生まれる逆説のことである。

(2)　コイン投げのゲーム

　変形のないコインを「表」が出るまで投げ続け，「表」が出たときに賞金がもらえるゲームがあるとしよう。「表」が出る確率は 1/2，「裏」が出る確率も 1/2 であり，ゲームへの参加料は x 円とする。

　ゲーム構造は以下のようである。

　1 回目に「表」が出たらゲームが終わり，もらえる賞金は 2 円であり，1 回目

は「裏」が出て2回目に「表」が出たら倍の$2^2 = 4$円，2回目まで「裏」が出ていて3回目に初めて「表」が出たらそのまた倍の$2^3 = 8$円，n回目に初めて「表」が出たらその賞金は2^n円，という倍々で増える賞金がもらえる。

コインの表が出る確率であるが，1回目に「表」が出る確率は1/2，2回目に「表」が出る確率は$1/2^2$，3回目に「表」が出る確率は$1/2^3$，n回目に初めて「表」が出る確率は$1/2^n$となる。ゲームのペイオフ（利得表）は表10-1に示されている。

表 10-1　コイン投げゲームのペイオフの期待値

	コインを投げて初めて表が出るときの回数					
	1	2	3	・・・	n	・・・
その回で初めて「表」が出る確率	$\frac{1}{2}$	$\frac{1}{2^2}$	$\frac{1}{2^3}$	・・・	$\frac{1}{2^n}$	・・・
その回で初めて「表」が出る金額	2	2^2	2^3	・・・	2^n	・・・
確率×金額	1	1	1	・・・	1	・・・

ここで，このコイン投げのゲームの利得の期待値を計算してみよう。その値は，

$$\frac{1}{2} \times 2 円 + \frac{1}{2^2} \times 2^2 円 + \frac{1}{2^3} \times 2^3 円 + \cdots + \frac{1}{2^n} \times 2^n 円 + \cdots = 1 円 + 1 円 + \cdots = 無限大$$

となっている。

このゲームの参加料はいくらになるかが気になるところである。参加料は300円なら参加するか，それとも，コイン投げゲームでは利得の期待値は無限大なので，参加料がどんなに高くとも参加すべきであろうか。期待値は無限大なのに，100万円を払ってまでこのゲームに参加する人はあまりいないはずであろう。この矛盾はどこからくるものか。ベルヌーイは，利得の期待値をとることに問題があると指摘した。ベルヌーイは，利得そのものではなく，効用の期待値をとらなければならないこと，そして，通常の人の効用は所得の増加にともなって限界効用が逓減していると主張した。これがサンクトペテルブルクのパラドックスである。

⑶　不確実性と意思決定

　不確実性とは，事象の生起にさまざまな可能性があり，事象が確実に起こるか判明できず予測もできないことを指していう。企業の生産台数の決定からみる不確実性のもとでの意思決定をみてみよう。

　家電メーカーがボーナス商戦に備えてエアコンの生産台数を決定する際に，来るべき夏の気温は重要な意味がある。もし猛暑ならたくさん売れるかもしれないが，冷夏の場合はほとんど売れないかもしれない。冷夏の予想が当たれば，たくさん生産しても在庫が増えるだけになってしまう。しかし，夏が来てから生産を始めると，消費者に届くにはある程度時間がかかり，秋冬のシーズンに入ってしまう。企業にとっては夏の気温が確実に分かる前に生産台数を決めなければならない。このような行動の結果が定まらない段階で行われる意思決定を不確実性のもとでの意思決定という。

　不確実性下の意思決定問題を分析するにあたって，抽選券あるいはくじの選択モデルが定番として使われることが多い。ここでも慣例に倣い，抽選券の選択をモデルとして分析してみよう。

　抽選券モデルは，抽選券 $L1$ と $L2$ の 2 枚からなるとしよう。抽選券 $L1$ で当たりが出れば 100 円，ハズレの場合は 0 円を得るとし，当たりの確率は 50％とする。これに対して，現金 50 円は，50 円が確率 1（100％）で当選する抽選券を $L2$ とみなす。

　抽選者にとって，抽選券 $L1$ の期待値は，

$$50\% \times 100 + 50\% \times 0 = 50$$

であり，抽選券 $L2$ の期待値は，

$$100\% \times 50 + 0\% \times 0 = 50$$

である。

　期待値を判断基準として人々が行動するのであろうか。ミクロ経済学では一般に，不確実性下にある個人は期待効用最大化公準に基づいて（この期待効用を極大化するように）行動すると仮定する。この仮定を期待効用仮説呼ぶ。期待効用仮説によると，個人は選択できる抽選券のなかで，最も大きい期待効用をもたらすものを選択する。

　期待効用仮説で用いられる効用関数は，ゲーム理論などで活躍したジョン・フォン・ノイマン（John von Neumann：1903-57）とオスカー・モルゲンシュテルン（Oskar Morgenstern：1902-77）の名前にちなんで，フォン・ノイマン＝モルゲンシュテルン効用関数と呼ばれる。

　効用の期待値を判断基準として行動する場合，期待効用関数が $U(X) = \sqrt{X}$ の場合，抽選券 $L1$ によって得られる期待効用は，

$$50\% \times \sqrt{100} + 50\% \times \sqrt{0} = 5$$

5であり，確実に抽選券 $L2$ で50円がもらえるときの期待効用は，

$$100\% \times \sqrt{50} + 0\% \times \sqrt{0} = 5\sqrt{2}$$

$5\sqrt{2}$ である。

⑷　リスクに対する態度

A　リスク回避者

　リスクを厭わずにチャレンジし続ける人もいれば，石橋を叩いて渡る人もいる。個人のリスクに対する態度はさまざまであろう。山上さん，川上さん，水上さんの3名が抽選に臨むとしよう。抽選券に臨む山上さんの期待効用関数が $U(X) = \sqrt{X}$ であり，限界効用が逓減することで，抽選券 $L1$ によって得られる期待効用は5となり，確実に抽選券 $L2$ で50円がもらえるときの期待効用は $5\sqrt{2}$ となるので，山上さんは抽選券 $L2$ のほうが抽選券 $L1$ よりも好まれることになる。不確実な期待値よりも同じ額で確実に得られるものを好む者をリスク回避者と呼ぶ。

　山上さんはリスク回避者であり，期待効用関数が $U(X) = \sqrt{X}$ となり，限界効用は逓減する。図10-2にリスク回避者の期待効用関数が描かれている。リスク回避者の効用曲線の形状は上に凸である。

B　リスク愛好者

　確実に得られるものよりも，リスクを含む選択対象を好む者をリスク愛好者と呼ぶ。川上さんはリスク愛好者である。抽選券に臨む川上さんの期待効用関数が $U(X) = (1/10)X^2$ であり，限界効用が逓増することで，抽選券 $L1$ によって得ら

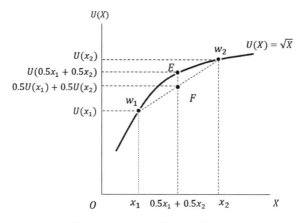

図10-2　リスク回避者の期待効用関数

れる期待効用は,

$$50\% \times \frac{1}{10} \cdot 100^2 + 50\% \times 0^2 = 500$$

500 となり, 抽選券 $L2$ の期待効用は,

$$100\% \times \frac{1}{10} \cdot 50^2 + 0\% \times 0^2 = 250$$

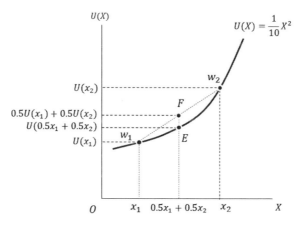

図10-3　リスク愛好者の期待効用関数

250 となるので，川上さんは，抽選券 $L1$ のほうが抽選券 $L2$ よりも好まれることになる。

川上さんの期待効用関数は $U(X) = X^2$ であり，限界効用が逓増する。図 10-3 にリスク愛好者の期待効用関数が描かれている。リスク愛好者の効用曲線の形状は下に凸である。

C　リスク中立者

期待効用関数が直線の場合，抽選券 $L1$ と抽選券 $L2$ は無差別と評価されることになる。水上さんの期待効用関数は $U(X) = aX + b$ であり，限界効用が一定である。

水上さんはリスク中立者である。リスク中立者の効用曲線の形状は直線であり，図 10-4 のように示されている。

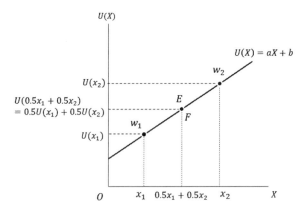

図 10-4　リスク中立者の期待効用関数

(5)　保険市場

人々には，自分でどうすることもできない大きな不運や災いを避けたい，という危険回避的な傾向があり保険を購入しようとする。保険を提供する側は，大数の法則に基づいて被災の件数は大まかに予想できる。その予想に基づき，危険中立的な提供者が各個人に発生した損害を補償するような仕組み，つまり保険商品を適正な価格で売ることができる。これによって保険の需要と供給が生まれ，それらが一致する限り保険市場は成立する。

保険は個人が保険会社に保険料を支払い，損害を補償してもらうために保険会社から保険金を受け取るという仕組みとなっている。この保険の仕組みをモデル化して，以下のようにモデルを構築する。

資産損害額は x，損害を被る確率は π とし，損害を被らなかった確率は $1-\pi$ とする。個人の効用関数を $U(x)$ とし，保険に入らない場合の個人の期待効用関数は，

$$\pi \cdot U(0) + (1 - \pi) U(x) = (1 - \pi) U(x)$$

となる。

個人は損害を補償してもらうために保険を購入した場合，保険料 P（$P>0$）を支払い，保険を 1 個だけ購入する。この場合は，π の確率で損害が起こると保険金 x を受け取り，（$1-\pi$）の確率で損害が起きないと何も受け取らないということになる。

保険に入る場合の各個人の期待効用関数は，

$$\pi \cdot U(x - P - x + x) + (1 - \pi) U(x - P) = U(x - P)$$

となる。$(1-\pi) U(x) \leq U(x-P)$ である限り，個人は保険を需要することになる。

保険料 P は最高価格 P^* より高くなると，保険需要がゼロになる。それと同じかそれより低くなると保険は需要される。$P=P^*$ のときの選択は図 10-5 の点 F で表される。

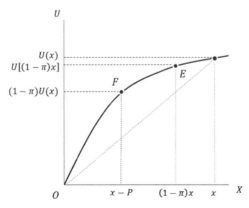

図 10-5　保険契約者の効用関数

　保険の供給側についてみてみよう。保険会社は大数の法則が有効になるように多数の顧客を対象に保険を販売すれば，損害を被る人の割合はπとほぼ一致する。

　1保険契約あたりの収入は保険料Pとしよう。損害が起こると保険金xを支払い，それ以外は何も払わないとなれば，保険会社の1人当たりの利益は，

$$P - \pi \cdot x + (1 - \pi) \cdot 0 = P - \pi \cdot x$$

となる。したがって，利潤が負にならないかぎり（$P-\pi \cdot x \geq 0$），保険会社は保険を供給することになり，保険料率はP/xとなる。保険料率が損害確率以上，つまり$P/x \geq \pi$となり，保険は供給される。

　保険会社の間で完全競争が行われるならば，保険料が引き下げられ，利潤がゼロになり，$P = \pi \cdot x$となる。つまり保険料率は損害確率と等しくなる。

$$\frac{P}{x} = \pi$$

この価格のとき，

$$(1 - \pi) U(x) < U(x - P)$$

となる。

　図10-5で示したように，$P = \pi \cdot x$のとき保険に入る場合，その選択は点Eで表される。このときの保険に入る場合の効用水準は，

$$U(x - P) = U(x - \pi \cdot x) = U[(1 - \pi)x]$$

となる。保険に入らない場合，その選択は点Fで表され，その場合の効用水準は$(1-\pi) U(x)$となる。

10-3　不完全情報

　これまでの分析では，情報は完全であると想定してきた。完全競争市場では，情報は対称的，つまり情報の完全性を前提としている。不完全競争市場では，製品の差別化が図られ，財の品質の相違があっても，寡占市場などの分析では暗黙

に消費者が完全な情報を持っていると想定している。実際に情報が不完全あるいは非対称的であるときに，どのような問題が生じるか，またそれらの問題にどのように対応するかを考える必要がある。ここで，情報の非対称性について簡単に触れておきたい。

　情報の非対称性とは，市場で取引される商品やサービスに関して，ある経済主体が他の経済主体よりも情報を多く持っている状態を指し，経済主体間で情報が非対称的に保有されていることを意味する。情報が非対称であるときの経済分析はミクロ経済学のみならず，さまざまな応用経済学の分野でも重要な役割をもっている。経済主体間の情報が非対称的であるとき，取引の対象となる相手がどのように行動するか監視できないケースと，取引の対象となる相手が提供している財はどのような品質であるのか，または相手はどのようなタイプの経済主体かよく分からないケースがある。情報の経済分析は，この不完全情報の2つのケースにかけて考察することが多い。

　ここでは，契約者の行動に関する情報の非対称性が生じた場合の相手の行動が監視できないケースでどのような問題が発生するかを考えてみよう。保険の契約を例としよう。保険は将来の不確実な悪い事件が予想されるとき，それに備えて保険料をあらかじめ振り込むことで，実際に不幸な事件が発生したときの被害を最小限度にとどめておこうというものである。しかし，モラル・ハザードが存在する場合，被災の発生件数が増加してしまう。モラル・ハザードとは，規律の喪失，倫理観の欠如した状態のことをいう。相手の行動が監視できなければ，モラル・ハザードは回避できないのである。

　被保険者のリスク回避や注意義務を阻害する例として，いくつか見てみよう。

　自動車保険の場合，保険によって交通事故の損害が補償されることにより，「軽度の事故なら保険金が支払われる」という考えが醸成され，加入者の注意義務が散漫になり，かえって事故の発生確率が高まる。

　金融の場合，金融機関の倒産に伴う連鎖倒産を防ぐため，あるいは預金保護のために行う政府の資金注入を予見し，金融機関の経営者，株主や預金者らが経営や資産運用等における自己規律を失う。1995年の信用組合の破綻はこの実例である。

　医療保険の場合，診察料の半分以上が保険で支払われるために，加入者が健康維持の注意を怠って，かえって病気にかかりやすくなる。

　こうしたモラル・ハザードの現象は保険等の事例に限らず他の経済活動では幅広く見られる。モラル・ハザードに対して政策的対応が必要であろう。モラル・ハザード対策としては，モニタリング（監視）が有効である。政策的な対応で相手の行動をよりよく監視できるようになれば，モラル・ハザードの弊害は軽減される。また，情報公開や会計監査の徹底，罰則の強化，補償額の上限の設定などの対応も必要不可欠であろう。

第 II 部

マクロ経済学

第1章

マクロ経済学とは

1-1 マクロ経済学とは

(1) ミクロ経済学とマクロ経済学

　経済学は，一般的には理論・歴史・政策の3つの分野に分類される。理論の分野は，現実における個々の経済現象間に存在する因果的関係を明らかにする部門である。そこでは，事実に基づく事柄を集め，観察し，そこからひとつの仮説を立て，その仮説が現実に当てはまるか，あるいは現実をうまく説明しているかを調べる（これを検証という）。こうして検証された仮説は，理論や法則となる。また，検証されなかった（これを反証という）仮説は棄却され，新たな仮説を模索する。このように，経済理論は経済の諸現象を客観的に分析するという意味で，「実証的」である。これに対して，経済現象を客観的に分析し，さらに「何が望ましいか」という価値判断を導入し，具体的な政策提言を行うのが，経済政策である。

　また，経済理論は，その分析方法によってミクロ的（微視的）分析のミクロ経済学と，マクロ的（巨視的）分析のマクロ経済学に分けられる。ミクロ経済学では，家計や企業などの個々の経済主体の意思決定や，需要と供給による市場の均衡メカニズムや，市場の失敗などが中心的な課題である。これに対して，マクロ経済学では，ミクロ経済学によって明らかにされた内容を前提としながら，国民経済全体に目を向け，個々の経済主体の行動結果をいくつかの代表的な変数—変数とは，測定可能な変動する値のこと—に集計して，そのマクロ経済変数の決定と，それらの間の関係を明らかにすることによって，経済現象全体を把握しようとするものである。マクロ経済学は，森の大きさや形を観察するようなものであ

るのに対して，ミクロ経済学はその森に生息している個々の樹木を観察するものである。例えば，一国の生産水準（GDP）はどのように決定されるのであろうか，インフレーションやデフレーションをどのように説明するのか，なぜ失業が生まれるのか，経済を成長させる要因は何であるのか，為替レートが変化すると貿易や国内経済にどのような影響が現れるのかなど，私たちの生活に身近な問題をマクロ経済学は取り扱っている。

　しかし，マクロ経済学のテキストを開いてみると，マクロ的な分析によって明らかにされた仮説や理論の他に，ある一定の価値判断が導入されたマクロ経済政策の分野まで説明されている。その意味では，マクロ分野では，とくに理論と政策は密接な関係にあるといっても過言ではない。だが，時代の流れにそって経済の諸条件が変化し，これまで存在しなかった新しい経済現象が現れ，人々の価値観も変化するであろう。それゆえ，その時代を支配している理論的体系の定型的なもの，すなわちパラダイム（paradigm）は転換を余儀なくされる。そして，また新しいパラダイムが誕生して，古いパラダイムにとって代わる。そのよい例が，1930年代の世界大恐慌におけるケインズ革命であり，1970年代のスタグフレーションにおけるマネタリズムや合理的期待仮説の誕生であるが，このような現象を繰り返しながら，経済学だけに限らず学問あるいは科学は進化しているといえよう。

(2)　マクロ経済学の誕生

　次に，マクロ経済学の誕生について簡単に紹介しよう。現代のマクロ経済学は，ケインズ（John Maynard Keynes, 1883-1946）が1936年に出版した『雇用・利子および貨幣の一般理論』（以下では『一般理論』と略す）によって確立されたといってもよいであろう。ケインズは，『一般理論』をマクロ経済学の啓蒙書としてではなく，その当時の正統派経済学を展開する同僚たちに向けて書いたものである。1930年代では，アダム・スミス，リカード（David Ricardo, 1772-1823）やミル（John Stuart Mill, 1806-73）の経済学の基本的な考え方である自由放任主義が継承され，マーシャルを祖とするケンブリッジ学派（あるいは新古典派経済学）が正統派経済学として一般的であった。ケインズは『一般理論』において，自由放任主義の継承した経済学の一派を「古典派」と呼び，彼らの理論の誤りを指摘し，ケインズ自身，正統派経済学からの決別を宣言したので

ある。

　ケインズに『一般理論』を刊行させた大きな要因は，1930年代の世界大恐慌である。1929年10月24日（木曜日），ニューヨーク・ウォール街での株価大暴落を契機とした世界大恐慌においては，産出量は大きく減少し，失業者も未憎悪の規模に達した。これに対して，古典派が主張することは，自由放任主義あるいは「神の見えざる手」による経済回復論を強調するか，賃金の引き下げによる雇用量の増大を展開するだけであった。ケインズは，古典派理論は労働の完全雇用を前提とした特殊な理論であると批判し，『一般理論』において不完全雇用状態と，古典派の限定的な完全雇用も包括するより一般的な理論を確立しようとした。

　なぜ失業が生ずるのであろうか。その原因は何であるのか。労働者の要求する賃金が高いから雇用されないのであろうか。失業の原因は，労働市場ではなく，別の所にあるのではないだろうか。一国の産出量はどのようにして決定されるのであろうか。総需要のひとつを構成する投資需要がなぜ少ないのであろうか。企業の投資に影響があると思われる利子率はどのようにして決定されるのであろうか。物価水準はどのように決定されるのであろうか。『一般理論』では，このような疑問に対して詳しく説明されている。また，ケインズは『一般理論』でこのような理論体系を構築すると同時に雇用増大策を提言している。これが，現代マクロ経済理論の原典であり，今日のマクロ経済学のテキストのベースとなっているといっても過言ではない。

(3)　『一般理論』後のマクロ経済学

　『一般理論』体系はヒックスの *IS-LM* 曲線によって一般化され，1950年代に入ると，ケインズ経済学はマクロ経済学の頂点に君臨し，ケインズ経済学黄金時代をむかえた。1960年代，アメリカにおいてケネディ＝ジョンソン時代になると，ケインズ経済学が政策的体系として定着し，いわゆるニュー・エコノミクスといわれた。しかし，これは新しい経済理論というよりもむしろ，それまでに蓄積されてきた理論的成果の総合的な応用という性格であり，「ケインズと新古典派理論の混合」であり，新古典派総合と呼ばれるものであった。それは，ケインズ的な総需要管理政策によって完全雇用が実現されたならば，限界革命以後の価格分析を中心とする新古典派のミクロ経済学の復活を意味している。これに貢献

した中心的な経済学者が，サミュエルソンである。

　しかし，1970年代に入ると，とくに1973年の第1次石油危機以降，高度成長は破綻し，景気の後退と物価上昇が同時に進行するスタグフレーションという，資本主義経済は新しい病に侵された。そのため，「ケインズ政策がスタグフレーションを引き起こした」とか「ケインズ政策は役に立たなくなった」とか，ケインズ理論の有効性に対して疑義が唱えられるようになった。その批判の先鋒になったのが，シカゴ大学のフリードマン（Milton Friedman：1912-2006）に代表されるマネタリストと呼ばれるグループである。マネタリストの主張は，政府が行うケインズ政策が逆に経済を攪乱させるので，市場経済の自動調整能力に委ねるのが望ましいと主張した。これは，ケインズが『一般理論』の中で批判した古典派理論の復活であり，ケインズ反革命と呼ばれた。このような論争の中で，レイヨンフーブッド（Axel Leijonhufvud：1933-）は，『ケインジアンの経済学とケインズの経済学』（1968年）において，「ケインズの経済学」（『一般理論』体系）と *IS-LM* モデルを中心とした「ケインジアンの経済学」とは峻別すべきであり，機能不全を起こしているのは「ケインジアンの経済学」である，と警鐘をならした。

　また，1970年代から80年代にかけて，フリードマンの影響を受け，マネタリストよりもさらに急進的な，ルーカス（Robert Lucas：1937-）やサージェント（Thomas John Sargent：1943-）らによる合理的期待仮説や「新しい古典派」と呼ばれるグループも登場した。これによって，新古典派総合によるケインズ経済学と新古典派理論の共存する世界は遠くに追い遣られた。

　また1980年代になると，アメリカではレーガン大統領，イギリスではサッチャー首相の時代をむかえ，需要サイド重視のケインズ経済学に対して，供給サイドを重視するサプライサイド経済学が注目されるようになった。このような潮流の中で，ケインズ経済学にミクロ的な基礎付けをした「新しいケインズ経済学」あるいは「ニュー・ケインジアン」が誕生した。

　このように，マクロ経済学は，基本的には，政府は市場に介入すべきか否かという問題について，大きく2つのグループがある。そのひとつが新古典派理論における市場の価格調整メカニズムに信頼をおくグループであり，いまひとつが，市場の価格調整メカニズムは十分機能しないので，政府は市場に必要に応じて市場に介入した方が経済はよりよく機能すると信じているグループである。

1-2 マクロ経済学の分析ツール

(1) 静学と動学

　経済現象をマクロ経済変数として捉え，それを一般化あるいは抽象化し表現したものを，経済モデルという。換言すれば，経済モデルとは，2つあるいはそれ以上のマクロ経済変数の間に関数関係が存在するとき，これらの関数を組み立て，あるひとつの集合で表したもの，ということができる。例えば，社会全体の総需要が消費需要と投資需要から構成されているとき，消費支出が国民所得水準に依存するとすれば，消費と国民所得との関係は消費関数として表すことができる。また，投資が利子率の高さに依存するのであれば，両者の間に投資関数が存在する。また，ある与えられた条件のもとで総需要の大きさが決められ，社会全体の産出量，すなわち総供給の大きさが決定されるのであれば，その値が均衡値（あるいは均衡状態）となる。それゆえ，均衡とは，すべての変数が変動しないこと，あるいはこれらのマクロ経済変数に変動をもたらすような圧力が存在しないことを意味する。

　このように，経済変数が与えられたとき，ある一定の条件のもとでその均衡値を求めるような分析，あるいは，均衡状態だけに関心を限定した経済分析を静学という。それゆえ，マクロ的経済変数が変化し新しい均衡値が得られたとすれば，変化する前の均衡値と新しい均衡値を単純に比較することができる。このような分析を比較静学（分析）という。経済全体の静止写真を撮ることができるならば，比較静学は，最初の均衡値の写真と新しい均衡値の写真を比較するようなものである。

　これに対して，不均衡状態にある体系の動きを対象とした研究が動学である。換言すれば，動学とは，時間の概念を導入しマクロ経済変数の運動あるいは変化率を取り扱う研究である。それゆえ，変動している経済現象を，それが前後の調整と関連があるように考え，ある初期の攪乱から生ずるマクロ経済変数の時間経路を分析することを動学分析という。例えば，最初の均衡産出量（あるいはGDP）と変化後の均衡産出量―増加分―を比較するのが比較静学であるのに対して，動学分析は，ひとつの均衡状態から他の均衡状態への経済変数の動きの研究であるが，むしろ，本質的に不均衡状態にある産出量が時間の変化とともに変

化する経済─産出量の変化率─を分析するものである。

(2)　ストックとフロー

　マクロ経済変数を分析するとき，フロー（flow）の変数とストック（stock）の変数を区別することが重要である。フロートは「ある一定期間内における経済活動の成果」を表すのに対し，ストックは「ある一時点における経済成果の存在量（蓄積量）」を意味している。例えば，企業が生産を増加させるために，ある年に新しい機械・設備を何台か導入したとしよう。これが，フロー概念の投資である。この投資によって，その期末に「使用可能な」機械・設備が何台存在しているか，これがストック概念の資本ストックと呼ばれるものである。「使用可能な」というのは，その期間中に減価償却された機械があれば，それは，資本ストックに含まれないからである（投資については第4章で詳述する）。また，マネーサプライ（貨幣供給量）はストックであるが，消費支出や取引額はフローである。

　投資の概念と同じように，貯蓄はフローであるが，その蓄え（資産）はストックである。例えば，毎月1万円ずつ貯蓄をすれば，1年間で12万円になる。しかし，その年の途中で5千円引き出せば，期末では11万5千円になる。これが蓄え（ストックの貯蓄額あるいは貯蓄残高）である。

　このように，マクロ経済学ではマクロ経済変数にはフローとストックを明確に区別し議論しなければならない。そして，マクロ経済学では，マクロ経済変数のフローとフローの関係，フローとストックの関係，ストックとストックの関係が取り扱われている。例えば，個人消費率は所得に対する消費支出の割合であるからフローとフローの比率であるが，個人貯蓄率は貯蓄残高と所得の比率であるストックとフローの間の比率で示されている。

(3)　名目と実質

　マクロ経済学を理解するうえで，重要な概念に「名目」と「実質」がある。これらは，日常生活のニュースなどでしばしば耳にすることばである。例えば，名目GDP・実質GDPあるいは名目成長率・実質成長率などが，それである。では，名目・実質とは何を意味しているのであろうか。名目とは，ある経済指標をそれが計測された時点の価格で評価されたものを表しているのに対して，実質

とは，ある経済指標の名目値を物価水準の変化を考慮して調整したものをいう。名目値と実質値を区別しなければならない理由がある。それは，例えば，給料が20％アップしたとき物価水準が30％も上昇したならば，賃金の名目値が増加しても実質値が下落し財・サービスの購入可能量が減るような現象が起きるからである。それゆえ，名目と実質を明確にして議論する必要がある（これについては，第2章で詳述する）。

第2章

国民所得の諸概念と物価

2-1　付加価値と国内総生産

(1)　国民経済計算

　一国の経済活動の成果は，国連加盟国の経済状況が国際比較できるように，国連による共通の基準（モノサシ）に基づいて記録されている。その国際的な基準は，「国民経済計算」あるいは「国民経済計算体系」(System of National Accounts：SNA) と呼ばれ，その基準に基づいて，一国の経済状況について，生産，消費，投資といったフロー面や，資産，負債といったストック面が体系的に記録されている。とりわけ，1980 年代に入り，経済社会のグローバル化や情報化の進展，さらに金融機関や金融市場の多様化・複雑化など，経済環境の大きな変化に対応するために，1993 年に新たな国民経済計算の基準が設定された。これが「1993 年国民経済計算体系」(System of National Accounts 1993) であり，略して93SNA という。また，現在の国民経済計算は，平成 21 年に国連において採択された国際基準（2008SNA）に基づいて記録されている。以下では，これらの基準にもとづいて，国内総生産 (Gross Domestic Product：GDP) やGNP（国民総生産：Gross National Product）などを計算する基本的な考え方を説明しよう。

(2)　国内総生産（GDP）

　私たち国民がより快適な日常生活を送るためには，様々な財・サービスが必要である。それに応えるために，企業や政府は，一定の技術のもとで生産要素（土地・労働・資本）を結合し，原材料を投入して財・サービスを産出する。そ

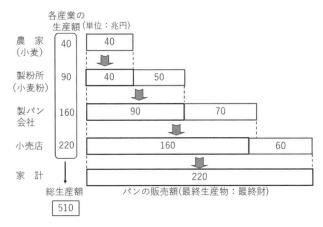

図 2-1　GDP 計算の仮設例

　の成果を測定する際の中心的な概念が，国内総生産（Gross Domestic Product：GDP）である。GDP は，その経済が，国内における生産要素を用いて，通常 1 年間の経済活動の結果，生み出したすべての最終財とサービスの価値を市場価格で測定したものである。

　ここで，簡単な数値を用いて GDP を説明しよう。ある経済が，小麦を生産する農家，農家から小麦を買い小麦粉を作る製粉所，小麦粉を製粉所から買いパンを焼く製パン会社，そして，出来上がったパンを仕入れ販売する小売店の 4 主体から構成され，図 2-1 のような経済活動が行われるものとしよう。まず，農家は小麦 40 兆円を生産し，これを製粉所にすべて売却して所得 40 兆円を得る。小麦の生産には肥料や農薬など原材料（これを中間財と呼ぶ）を要していないとすると，この 40 兆円は農家の生産の純成果であり，これを付加価値（value added）という。付加価値とは，このように，経済活動の純成果として原材料に付加された新たな価値のことであり，換言すれば，原材料費と生産額との差でもある。次に，製粉所は，農家から小麦 40 兆円を購入し，小麦粉を 90 兆円生産する。この 90 兆円のうち，40 兆円は原材料であるから，製粉所の付加価値は 50 兆円である。さらに，製パン会社は，製粉所から小麦粉 90 兆円を購入してパンを 160 兆円生産するから，製パン会社の付加価値は 70 兆円となる。最後に，小売店は，製パン会社からパンを 160 兆円仕入れて 220 兆円の販売額があるので，小売店の付加価値は 60 兆円となる。

　このような経済活動の結果生じた各産業の付加価値を合計すると，220兆円となる。これが，国内総生産（GDP）である。またこの数値例では，この220兆円は最終生産物であるパンの販売額と同額になっている。

　ここで注意しなければならないのは，各産業の生産額，すなわち農家の40兆円，製粉所の90兆円，製パン会社の160兆円，小売店の220兆円の合計である総生産額の510兆円はGDPではない。なぜならば，510兆円の中には，小麦や小麦粉のように，次の生産のための原材料として用いられる中間財が含まれ，しかも，これら中間財は各段階の生産において二重に計算されているからである。したがって，GDPは，総生産額からこれら中間財の投入額を差し引いたものとなる。すなわち，

$$\text{GDP} = 総生産額（510）- 中間財（290）= 220（兆円）$$

である。改めてGDPを定義すれば，GDPとは，当該国の国内領土において，その国に存在する生産要素を用いて，ある一定期間（通常，1年間）に作り出された付加価値の合計のことである。ここで，「国内領土」とは，ある国の領土から当該国に所在する外国政府の公館や軍隊を除いたものに，領土外に所在する当該国の公館や軍隊をくわえたものである。これは，いわゆる当該国の政治的領土を指し，国内という概念は，その国内領土に居住する経済主体を対象として，主として生産活動に関連した概念である。それゆえ，例えば，わが国内に存在する外国企業は，わが国の国内領土において生産活動を行っているので，国内という概念に該当する。また逆に，わが国企業の海外支店等が作り出した付加価値は国内概念には含まれない。

2-2　国民所得の諸概念

(1)　国民総生産（GNP）・国民総所得（GNI）

　「国内」が国内領土に居住する経済主体を対象とする概念に対して，当該国の居住者主体を対象とする「国民」という概念がある。今日では，海外に生産要素を提供し，その報酬を受け取る金額が多くなっている。例えば，日本企業の海外投資が多くなれば，その配当金や金利などの要素所得が多くなるから，国内だけの付加価値の計算だけでは，国民の所得を把握することはできないのである。そ

こで，海外からの要素所得の受取りを GDP に加算し，逆に，海外への要素所得の支払いを GDP から差し引く必要がある。そこで，

　　　GDP ＋海外からの要素所得の受取り－海外への要素所得の支払い
　　＝ GDP ＋海外からの純要素所得の受取り
　　＝ GNP（国民総生産：Gross National Product）

という関係が成り立つ。すなわち，GNP とは，国内であれ国外であれ，当該国の居住者主体が作り出した付加価値の合計である。ただし，現在（2008SNA 基準）では，当該領土内に 6 か月以上（93SNA 基準では 1 年以上）居住する個人の場合，国籍のいかんを問わず，当該国の居住者とみなされる。また，一般に，国外に 2 年以上居住する個人は非居住者とされる。この GNP は，海外からの純要素所得の受取りを加えたものであるから，分配面から把握された付加価値の合計である（分配面については，後の「三面等価の原則」で詳述する）。以前は，日本の景気を測定する指標として，主として GNP が用いられていたが，現在では国内の景気をより正確に反映する指標として GDP が重視されている。また，93SNA の導入に伴って，GNP の概念に代わり，同様の概念として GNI（Gross National Income：国民総所得）が新たに導入された。

⑵　国内純生産（NDP）

　前述したように，一国の付加価値の合計を計算するとき，「国内」概念と「国民」概念を区別することに注意しなければならない。また，付加価値を定義するとき，「総」（Gross）の「純」（Net）の概念があることに触れておく必要がある。「グロス」（Gross）とは，本来，「目が粗い」という意味である。これに対することばが「ネット」（Net），すなわち「純」であり，「正味の」という意味を持っている。国民経済計算における「純」とは，生産に使用する機械・設備などの資本ストックに対して生じた，価値の減耗分の評価額，すなわち固定資本減耗（会計用語では，減価償却という）を差し引いた金額のことである。したがって，前述の国内総生産も国民総生産も「総」（Gross）の概念であるから，資本減耗分を控除する前の金額である。そこで，国内総生産から固定資本減耗分を控除すれば，正味の付加価値の合計となる。これが，国内純生産（Net Domestic Product：NDP）である。すなわち，

$$NDP = GDP - 固定資本減耗$$

である。また，国民総生産 GNP から固定資本減耗を控除したものが，国民純生産（Net National Product：NNP）である。

　固定資本減耗は，資本ストックの価値減耗の物的な表示ではなく価値表示であるから，その計算は複雑である。しかし，例えば，個人タクシーの経営者が，1台500万円の車を購入し，10年後にその車を買い直すとしたならば，1年間の固定資本減耗は単純に50万円になるが，彼が意図的に5年でその車を廃棄するようなことがあれば，1年あたりの固定資本減耗は100万円となる。このように，もし企業が恣意的で加速度的な減価償却を行えば，国内純生産 NDP は減少し，労働者への分配分の減少を通じて消費需要に重大な影響を及ぼすかも知れない。このような減価償却を，J. M. ケインズは『一般理論』の中で堅実金融主義と呼んでいる。

(3)　市場価格表示・要素費用表示

　国内総生産 GDP や国内純生産 NDP や国民総生産 GNP などは，すべての財・サービスの市場価格で評価されているために，財・サービスに課せられる間接税の額だけ市場価格はより高く評価される。それゆえ，もし間接税が引上げられたならば，GDP や NDP などはその分だけ増加する。また逆に，政府から企業などに補助金が交付されたならば，GDP や NDP などがその分だけ小さく評価される。このように付加価値の合計が市場価格によって評価されているものを市場価格表示という。したがって，生産活動に参加した生産要素の純貢献の大きさを知るためには，国内純生産 NDP や国民純生産 NNP などから間接税と控除し補助金を加算する必要がある。この間接税－補助金を純間接税と呼ぶ（93SNA 上の正式な用語は，「生産・輸入品に課される税（控除）補助金」である）。このようにして計算された付加価値の合計を，要素費用表示の国内所得（Domestic Income：DI）という。すなわち，

国内所得（要素費用表示）＝市場価格表示の国内純生産 NDP －（間接税－補助金）
＝国内純生産－純間接税

である。また，要素費用表示の国民所得（National Income：NI）は，以下のよ

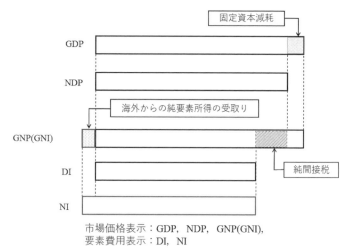

市場価格表示：GDP，NDP，GNP(GNI)，
要素費用表示：DI，NI

図2-2　国民所得の諸概念

うに定義できる。

　　国民所得（要素費用表示）＝市場価格表示の国民純生産 NNP －純間接税

あるいは，

　　　　国民所得（要素費用表示）
　　　　＝要素費用表示の国内所得＋海外からの純要素所得の受取り

となる。これらの集計概念をまとめたものが，図2-2である。

2-3　マクロ経済循環

⑴　経済循環

　次に，マクロ経済における貨幣の流れに目を向けよう。経済がグローバル化し
複雑になっているが，経済主体を，家計部門，企業部門，政府部門の3つに限定
した封鎖経済モデルを想定し，経済主体間での貨幣の流れを簡単に描くことがで
きる。

　図2-3に示したように，家計は，主に労働・資本などの生産要素を企業に提供
し，その対価を受取る。これが要素所得（あるいは生産要素所得）の受取りであ

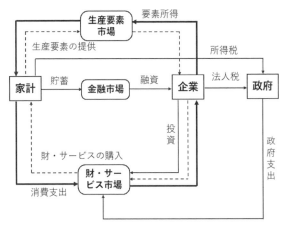

図2-3　単純化されたマクロ経済循環

る。家計は，受取った所得からそのほとんどを財・サービスの購入に支出する。このように家計が消費支出することによって，貨幣が企業の方へ戻される。この貨幣の流れは，例えば，企業を人間の体の心臓と喩えれば，要素所得の受取り（あるいは支払い）は心臓から大動脈を通って流れ出る血液であり，消費支出は大静脈を通って心臓に戻る血液に相当する。この流れが，図2-3の中では太い線で描かれている。それゆえ，所得から消費支出した残りである貯蓄は，財・サービスの購入として企業に戻らない貨幣であるから，大きな循環からの「漏れ」となる。

　他方，企業は家計部門から提供された労働・資本などの生産要素を組み合わせ，また他の企業から原材料を購入し，財・サービスを生産する。また，企業の生産活動において必要な機械・設備を他の企業から購入している。これが投資である。この投資は，貨幣の大きな循環（図中の太い線）から見れば，循環への「注入」である。「漏れ」と「注入」をリンクしてくれるのが，金融機関（あるいは広い意味での金融システム）の役割である。したがって，貯蓄が多く投資が少ない場合には，循環からの漏れが多くなり，財・サービスに対する需要が不足するので，経済は停滞するであろう。その意味では，投資も総需要を構成する重要なファクターであり，家計部門（あるいは黒字部門）の貯蓄と企業の投資を仲介する，金融機関は重要な役割を担っている。

　政府は，家計部門・企業部門から所得税や法人税などを徴収し，その収入で公

共財の提供や所得の再分配などの政府支出を行っている。政府の財政活動に伴う貨幣の流れは，財政政策と強い繋がりがあり，重要な側面を有している。

このように，3つの経済主体間で貨幣が人間の血液の循環のように還流している。これを経済循環（あるいは経済循環図）という。

⑵ 封鎖経済における経済循環

ここで，上で概観した経済循環図に簡単な数値を当てはめてみよう。いま経済全体の付加価値の合計，すわわち総供給（あるいは国内総生産）が100とする。これ対して課税され，すなわち法人税が5とすれば，要素所得の支払いは95になる。しかし，家計部門の要素所得の受取りに対して所得税（10）が課税されたならば，いわゆる可処分所得は85となる。それゆえ，家計部門は，85の可処分所得から財・サービスの購入（消費支出）に60を使い，残りの25を金融機関等に貯蓄するとしよう。

他方，企業は，金融機関から20を借入れ投資財の購入に支出する。また，政府は，税収の15（法人税5＋所得税10）に対して20の支出を行うとすれば，財政赤字が5発生するので，それを賄うために国債（5）を発行したとしよう。

このような貨幣の流れがあると，総供給（100）に対して，消費支出（60）＋投資（20）＋政府支出（20）の合計100の支出あるいは総需要となっており，総供給＝総需要の関係が統計上では成り立っていることがわかる。また，貯蓄（25）

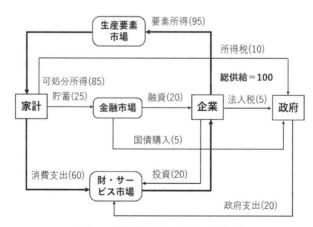

図2-4　封鎖経済モデルのマクロ経済循環

に対して投資（20）の方が少なく，すなわち「漏れ」が「注入」を超過している
が，政府支出の赤字分（税収20に対する政府支出25）がそれを補う形になって
いる。

⑶　開放経済における経済循環

　次に図2-5において，海外活動部門を導入した開放経済モデルにおける経済循
環を描いてみよう。図2-4と同様に，総供給＝100，法人税＝5，要素所得＝95，
所得税＝10とすれば，家計の可処分所得は85となる。そのうち，60を消費に支
出すれば，貯蓄は25となる。貯蓄25のうち，企業の投資資金として15が融資
され，企業はその資金で投資財を15購入している。また，貯蓄25のうち，5が
国債の購入にあてられ，残りの5が海外に投資（資本の輸出）されている。政府
は，税収15と国債発行による資金5の合計20を支出している。また，この経済
では，貿易・サービス収支の黒字が5だけ発生している。

　このような経済循環において，以下のような関係が成り立つであろう。

$$\text{総供給（100）} \equiv \text{消費（60）} + \text{投資（15）} + \text{政府支出（20）}$$
$$+ \text{貿易・サービス収支黒字（5）} \equiv \text{総需要（100）}$$

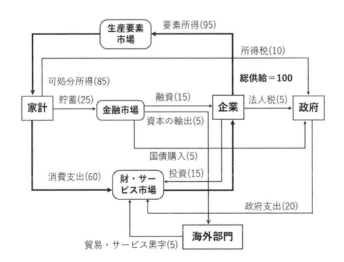

図2-5　開放経済モデルのマクロ経済循環

2-4　帰属計算

　GDP は，原則として，実際に市場で取引された財・サービスを市場価格で評価して計算される。例えば，勤労世帯の家計がスーパーマーケットで買ったお米であれば，その市場価格で計算される。しかし，もしお米の生産者である農家がお米を自家消費した場合，市場で取引されていないので，GDP の計算に含められないのであろうか。もしそうなれば，GDP は過小評価されることになり，付加価値の生産が適切に評価されなくなる。

　そこで，国民経済計算の特有な計算方法として，財・サービスの提供ないし享受に際して，実際には市場でその対価の受払いが行われなかったのにもかかわらず，それがあたかも行われたかのように「みなし」て擬制的に取引計算を行うものがある。このような計算を帰属計算という。また，このような擬制的な価値を帰属価値という。帰属計算の代表的なものとして，持ち家に係わる帰属家賃が挙げられる。賃貸住宅に住んでいる人は，住宅サービスへの対価として家主に家賃を支払っている。ところが，持ち家に住んでいる人は家賃の支払は生じない。持ち家が増加すれば，家賃収入が減少するので GDP は減少することになる。

　このように，市場で取引されていなくても帰属計算に基づいて GDP に含まれるものもあれば，含まれないものもある。例えば，家政婦を雇い洗濯・炊事・掃除といった家事労働を行ってもらったり，育児や介護をしてもらったりすれば，当然，賃金を支払わなくてはならない。したがって，これは付加価値の発生であるから，GDP の計算に含まれる。しかし，これらの家事労働を専業主婦が行っても，所得は発生しない（このような所得が発生しない労働を無償労働という）。では，家事労働は，帰属計算として GDP に含まれるのであろうか。無償労働も社会的分業の一部をなし重要であることは確かであろうが，その貨幣評価の方法が複雑であることから，専業主婦（あるいは最近の現象である主夫）の家事はGDP の計算には含まれないのである。

2-5　三面等価の原則

(1)　分配面からみた GDP

　図2-1でみたように，農家では40兆円，製粉所では50兆円，製パン会社では70兆円，小売店では60兆円の付加価値が作り出された。これらの生産活動に参加した経済主体が，労働者であれば賃金，土地を提供していれば地代，また資本を提供していれば利子のように生産要素の提供に対する対価，すなわち要素所得を受取る。

　付加価値は，まず誰に何らかの形で分配されるが，この所得を国民経済計算では第1次所得と呼んでいる。第1次所得とは，「生産過程への参加または生産に必要な資産の所有の結果として発生する所得」と定義され，これらは家計や企業や政府の所得として分配される。労働を提供した雇用者への分配分は雇用者所得（93SNA上の正式用語は，「雇用者報酬」）として，企業部門にはその利益である営業余剰（93SNA上の正式用語は，「営業余剰・混合所得」）として，また一般政府に対しては純間接税（間接税－補助金：93SNA上の正式用語は，「生産・輸入品に対する課税－補助金」）として分配される。因みに，営業余剰は，個人企業の場合は混合所得として区分されている。このように，GDPを分配面からとらえた場合，以下のようなに定義することができる。

$$GDP＝雇用者所得＋営業余剰＋（間接税－補助金）＋固定資本減耗$$

これが，分配面からみたGDPである。

(2)　支出面からみた GDP

　また，各経済主体が受け取った所得は，何らかの形で支出される。これが，支出面からみたGDPであり，国内総支出（Gross Domestic Expenditure：GDE）と呼ばれている。この国内総支出は，民間最終消費支出，政府最終消費支出，国内総固定資本形成，在庫品増加，財・サービスの純輸出から構成させている。すなわち，

$$国内総支出＝民間最終消費支出＋政府最終消費支出＋国内総固定資本形成$$
$$＋在庫品増加＋財・サービスの純輸出$$

と定義される。民間最終消費支出は，家計部門と，学校，労働組合，NGOなど
の対家計民間非営利団体の財・サービスの購入である。政府最終消費支出は，政
府の公共サービスが企業のような営利目的の活動ではないため，それを提供する
ために要した費用から計測されたものである。固定資本形成は，民間部門と公的
部門から構成されるが，土地，建物，機械などの固定資本に対する支出である。
在庫品増加（あるいは在庫変動）は，生産者が行う在庫品の積増しと取崩しを，
それぞれの時点で評価したものをいう。また，在庫品増加には民間部門以外に，
国の原油備蓄や備蓄米などの公的在庫がある。また，国内総固定資本形成と在庫
品増加を加えたものを，総資本形成という。

　このように，産出された付加価値の合計は，誰かの所得として分配され，そし
て支出されるので，事後的（統計上）には，

生産面からみた GDP ≡ 分配面からみた GDP ≡ 支出面からみた GDP（GDE）

という関係が成り立つ。この恒等関係を三面等価の原則という。

2-6　三面等価は「事後的」な原則

　この三面等価の原則をみる限りでは，生産されたモノが，売れ残ることなくす
べて売りつくされているように思われる。しかし，現実には，総供給が総需要よ
りも多く在庫が発生することもあれば，その逆に，総需要が総供給を上回り，手
持ちの在庫を取崩すことも起こり得るであろう。三面等価の原則は，事後的な国
民経済計算上での処理によって，恒等関係が成り立っているに過ぎない。

　例えば，いま消費財が80売れると予測し80生産し，投資財が20売れると予
測し20生産したとする。この合計が総供給100となる。しかし，実際の需要
は，消費財に対しては70，投資財については15しか売れなかったとすれば，消
費財，投資財の売れ残りがそれぞれ10と5生じる。このように，総供給100に
対して，現実の需要の合計は85であるから，事前においては必ずしも総供給＝
総供給は成立しない。しかし，事後的には，現実の需要85と意図せざる在庫の

増加 15 を合計した 100 は，総供給に等しくなる。これが，三面等価の考え方である。

　以上のことを，国民経済計算の用語を用いて説明すれば，現実の投資財の需要 15 が国内総固定資本形成であり，消費財 10 と投資財 5 の売れ残りが在庫品増加となる。また，これら 2 つを合計したものが総資本形成であり，事後的な「広い意味での投資」である。したがって，総需要には次のような関係が成り立つ。

$$総需要100 = 消費需要70 + 投資需要15 + 在庫品増加15$$
$$= 消費需要70 + 国内総固定資本形成15 + 在庫品増加15$$
$$= 消費需要70 + 総資本形成30$$

それゆえ，総供給 100 ＝総需要 100 となる。

2-7　*IS* バランスと財政収支・貿易サービス収支

　次に，財・サービスの輸出入を導入して，三面等価の原則をみてみよう。上述したように，

$$総供給 \equiv GDP（Y）+ 輸入（IM）$$
$$総需要 \equiv 消費（C）+ 投資（I）+ 政府支出（G）+ 輸出（EX）$$

とすれば，

$$Y + IM \equiv C + I + G + EX \tag{2.1}$$

あるいは，

$$Y \equiv C + I + G + (EX - IM) \tag{2.2}$$

という関係が成り立つ。ただし，ここでの投資（I）は，事後的な広い意味での投資である。また，左辺の GDP（Y）は，三面等価の原則によって，国内総支出 GDE に等しい。

　ところで，所得（Y）は，その一部が徴税（T）された後，消費（C）されるか貯蓄（S）されるであろうから，次式のように示される。

$$Y \equiv C + S + T \tag{2.3}$$

(2.2) 式と (2.3) 式より,

$$C + S + T \equiv C + I + G + NX \tag{2.4}$$

となる。ただし,NX＝純輸出（$EX-IM$）である。(2.4) 式の両辺から消費 (C) を引き,整理すると次式を得る。

$$S - I \equiv (G - T) + NX \tag{2.5}$$

この (2.5) 式の左辺は,民間貯蓄超過を表し,右辺の第1項は財政赤字,第2項は貿易・サービス収支黒字を表している。この恒等関係をISバランス（あるいはISバランス式）という。例えば,民間貯蓄超過と貿易・サービス収支がプラスの値ならば,財政赤字が生じていることがわかる。この関係は,図2-5の数値で確認することもできる。

総供給 $Y(100) \equiv C(60) + S(25) + T(15) \equiv C(60) + I(15) + G(20) + NX(5)$
$\equiv$ 総需要 (100)
$$S(25) - I(15) \equiv (G(20) - T(15)) + NX(5)$$

また,財政収支と貿易・サービス収支の両方が赤字で,かつ貿易・サービス収支の方の赤字が大きい場合,右辺はマイナスになるから,経済は投資超過になる。財政赤字と貿易・サービス収支の赤字が共存する経済を「双子の赤字」といい,1980年代にアメリカで顕在化した。

2-8 物価水準

　物価水準を測る指標には,最終財・サービス全体の価格変化を測るGDPデフレーター,消費財の価格変化を測る消費者物価指数,企業間で取引される財・サービスの価格の変化を測る企業物価指数がある。

(1) 名目GDPと実質GDP
　いま,リンゴとミカンだけが生産され販売されている財市場を例にとり,名目

GDP と実質 GDP の計算の基本的な考え方を示してみよう。表 2-1 には，基準年（0 年次）と比較年（1 年次）におけるリンゴとミカンの 1 個当たりの価格と生産量と生産額が示されている（ただし，ここでは売れ残りはないものとし，生産額＝販売額とする）。

表 2-1　物価指数計算の仮設例

	基準年（0 年次）			比較年（1 年次）		
	価格	生産量	生産額	価格	生産量	生産額
リンゴ	100 円	200 個	20,000 円	110 円	300 個	33,000 円
ミカン	80 円	300 個	24,000 円	100 円	250 個	25,000 円

　この表から，基準年の名目 GDP は，

リンゴの生産額（100 円 × 200 個）＋ ミカンの生産額（80 円 × 300 個）＝ 44,000 円

となる。基準年のリンゴの価格 ＝ P_0^1，生産量 ＝ Q_0^1，また基準年のミカンの価格 ＝ P_0^2，生産量 ＝ Q_0^2 とし，財が n 種類あるとすれば，基準年の名目 GDP は，次のように示される。

$$P_0^1 Q_0^1 + P_0^2 Q_0^2 + \cdots + P_0^n Q_0^n$$

また同様に，比較年の名目 GDP は，

リンゴの生産額（110 円 × 300 個）＋ ミカンの生産額（100 円 × 250 個）＝ 58,000 円

となる。それゆえ，比較年のリンゴの価格 ＝ P_1^1，生産量 ＝ Q_1^1，また比較年のミカンの価格 ＝ P_1^2，生産量 ＝ Q_1^2 とし，財が n 種類あるとすれば，比較年の名目 GDP は，次のように示される。

$$P_1^1 Q_1^1 + P_1^2 Q_1^2 + \cdots + P_1^n Q_1^n$$

このように，名目 GDP は，実際に市場で取引された価格と生産量に基づいて計算された生産額の合計となる。したがって，生産物価格を P_t^i，生産量を Q_t^i すれば（ただし，i は品目），t 年（あるいは年度）の名目 GDP は，次式のように示される。

$$\sum P_t^i Q_t^i \quad \text{ただし，} i = 1, 2, \cdots n$$

ところで，生産量が変化しなくても，例えば価格が2倍に上昇すれば，名目GDP は2倍に増加する。そのため，価格の変化を除去した実質ベースで GDP を計算する必要がある。そこで，異なる期間に生産されたすべての財・サービスを同一の価格で評価し，異なった期間の物的生産量の変化を明らかするのが，実質値である。

　いま，上述の表 2-1 の数値を用いて，前年を基準年とし，その年の価格を基準価格として比較年の実質 GDP を求めると，次のようになる。

リンゴの生産額（100 円 × 300 個）＋ミカンの生産額（80 円 × 250 個）= 50,000 円

リンゴの基準価格 = P_0^1，比較年の生産量 = Q_1^1，ミカンの基準価格 = P_0^2，比較年の生産量 = Q_1^2 とし，財が n 種類あるとすれば，比較年の実質 GDP は，

$$P_0^1 Q_1^1 + P_0^2 Q_1^2 + \cdots + P_0^n Q_1^n$$

となるから，生産物の基準価格を P_0^i，生産量を Q_t^i すれば，t 年（あるいは年度）の実質 GDP は，次式のように示される。

$$\sum P_0^i Q_t^i \quad \text{ただし，} i = 1, 2, \cdots n$$

このように，実質 GDP は，比較年の価格が基準年の価格と変わらなかったした時の生産額である。

(2)　GDP デフレーター

　GDP デフレーターとは，最終財・サービス全体の価格水準を測ったものであり，t 年の名目 GDP をその年の実質 GDP で割ったものである。

$$\text{GDP デフレーター} = \frac{\sum P_t^i Q_t^i}{\sum P_0^i Q_t^i} \times 100$$

これは，t 年に生産された財を，t 年における価格で購入した場合の金額と，基準年の価格で同じ量だけ購入した場合の金額の比率でもある。したがって，基準年の物価指数を 100 としたとき，比較年の物価がどれほど変化しているかがわか

る。それゆえ，表 2-1 の数値例での比較年の GDP デフレーターは，

$$\frac{58,000}{50,000} \times 100 = 116$$

となり，変化率でいえば，16% の物価上昇になっていることがわかる。このように比較年の数量を基準として求める計算方式をパーシェ方式といい，またこれによって求められた指数をパーシェ指数という。

(3)　消費者物価指数

　消費者が購入する消費財の小売価格とサービス料金の変動を示す指数が，消費者物価指数（Consumer Price Index：CPI）である。指数品目は，家計支出上重要で，価格が継続して調査できる財・サービスが選ばれている。しかし，それらの品目は，5 年に一度見直され，時代とともに変化している。例えば，2010 年には，メモリーカード，高速バス，紙おむつ（大人用），電子辞書などが追加されたのに対して，やかん，フィルム，テレビ修理代などが廃止品目となった。またその 5 年後の 2015 年には豆乳，空気清浄機，マスク，補聴器などが追加されたが，電気アイロン，浄水器，あずきなどが削除されている。

　表 2-1 の数値を使って，消費者物価指数を計算してみよう。比較年に，基準年と同じ量だけリンゴとミカンを購入すると，どれだけの支出になるかを計算してみると，

リンゴの購入額（110 円 × 200 個）＋ ミカンの購入額（100 円 × 300 個）＝ 52,000 円

となる。この金額は，基準年と同じ量のリンゴとミカンを購入すると，比較年では 8,000 円の支出増加になっていることを意味する。そこで，基準年の物価 ＝ 100 とすれば，比較年の消費者物価指数は，

$$\frac{52,000}{44,000} \times 100 = 118 \quad （小数点以下は四捨五入）$$

となる。

　ここで，リンゴの基準価格 ＝ P_0^1，リンゴの基準年の購入量 ＝ Q_0^1，ミカンの基準価格 ＝ P_0^2，ミカンの基準年の購入量 ＝ Q_0^2 とすれば，基準年のリンゴとミ

カンの購入金額は,

$$P_0^1 Q_0^1 + P_0^2 Q_0^2$$

となる。また，リンゴの比較年の価格 $= P_1^1$，リンゴの基準年の購入量 $= Q_0^1$，ミカンの比較年の価格 $= P_1^2$，ミカンの基準年の購入量 $= Q_0^2$ とすれば，比較年に基準年と同じ量のリンゴとミカンを購入としたときの購入額は,

$$P_1^1 Q_0^1 + P_1^2 Q_0^2$$

となる。

　そこで，生産物の基準価格 $= P_0^i$，基準年の生産量 $= Q_0^i$，比較年の価格 $= P_1^i$ とすれば，比較年の消費者物価指数は,

$$消費者物価指数 = \frac{\Sigma P_1^i Q_0^i}{\Sigma P_0^i Q_0^i}$$

として計算される（分母の金額は，基準年の名目 GDP である）。このように，比較年の購入額が，基準年と同じ量だけ購入した場合，どれだけ増加あるいは減少したかを，比較年の価格をもとに計算する方法をラスパイレス方式といい，また，このようにして求められた指数をラスパイレス指数という。

(4)　企業物価指数

　消費者物価指数と同様に，ラスパイレス方式で計算されるものに企業物価指数（Corporate Goods Price Index：CGPI）がある。これは，企業間で取引される財の価格変動を表したものであり，2002 年までは卸売物価指数と呼ばれていた。この企業物価指数は，明治政府が「通貨価値の測定」を目的としてスタートしたものであるが，今日では日本銀行が，商品の需給動向を敏感に反映する取引価格の動向を調査し，景気分析あるいは金融政策を判断するための重要な材料のひとつとして活用している。また，原材料費の変化が財・サービスの製造原価に影響し，それが小売価格に転嫁されるであろうから，その意味で企業物価指数は消費者物価指数の変化に対して先行性を有している。

第3章

均衡国民所得と乗数

3-1 財市場における不均衡と調整

　前章でみたように，財市場で供給されている財・サービスが，国内で生産されたモノと輸入されたモノの2種類だけとすれば，前者が国内総生産（GDP）Yであり，後者が輸入IMであるから，その合計が，その経済全体の総供給（Aggregate Supply：AS），すなわち，

$$AS \equiv Y + IM \tag{3.1}$$

となる。

　また，家計の消費支出$=C$，投資$=I$，政府の財・サービスの購入（以下では，政府支出と呼ぶ）$=G$，輸出$=EX$とすれば，その経済全体の総需要（Aggregate Demand：AD）は，次のように定義される。

$$AD \equiv C + I + G + EX \tag{3.2}$$

それゆえ，事後的には，総供給と総需要は等しく，

$$Y + IM \equiv C + I + G + EX \tag{3.3}$$

が成り立つ。

　（3.3）式は，経済活動の成果を記録したものであって，経済活動の当初から恒等関係が成り立っている訳ではない。事前的には，総供給＞総需要であるかもしれないし，総需要＞総供給であるかもしれない。また，偶然にも総供給＝総需要であるかもしれない。例えば，総供給が総需要を超えていたならば，すなわち，

$$Y + IM > C + I + G + EX$$

ならば，財市場はどのよう現象が起きるのであろうか。この経済では，モノが過剰に生産されている訳であるから，価格が下落し生産された量がすべて売りつくされように調整されるのであろうか。あるいは，価格は変化しないで，生産量を減少させるように調整されるのであろうか。両者の調整は正反対の論理になっている。また逆の $Y + IM < C + I + G + EX$ についても同様である。

　短期ケインジアン・モデルでは，価格を一定として，財市場に超過供給が生じている場合には，意図せざる在庫が増加し，企業は計画した利潤を獲得できなくなるので生産量を減少させようとする。これが，価格を一定とした数量調整という考え方である。また逆に，財市場に超過需要が生じている場合には，意図せざる在庫の減少が生じ，企業は意外の利潤を獲得するので生産量を増加させようとする。また，事前において，総供給と総需要が等しいならば，企業は計画した利潤を獲得でき，また家計も買いたい量だけ買うことができるので，在庫の変化は生じない。これが，財市場の均衡状態であり，この経済の均衡産出量あるいは均衡国民所得となる。

　以下で，この財市場の調整メカニズムについて詳細に説明するが，議論の単純化のために，海外活動部門を捨象した封鎖経済モデルを用いることにする。

3-2　財市場の均衡

⑴　ケインズ型消費関数

　まず，総需要の構成要素のひとつである消費需要について説明しよう。ケインズの『一般理論』によれば，人々の消費支出は，①一部はその所得額に，②一部は資産価値の意外の変化や利子率や税制の変化など客観的な付随的諸事情に，③また一部は社会を構成する個々人の主観的・心理的要因—例えば，老後や子供の教育に備える深慮，生活水準向上の意図，財産遺贈の自尊心や吝嗇など—に依存する。これらの要因のうち，短期的に最も大きな影響を及ぼすのが所得額であり，その他の要因は第二次的重要性しかもたず，これを一括して消費性向という概念の中に含めて取り扱うことにする。それゆえ，消費額 C と所得額 Y の関係は，

$$C = C(Y) \tag{3.4}$$

として，かなり安定的な関数とみなすことができる。このように，消費額と所得額の関係を関数式で示したのが，消費関数である。とりわけ，消費額を所得の絶対水準と結び付けて説明する関数を，ケインズ型消費関数あるいは消費関数の絶対所得仮説という。

このケインズ型消費関数は，3つの特性をもっている。第1に，国民所得がかりでゼロであっても，最低生活費に相当する支出が必要となるから，消費支出はゼロとなりえない。そのため，消費関数は，横軸に国民所得，縦軸に消費支出を測ったとき，必ずプラスの切片をもつ。また，このときの消費額を基礎消費という。第2に，所得水準が増加すれば，消費支出も増加する。したがって，所得の増加分を ΔY，消費の増加分を ΔC としたとき，この所得の増加額に対する消費の増加額の割合（$\Delta C / \Delta Y$）を，限界消費性向という。この値は，通常，プラスであるから，消費関数は右上がりに描かれる。また，この値は1より小さい（$0 < \Delta C / \Delta Y < 1$）。第3に，所得水準が高まるにつれて，消費支出の絶対額は増加するが，貯蓄に振り分ける部分が増えてくるので，限界消費性向は逓減する。そのため，消費関数は上に凸型で示される。

ところで，議論を単純化するために，限界消費性向を一定と仮定し，基礎消費を c_0，限界消費性向を c_1 とし，消費支出は可処分所得（$Y-T$）に依存するとすれば（ただし，$T=$税），ケインズ型消費関数は，

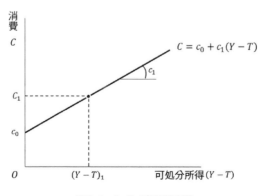

図3-1　ケインズ型消費関数

$$C = c_0 + c_1(Y-T) \qquad c_0 > 0, \ \ 0 < c_1 < 1 \qquad (3.5)$$

と示され，図 3-1 に示したように，プラスの切片 (c_0) をもち，傾きが c_1 の右上がりの直線になる。

　図 3-1 において，可処分所得が $(Y-T)_1$ のとき，消費額は C_1 となる。このとき所得額に占める消費額の割合 $C_1/(Y-T)_1$ を平均消費性向という。ケインズ型消費関数では，所得が増加すればするほど，平均消費性向は逓減する。なぜならば，上述の（3.5）式を変形して，

$$\frac{C}{(Y-T)} = \frac{c_0}{(Y-T)} + c_1 \qquad (3.6)$$

と書き改めると，左辺の平均消費性向が，右辺の第 1 項の $c_0/(Y-T)$ に依存し，可処分所得が大きくなるほど，その値は小さくなるからである。

(2)　均衡国民所得の決定

　総需要 Y^D が，以下のように，消費 C と投資 I と政府支出 G から成るとき，一国の産出量あるいは国民所得はどのようにして決定されるのであろうか。消費については，すでに示したケインズ型の消費関数を仮定する。投資については第 4 章で詳細に考察するが，ここでの投資は，国民所得水準の高さには関係なく，ある一定の投資 $\bar{I}$ を仮定する。このような投資を独立投資という。また，政府支出も一定と仮定する。それゆえ，総需要と総供給は以下のように表される。

　　　　総需要：$Y^D = C + I + G$
　　　　消費関数：$C = c_0 + c_1(Y-T)$　（ただし，T ＝一定）
　　　　投資：$I = \bar{I}$（独立投資）
　　　　政府支出：$G = \bar{G}$（一定）
　　　　総需要関数：$Y^D = c_0 + c_1(Y-T) + \bar{I} + \bar{G}$
　　　　総供給：Y

ここで，図 3-2 の横軸に総供給（あるいは国民所得）Y，縦軸に総需要 Y^D を測る。この図において，総供給と総需要の大小関係を比較するため，横軸に測った総供給 Y を縦軸に読み替えるのが便利である。そこで，座標軸の中に 45 度線を

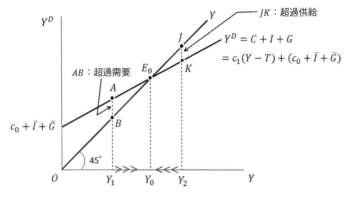

図3-2　45度線図による国民所得の決定

書き加えれば，総供給と総需要の大きさの違いを高さの違いで比較することができる。ここで，企業は社会全体の需要が点Bの高さまでしかないと予測し，総供給をY_1水準にしたとする。しかし，実際の需要は点Aの高さまであるため，$\overline{AB}$だけの超過需要が発生する。このような場合，意図せざる在庫の減少が起こり，企業は雇用量を増やし生産を増加させるので，国民所得は増大するであろう。

　また逆に，企業は社会全体の需要が点Jの高さまであると予測し，総供給をY_2水準にしたとする。しかし，実際の需要は点Kの高さまでしかなく，したがって，$\overline{JK}$だけの超過供給が発生するので，意図せざる在庫の増加が起こり，企業は雇用量を減らし生産を減少させるから，国民所得は縮小する。

　総供給がY_0水準であるならば，財市場は点E_0に位置し，総供給と総需要が等しく，財市場は均衡している。そのため，意図せざる在庫は変化せず，企業は計画した利潤を獲得することができ，また財・サービスの需要者も予定した量を購入することができる。したがって，このとき生産量を変化させるような圧力は全くないから，財市場は均衡状態にある。このときの産出量を均衡産出量あるいは均衡国民所得Y_0という。

　ここで，均衡国民所得Y_0を方程式体系から求めてみよう。総需要関数は上述したように，

$$Y^D = c_0 + c_1(Y-T) + \bar{I} + \overline{G}$$

であるから，均衡国民所得 Y_0 を求めるために，財市場の均衡条件である，$Y=Y^D$ を満たすような Y を求めると，以下のようになる。

$$Y = Y^D$$
$$Y = c_0 + c_1(Y-T) + \overline{I} + \overline{G}$$
$$Y_0 = \frac{1}{1-c_1}(c_0 - c_1 T + \overline{I} + \overline{G}) \tag{3.7}$$

このようにして求められた Y は，財市場の均衡条件を満たしている Y であるから，添え字の 0 を付している。

(3)　有効需要の原理の特徴

　このように，一国の所得水準あるいは産出量が，総需要の大きさによって決定されるのが，有効需要の原理の特徴のひとつである。古典派理論では，産出量 Y と総需要 Y^D はつねに等しく，意図せざる在庫は生じない。換言すれば，総供給が総需要を決定しているのである。ケインズは，古典派のこのような考え方を『一般理論』の中で「供給はそれみずからの需要を創造する」と述べた。これは，一般にセイの法則と呼ばれている。この法則が成り立つのは，財市場に超過需要あるいは超過供給が生じているならば，価格が完全に伸縮的に変化し，需給を一致させるように機能するからである。これが，価格の伸縮性あるいは価格調整を前提とした経済である。

　有効需要の原理の 2 つ目の特徴は，上述したように，財市場に不均衡が生じたならば，価格は変化しないで産出量という数量が調整され，財市場が均衡に移動することである。これが，古典派の価格調整に対する数量調整である。また，換言すれば，ケインズ理論では，価格は非伸縮的と仮定されているのである。

　3 つ目の特徴として，財市場が均衡していても，完全雇用とは限らないことである。古典派理論では，総供給＝総需要が成り立ち，意図せざる在庫は発生しないから，雇用量が変化することはなく完全雇用が保証されている。しかし，ケインズ理論では，例えば，財市場に超過供給が発生し，雇用量が減少するようなことがあれば，失業が生じるであろう。それゆえ，財市場が均衡していても完全雇用とは限らない。このように，財市場が均衡状態であっても，労働市場に失業が存在する経済を過少雇用均衡（あるいは不完全雇用均衡）という。この失業は，

現行の賃金―他の労働者と同じ賃金―を要求しながらも，労働の需要（求人）が
不足しているために生じるものであり，ケインズは，この失業を非自発的失業と
呼んでいる。

3-3　乗数効果

　上述したように，経済が過少雇用均衡であれ，政府は何らかの政策を講じ景気
を拡大させ失業を減少させる必要があるであろう。それには，政府支出を増加
（あるいは公共投資）させたり，所得減税を行い消費需要を刺激したり，あるい
は公的給付（移転支出）を行ったりするのが一般的である。

⑴　政府支出増加の効果

　いま図 3-3 において，当初，総需要関数 Y^D のもとで，財市場が点 E_0 で均衡
し，均衡国民所得が Y_0 とする。しかし，この経済において失業者が存在するた
めに，政府が拡張的財政政策として政府支出を ΔG だけ増加させたならば，そ
のときの総需要関数は，

$$Y^{D'} = c_0 + c_1(Y-T) + \bar{I} + \overline{G} + \Delta G$$

となるから，新しい総需要関数は ΔG だけ上方にシフトする。そのため，財市
場に超過需要が生じるので，財市場が均衡するためには，産出量は点 E_1 まで増
加しなければならない。そのときの均衡国民所得を Y_1 とすれば，

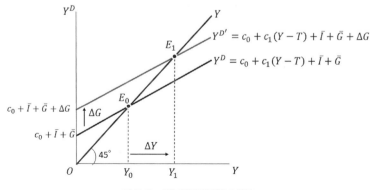

図 3-3　拡張的財政政策の効果

$$Y_1 = \frac{1}{1-c_1} (c_0 - c_1 T + \bar{I} + \bar{G} + \Delta G) \tag{3.8}$$

となるから，所得の増加分は，(3.8) 式から (3.7) を差し引けば，

$$\Delta Y = \frac{1}{1-c_1} \Delta G \tag{3.9}$$

を得る。(3.9) 式から，政府支出が ΔG だけ増加すれば，$1/(1-c_1)$ 倍，すなわち 1－限界消費性向の逆数倍の国民所得が増加することがわかる。この倍数を政府支出乗数という。

また，投資の増加 ΔI についても同様な計算方法で求めると，

$$\Delta Y = \frac{1}{1-c_1} \Delta I \tag{3.10}$$

を得る。(3.10) 式は，投資が ΔI だけ増加すれば，政府支出乗数と全く同じように，$1/(1-c_1)$ 倍の国民所得が増加することがわかる。このときの乗数を投資乗数という。

(2) 乗数の波及的プロセス

　例えば，いま限界消費性向 c_1 を 0.8 とし，政府支出が 1 兆円増加したならば，(3.9) 式から国民所得が 5 兆円増加したことを即時的に理解できる。しかし，現実的は，1 兆円の政府支出が増えれば，最初に同額の付加価値（第 1 次所得増加）が増加する。すると，$1 \times c_1$ の消費の増加（0.8 兆円）が生じ，その残りの 0.2 兆円が貯蓄される。次に，消費の増分に等しい付加価値（第 2 次所得増加）の増加が生じ，そして，それに対する消費と貯蓄が行われる。このような波及効果は，表 3-1 のように示される。

　その結果，所得の増分は，

$$\Delta Y = 1 + c_1 + c_1^2 + \cdots + c_1^{n-1} + \cdots$$

となり，無限等比級数の和の公式を用いて，その累計を求めると，

表3-1 乗数の波及効果

	付加価値の増分	消費の増分	貯蓄の増分
第1ラウンド	1（兆円）	$c_1 (= c_1 \times 1)$	$1 - c_1$
第2ラウンド	c_1	c_1^2	$c_1 (1 - c_1)$
第3ラウンド	c_1^2	c_1^3	$c_1^2 (1 - c_1)$
第4ラウンド	c_1^3	c_1^4	$c_1^3 (1 - c_1)$
⋮			
第nラウンド	c_1^{n-1}	c_1^n	$c_1^{n-1} (1 - c_1)$
⋮			
合計	$\dfrac{1}{1 - c_1}$ （GDP の増分）	$\dfrac{c_1}{1 - c_1}$ （消費の増分）	1 （貯蓄の増分）

$$\Delta Y = \frac{1}{1 - c_1} \Delta G \qquad (3.11)$$

となり，(3.9) 式と同じ結果を得る。また，消費の増分は，

$$\Delta C = c_1 + c_1^2 + c_1^3 + \cdots + c_1^n + \cdots$$

となり，その累計は，$\Delta C = c_1/(1 - c_1)$ となる。また，貯蓄の増分は，

$$\Delta S = (1 - c_1) + c_1 (1 - c_1) + \cdots + c_1^{n-1} (1 - c_1) + \cdots$$

となるから，その累計は，$\Delta S = (1 - c_1)/(1 - c_1) = 1$ となることがわかる。

(3) 所得税変化の効果

　最後に，所得税の変更による所得増加の効果を考察しよう。例えば，ΔT の増税が行われたとすれば，消費関数は $C = c_0 + c_1 (Y - T - \Delta T)$ なり，家計の可処分所得は減少するから，消費需要が縮小する。それゆえ，均衡国民所得は減少する。その結果，所得の減少分は，

$$\Delta Y = -\frac{c_1}{1 - c_1} \Delta T \qquad (3.12)$$

となる（この式の導出過程は省略するので，各自で計算してほしい）。したがって，所得減税が行われたならば，$c_1/(1 - c_1)$ 倍の所得の増加をもたらす。このときの倍数を減税乗数あるいは租税乗数ともいう。この乗数は，増税を前提として

導出されたので，(3.12) 式の右辺にマイナスの符号が付いていることに注意しなければならない。先に求めた政府支出乗数と減税乗数を比べてみると，限界消費性向分だけ減税乗数の値の方が小さいことがわかる。例えば，限界消費性向＝0.8 としてとき，10 兆円の政府支出の増加があれば，乗数の値は 5 であるから，所得は 50 兆円増加する。しかし，10 兆円の減税では，乗数値は 4 であるから，所得の増加は 40 兆円となる。

(4)　デフレギャップとインフレギャップ

　すでに述べたように，政府支出の増加や所得減税によって国民所得が増加することがわかった。図 3-4 で示されているように，いま総需要が Y_0^D であり財市場が点 E_0 で均衡し，均衡国民所得が Y_0 に決定されているとしよう。しかし，完全雇用を実現するための国民所得が Y_F（これを完全雇用 GDP あるいは完全雇用国民所得という）であるならば，総需要が不足しているために失業が生じる。このときの失業を非自発的失業と呼ぶ。これは，現行の賃金率（あるいは他の労働者と同じ賃金率）を要求しながらも，総需要が少なく労働の需要が不足しているために生じている失業である。すでに述べたように，このような経済状態が過少雇用均衡であり，このときに生じる，完全雇用 GDP と総需要の差をデフレギャップという。これは，図 3-4 において線分 AB で示されている。

　また逆に，景気が過熱し，総需要関数が Y_1^D の高さにあり完全雇用 GDP を上回っていたならば，財市場に線分 AC だけ超過需要が生じる。これをインフレギャップという。このとき，完全雇用が実現されているために，産出量をさらに増加させるには，資本ストックを増加させたり，より高い生産性・技術をもつ設備を開発したり，雇用量をさらに増加させたりしなければならない。しかし，短期間で資本ストックを増加させたり，より生産性の高い設備を導入したりすることは難しいので，雇用量を増加させる方法が採られるだろう。その結果，賃金率が上昇し，それによる生産コストの上昇が起こり，さらには物価が上昇し始めるであろう。このように完全雇用が実現されると供給制約があるために，物価上昇が起きると考えられる。ケインズは，『一般理論』の中で，完全雇用に近づくにつれて物価が少しずつ上昇するであろうと考え，このときの物価上昇を半インフレーションと呼び，また，完全雇用が実現された後の物価上昇を真正インフレーションと呼んだ。

このように，景気が悪くデフレギャップが生じているときには，政府は，政府支出を増加させたり，所得減税などをしたり，金融緩和をしたりする総需要管理政策を行い，総需要を $Y^{D'}$ の高さまで押し上げる必要がある。また逆に，インフレギャップが生じているときは，政府支出の削減，増税，あるいは金融引締めなどの政策を行い，総需要を $Y^{D'}$ まで押し下げる必要があるであろう。

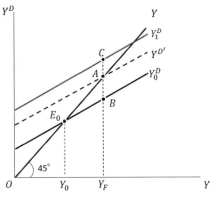

図3-4　デフレギャップとインフレギャップ

3-4　消費関数論争

　前述した，ケインズ型消費関数では，プラスの切片をもち右上がりの直線で示されたので，所得の増加とともに平均消費性向が逓減した。しかし，クズネッツ (Simon S. Kuznets, 1901-85) が，アメリカの1868年から1938年の長期統計を利用し，長期の消費関数を推計したところ，$C \fallingdotseq 0.9Y$ であった。これは，ケインズ型消費関数とは異なり，基礎消費（プラス切片が存在しない）がなく，平均消費性向（あるいは限界消費性向）がおよそ0.9で一定な値であることを意味している。

　そこで，この長期の消費関数とケインズ型消費関数の関係を矛盾なく整合的に説明するために，いくつかの仮説が提示され，論争が展開された。これが消費関数論争と呼ばれるものである。以下で，その代表的な消費関数を簡単に紹介しておこう。

(1)　ライフサイクル仮説

　モディリアーニ (Franco Modigliani, 1918-2003) や安藤 (Albert Ando, 1929-2002) らが提示した仮説は，ライフサイクル仮説と呼ばれ，個々人の最適な消費が生涯プランを通して計画され，消費支出はその個人が一生涯に獲得することの

できる可処分所得の総額，すなわち生涯所得に依存するのである。

　ここで，一生涯を N 年とし，そのうちの L 年間は就業し労働所得を得，残る $(N-L)$ 年は引退し余生を過ごすと仮定する。就業期間中の1年当たりの労働所得を Y で表すと，生涯所得は YL となる。さらにこの個人は，一生涯にわたって毎年，均等額 C を消費すると仮定すれば，この人の生涯消費は CN となり，それは生涯所得 YL に等しくなると仮定すれば

$$CN = YL$$

と示される。したがって，毎年の消費額は，

$$C = \frac{L}{N} Y \tag{3.13}$$

となる。

　そこで，図3-5を用いて説明しよう。いま，就労期間 $L=40$ 年，引退期間 $(N-L)=16$ 年，平均年収 $Y=700$ 万円とすれば，生涯所得 YL は2億8千万円になる。これを，56年間にわたって均等に消費するとすれば，毎年の消費額は500万円である。また，毎年の消費額は，一生涯に占める就業期間の割合 (L/N) に依存するから，その値はおよそ0.71（＝40/56）である。また，この個人は，就労期間中に2億円の消費支出をし，引退時には貯蓄残高が最高額に達し，8千万

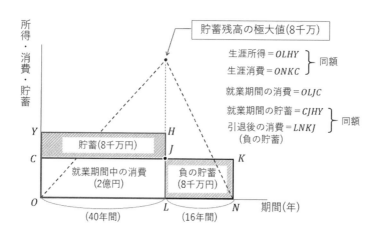

図3-5　ライフサイクル仮説の仮設例

円になる。そして，この貯蓄を引退後の生活に充当し，16年間にわたり毎年 500 万円ずつ貯蓄を取り崩し（負の貯蓄），消費することになる。

　この仮説によれば，可処分所得が短期的に変動しても生涯所得は安定的と考えられるから，短期の可処分所得の変動に比べ，消費支出の変化は小さいと考えられる。それゆえ，短期における限界消費性向はプラスで1よりも小さい値となるであろうから，短期のケインズ型消費関数と矛盾しない。また，長期的には，所得の変動は生涯所得の変動とみなすことができるから，消費は所得の変動とほぼ同じように動くと考えられるので，クズネッツの長期の推計結果と整合的なものになるであろう。

　ところで，T 時点において資産 W を受取り，その後の消費計画を立てると仮定しよう。すると，T 時点後の総所得は，資産 W と労働所得 $Y(L-T)$ の合計になる。また，T 時点後の消費額は $C(N-T)$ となるので，

$$C(N-T) = W + Y(L-T)$$

が成り立つ。よって，

$$C = \left(\frac{1}{N-T} \right) W + \left(\frac{L-T}{N-T} \right) Y$$

$$C = aW + cY \qquad ただし, \quad a = \frac{1}{N-T}, \quad c = \frac{L-T}{N-T} \qquad (3.14)$$

となるから，両辺を所得 Y で除せば，

$$\frac{C}{Y} = a \frac{W}{Y} + c \qquad (3.15)$$

を得る。係数 a は資産からの限界消費性向，c は労働所得からの限界消費性向である。短期的には資産が一定であると仮定すれば，所得が増加すれば，平均消費性向は低下する。また，長期的において，資産と労働所得が比例的に増加し W/Y を一定とすれば，平均消費性向は一定となる。

　このように，(3.15) 式は，短期のケインズ型消費関数とクズネッツの長期消費関数を整合的に説明している。また，このライフサイクル仮説では，生涯プランを立てて現在と将来の最適な消費計画を考えるわけであるから，貯蓄動機が重視されている，といってもよい。

(2)　恒常所得仮説

　ライフサイクル仮説のように長期的な安定した所得水準に消費支出が依存する仮説として，フリードマン（Milton Friedman, 1912-2006）の恒常所得仮説がある。フリードマンは，家計の所得を長期的に安定した所得（これを恒常所得 Y^P という）と一時的な収入である変動所得 Y^T に区分し，現在の消費 C が経常所得ではなく，恒常所得に依存する，と考えた。それゆえ，長期の消費関数は

$$C = cY^P \tag{3.16}$$

と示される。ただし，恒常所得は，現在の経常所得と過去の所得との加重平均である。いま，今年の所得 Y を，昨年の所得を Y_{-1} とすると，この2年の所得から推計される恒常所得は，

$$Y^P = \theta Y + (1-\theta) Y_{-1} \tag{3.17}$$

のようになる。(3.16) 式と (3.17) 式から，短期の消費関数は，

$$C = c\theta Y + c(1-\theta) Y_{-1} \tag{3.18}$$

で示される。(3.18) 式からわかるように，経常所得からの限界消費性向 $c\theta$ は，(3.16) 式における長期の限界消費性向 c よりも小さい。

　図 3-6 から，短期の所得増加は，人々がその所得増加が恒常的であるとみなさ

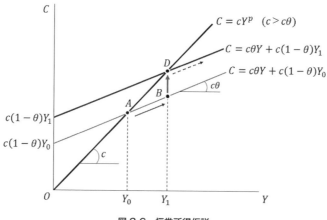

図 3-6　恒常所得仮説

ないために，短期の消費関数（ケインズ型消費関数）に沿って平均消費性向を低下させることがわかる。経常所得が Y_0 から Y_1 に増加したとき，消費支出は短期の消費関数に沿って点 A から点 B まで増加する。さらに経常所得の増加が持続し，人々がその所得増加を恒常的な水準 Y_1 と認めれば，消費関数が上方にシフトし，新しい消費水準は点 D に移動する。このようにして，フリードマンは，短期の所得増加はケインズ型消費関数に沿って平均消費性向を減少させるが，所得の増加を恒常的と人々がみなせばクズネッツ型の長期消費関数に沿って消費を調整しようとする，と説明した。

(3) 相対所得仮説

いま，経常所得がその最高水準を更新しながら増加した後，所得が減少し始めたとしよう。前述したケインズ型消費関数では，人々の経常所得が増加すれば消費も増加し，所得が減少すれば消費もその所得に応じて減少する。しかし，わが国の諺に「一度緩んだ財布の紐は元に戻らない」があるように，人々の消費は，過去の最高所得水準に何らかの影響を受けるはずである，とデューゼンベリー（James S. Duesenberry, 1918-2009）は考えた。これが，相対所得仮説である。

いま，t 期における消費支出 C が，t 期における所得 Y_t と，過去に経験した最高の所得水準 Y_m に依存するとすれば，

$$C = c_1 Y_t + c_2 Y_m \tag{3.19}$$

が成り立つ。ただし，c_1 ＝現在の所得に対する限界消費性向，c_2 ＝過去の最高所得に対する限界消費性向である。それゆえ，平均消費性向は次のようになる。

$$\frac{C}{Y_t} = c_1 + c_2 \frac{Y_m}{Y_t} \quad Y_m = \text{一定} \tag{3.20}$$

それゆえ，(3.20) 式から，短期的において Y_t が増加すれば，平均消費性向は低下する。しかし，景気好況期には，$Y_t = Y_m$ となるから，(3.19) 式は，

$$C = c_2 Y_m \tag{3.21}$$

と示される。それゆえ，平均消費性向は，

$$\frac{C}{Y_m} = c_2 \tag{3.22}$$

となるから，一定な値をとる。

　このようにして，この仮説は，短期のケインズ型消費関数とクズネッツの長期消費の両方を矛盾なく説明している。

　図 3-7 に示したように，いま所得水準が Y_0 にあり消費が点 A にあるとする。ここで所得が Y_1 に減少すれば，短期の消費関数にそって点 B まで低下するから平均消費性向は大きくなる。ただし，経常所得が減少しているとき，長期の消費関数にそって消費が大きく減退するのではなく，短期の消費関数にそって，消費の減少に歯止めが掛けられている。このような効果をラチェット効果（ratchet effect）という。その後，所得が増加し点 A に戻れば，平均消費性向が減少する。また，その後，景気拡大によって過去の最高所得が更新されて行けば，長期の消費関数にそって消費は点 D に向かって増加する。

　このように，相対所得仮説は，現在の消費が時間経過における過去の最高所得水準に影響されるので，時間的相対所得仮説ともいわれる。ケインズ型消費関数では消費が絶対所得に依存しているのとは対照的に，この相対所得仮説では消費が相対所得に依存している。また，個人の消費支出が，その個人と同じ所得水準の人々の消費行動に影響を受けるというとき，それを空間的相対所得仮説といい，その効果をデューゼンベリー効果という。

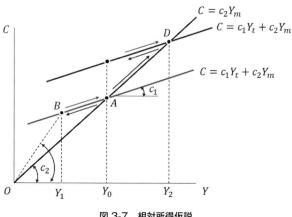

図 3-7　相対所得仮説

⑷　流動性制約

　ある個人が，将来は現在よりも大きな所得が得られるであろうと期待している
のに，現在借入れができないために現在の消費を最適化できないとき，流動性制
約があるという。先の述べたライフサイクル仮説に基づけば，仮に現在の所得水
準が低くても，現在の消費支出は生涯所得に依存するので，一時的には現在所得
を超えて消費をし，それが最適な消費行動であるかも知れない。しかし，そのよ
うな消費支出をするためには，一時的に借入れをしない限り，経常所得を超えた
支出は不可能である。換言すれば，所得水準が低い人々の現在消費は，流動性制
約があるために，経常所得にかなり影響を受ける部分がある，ということにな
る。これは，現在の消費支出が経常所得に依存するというケインズ型消費関数に
近いものである。

3-5　貯蓄動機と貯蓄関数

⑴　ケインズの貯蓄動機

　これまで，家計の消費支出が何に依存するか説明してきたが，所得の一部が貯
蓄されることを忘れてはならない。貯蓄は，可処分所得から消費支出をした単に
残りと考えるか，消費支出をする前に積極的に貯蓄をするか，という意思決定の
違うはあるが，貯蓄動機はどちらも大きな差異はないであろう。ケインズは『一
般理論』の中で，家計の消費支出を抑制する要因，すなわち貯蓄動機について触
れている。彼は，8つの貯蓄動機を挙げている。①不測の偶発時の遭遇したとき
に備えるため，②老後，家族の教育，扶養家族の維持のため，③利子を得ようと
するため，④将来における消費支出の増加を享受するため，⑤将来，自立するた
め，⑥投機を目的とした運資金を確保するため，⑦財産の遺贈のため，⑧吝嗇が
それである。

⑵　貯蓄関数

　ここで，貯蓄＝Sとし，貯蓄は可処分所得（$Y-T$）から消費支出Cした残り
と定義すれば，

$$S = (Y-T) - C \tag{3.23}$$

となる。すでに，ケインズ型消費関数を

$$C = c_0 + c_1(Y-T)$$

と示したので，貯蓄関数は，次のように表すことができる。

$$
\begin{aligned}
S &= (Y-T) - \{c_0 + c_1(Y-T)\} \\
&= -c_0 + (1-c_1)(Y-T) \\
&= -c_0 + s(Y-T) \tag{3.24}
\end{aligned}
$$

ここで，s は $\Delta S / \Delta(Y-T)$ であり，これを限界貯蓄性向という。また，貯蓄の定義式（3.23）から，

$$\Delta S = \Delta(Y-T) - \Delta C \tag{3.25}$$

が成り立つから，この式の両辺を $\Delta(Y-T)$ で割れば，

$$\frac{\Delta S}{\Delta(Y-T)} = 1 - \frac{\Delta C}{\Delta(Y-T)} \tag{3.26}$$

となり，限界貯蓄性向＝1－限界消費性向を得る。あるいは，限界消費性向＋限界貯蓄性向＝1となる。また，可処分所得に占める貯蓄の割合 $S/(Y-T)$ を平均貯蓄性向という。

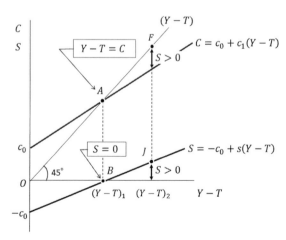

図3-8　貯蓄関数

いま，貯蓄関数を図解すれば，図3-8のようになる。可処分所得がゼロのとき，基礎消費と同額の貯蓄の取崩し，すなわち負の貯蓄 $(-c_0)$ があるが，それは可処分所得が増加するにつれて減少する。そして可処分所得が $(Y-T)_1$ のとき，可処分所得と消費額が等しいから（点 A），貯蓄はゼロになり（点 B），その後，貯蓄はプラスになることが分かる。

(3)　わが国の個人貯蓄率が高かった理由

　最後に，わが国の個人貯蓄率の動向について少し触れておこう。戦後の高度成長期において個人貯蓄率はほぼ右肩上がりに上昇におよそ20％に達した。その傾向は1970年代半ばまで続き，その後は下がり始めたが，それでも70年代では10％台にあった。これは，先進資本主義諸国と比較しても特異な現象であった。なぜこのような高い個人貯蓄率であったのかいくつかの仮説が提示された。

① 　戦後の高度成長期における所得の急上昇に対して，消費がそれと同じテンポで伸びなかったため。

② 　勤労者世帯の収入に占めるボーナス収入の割合が高かったため。この時代，ボーナスは変動所得としての要素が強く，消費支出は安定した定期的な所得，すなわち月給に依存し，ボーナスの多くが貯蓄されると考えられていた。これは，フリードマンの恒常所得仮説に近い考え方である。

③ 　わが国の年齢別人口構成が，欧米諸国に比べて若かったため。今日の少子高齢化社会とは異なり，負の貯蓄をする高齢者よりもプラスの貯蓄をする若い年齢層が多かったことが高個人貯蓄率の一因と考えられていた。これは，ライフサイクル仮説に似た考え方である。

④ 　わが国の社会保障制度や，個人に対する融資（消費者金融制度）等が，欧米諸国に比較して十分に完備されていなかったため，偶発的な出来事や高額の買い物等に対して，ある程度の蓄えをしている，という考え方である。

⑤ 　節約を尊ぶ道徳的な習慣があったため。

　因みに，わが国では，個人貯蓄率は，「国民経済計算」（内閣府）と「家計調査」（総務省）からが知ることができるが，前者はマクロのデータに対して後者はミクロのデータである。また，貯蓄率の定義などが異なるために2つのデータには乖離がある。

第4章

投資量の決定

　「投資をする」ということばが日常生活においてしばしば使われているが，これは，金融資産や物的資産を購入することを指している。例えば，ある個人が株を購入するとき「株に投資をする」とか，不動産を購入するとき「不動産に投資する」というように，資産運用の意味合いで使われる。しかし，マクロ経済学では，「投資」とは，機械・設備などの物的な資本ストックを増加させる支出のことである。

　すでに述べたように，投資は，消費需要と同様に総需要の重要な構成要素のひとつであるが，企業の将来における収益の期待に依存する部分が大きいから，消費より実に不安定なものであり，経済を不安定化させる一要因でもある。ケインズは『一般理論』の中で，企業が投資をするとき，例えば，10年後の予想収益に対して確実な情報をほとんど持ち合わせていない，と述べている。また，企業の投資の実行が不安定なのは，投資のタイミングが遅れたりするからである。そのため，投資の変動が景気循環におけるGDPの動きに大きな影響を及ぼすのである。このように，投資は不安定なものであるが，投資支出の増加は物的な生産力の増大であるから，長期的な経済成長率を高める要因でもある。それゆえ，企業の投資行動を分析することは，マクロ経済学での重要なトピックのひとつである。

4-1　資本ストックと投資の諸概念

　最初に，投資に関連したことばを整理しておこう。前述したが，機械・設備のある一時点における存在量を価値表示したものを資本ストックという。これは，

ストックの概念である。これに対して，ある一定期間内に機械・設備を取り付ける経済活動，すなわち資本ストックを増加させる行為を投資という。これは，フローの概念である。また，資本ストックは，生産活動に利用しようがしまいが，時間の経過とともに価値が減耗する。これが，固定資本減耗である。投資には，この減耗分を補うためのものもある。この投資が，更新投資あるいは置換投資と呼ばれる。また，固定資本減耗分あるいは更新投資を含めた投資が粗投資である。それゆえ，粗投資から固定資本減耗を控除したものが，純投資になる。すなわち，純投資は資本ストックの増分であり，

$$純投資 ＝ 粗投資 － 固定資本減耗$$

となる。

　いま，簡単な数値で説明してみよう。前期末の資本ストック 20 兆円のうち，2 兆円の固定資本減耗が生じたとすれば，今期初めの資本ストックは 18 兆円になるから，今期の生産力は 10% 減少する。そこで，今期，新たに 5 兆円の機械・設備を購入したとしよう。これが，今期の粗投資である。しかし，この 5 兆円のうち，2 兆円は固定資本減耗分を補う更新投資であり，残りの 3 兆円が純投資となる。

　ところで，第 2 章の三面等価の原則でふれたように，GDP を支出面からみたとき，

$$国内総支出 ＝ 民間最終消費支出 ＋ 政府最終消費支出 ＋ 国内総固定資本形成$$
$$＋ 在庫品増加 ＋ 財・サービスの純輸出$$

と定義されている。前述の民間企業の機械・設備の取り付けは，国内総支出の一部である国内総固定資本形成と呼ばれるものであり。これは，民間設備投資以外に民間住宅投資と公的固定資本形成の合計からなる。また，在庫品増加（在庫品変動あるいは在庫投資）には，民間部門のものと，国の石油備蓄など公的なものがある。総固定資本形成と在庫品増加の合計を総資本形成という。

4-2　ケインズ型投資関数

　企業の純投資が何によって決定されるかを，ケインズの『一般理論』にもとづ

いて説明しよう。

(1)　資本資産の需要価格と利子率

　いま，ある企業は新たな投資計画を立てているとしよう。そのとき，企業は，新たな機械・設備を取り付けた後，生産活動を通して，将来のある一定期間においてどれほどの収益が得られるであろうかを予測するであろう。また，企業は，その投資計画に対してどれほどの資金を投じるべきかを考えるであろう。このような投資計画に対する評価額を，ケインズは資本資産の需要価格 D_k と呼んだ。

　企業が投資財を購入し生産活動を開始したとき，得られるであろう予想売上金額から，原材料費や賃金などの諸費用の予想値を差し引いた金額を予想収益といい，それを Q で表すことにしよう。そして，この投資計画から毎年得られるであろう予想収益の系列を，$Q_1, Q_2, \cdots, Q_n$ と示せば，Q_1 は 1 年目の予想収益，Q_2 は 2 年目の予想収益であり，Q_n は機械の耐用年数を n 年とした年の予想収益である。また，企業は，この投資財の購入にあたっては，金融機関からある与えられた市場利子率 r で，資金の借入れができるものと仮定する。すると，新投資を計画する企業は，この利子率を割引率として，予想収益の系列の割引現在価値を求めることができる。これが，資本資産の需要価格に他ならない。それゆえ，資本資産の需要価格 $= D_k$ とすれば，それは，次のように計算される。

$$D_k = \frac{Q_1}{(1+r)} + \frac{Q_2}{(1+r)^2} + \cdots + \frac{Q_n}{(1+r)^n} \tag{4.1}$$

例えば，企業が，利子率が年 5%（$r = 0.05$）で借入れができ，投資財の耐用年数が 2 年限りとし，毎年の予想収益が 500（万円）であるとすれば，1 年後の 500（万円）の割引現在価値 V_1 は，

$$V_1 = \frac{500}{(1+0.05)} \fallingdotseq 476 \text{（万円）}$$

である。また，2 年目の予想収益の割引現在価値 V_2 は，

$$V_2 = \frac{500}{(1+0.05)^2} \fallingdotseq 454 \text{（万円）}$$

である。それゆえ，この投資財の需要価格は，$D_k = V_1 + V_2 = 476 + 454 = 930$（万円）となる。これは，年5%の利子率のもとでの投資計画に対する評価額であるから，この投資計画における借入れ限度額とみなしてもよいであろう。

(2) 資本資産の供給価格と資本の限界効率

投資計画に対する評価額が930（万円）と求められたが，この投資財の購入費用が明らかでない限り，企業は投資計画を実行すべきか否か判断できない。このときの投資財の取得費用を資本資産の供給価格という。これは，その投資財の市場価格ではなく，投資財生産者の利潤極大化が実現されるように限界費用とちょうど等しく決定された価格を意味する。いま，予想収益の系列を，Q_1，Q_2，$\cdots$，Q_nとし，投資財の取得費用，すなわち資本資産の供給価格をS_kとすると，次式が成り立つ。

$$S_k = \frac{Q_1}{(1+m)} + \frac{Q_2}{(1+m)^2} + \cdots + \frac{Q_n}{(1+m)^n} \tag{4.2}$$

ここで，mは予想収益の系列と資本資産の供給価格を等しくする割引率である。これを，ケインズは，資本の限界効率と呼んだ（あるいは投資の限界効率ともいう）。例えば，耐用年数が1年限りの投資財を考え，$Q_1 = 1{,}000$（万円），$S_k = 900$（万円）とすれば，

$$900 = \frac{1{,}000}{(1+m)} \tag{4.3}$$

となるから，この式を変形し，を求めると，

$$m = \frac{1{,}000 - 900}{900} = \frac{100}{900} \tag{4.4}$$

と，$m \doteqdot 0.111$（11.1%）であることがわかる。

このとき，(4.4) 式の分子は，資本資産の供給価格を上回る超過利潤（$Q_1 - S_k$）であるから，mは投資財1単位当たりの超過利潤率の予想値を表していることがわかる。また，投資財の耐用年数を2年と想定して，$Q_1 = 500$（万円），$Q_2 = 500$（万円），資本資産の供給価格 $S_k = 855$（万円）とすれば（千円以下の端

数は四捨五入してある),

$$855 = \frac{500}{(1+m)} + \frac{500}{(1+m)^2} \tag{4.5}$$

から, $m \fallingdotseq 0.111$ (11.1％) が得られる。それゆえ, 資本の限界効率とは, 純投資 (あるいは資本ストック) を1単位増加させたときの予想利潤率のことである。

(3)　資本の限界効率曲線

　企業の資本の限界効率は, 投資が増加するにつれて減少する傾向がある。それには, 2つの理由がある。そのひとつは, 短期的な要因であるが, 投資財の需要が増加すると, 投資財産業の側で収穫逓減の法則が働き, 投資財生産の限界費用が増加し, その供給価格 S_k が上昇するからである。2つ目は, 長期的な要因であるが, 投資が増加するにつれて, その産業において産出物の販売競争が激化し, 産出物の価格を下落させ, その予想収益 Q を次第に減少させるからである。

　それゆえ, いま, 横軸に投資量 I, 縦軸に資本の限界効率 m を測ると, ある産業 A での資本の限界効率 m_A は, 図に描かれているように右下がりになるであろう。この曲線を資本の限界効率曲線と呼ぶ。また, 産業 B の資本の限界効率曲線を m_B, 産業 C の資本の限界効率曲線を m_C のように描くと, 投資量は I_1 までは, 産業 A の限界効率 m_A が最も高く, 投資が I_1 を超え I_2 までは産業 B の限界効率 m_B が最も高い。そして投資が I_2 を超えると, 産業 C の限界効率が最も高くなる。このように, 資本の限界効率のうち最も高いものを, ケインズは,

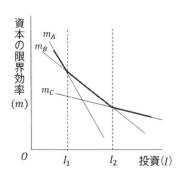

図 4-1　投資量と産業の限界効率

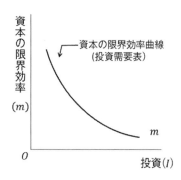

図 4-2　資本の限界効率

資本一般の限界効率と呼んだ。また，この曲線は投資需要表ともいわれる。

経済全体の資本の限界効率表は，個別企業の限界効率表を水平方向に順次加えることによって得られる。

⑷ ケインズ型投資関数

ところで，(4.1) 式と (4.2) 式から，資本資産の供給価格と需要価格，あるいは資本の限界効率と利子率の間には，次のような3つのケースがある。

① $D_k > S_k$ ⇔ $r < m$

② $S_k > D_k$ ⇔ $m < r$

③ $D_k = S_k$ ⇔ $r = m$

前述したように，耐用年数が2年間の数値例によれば，この企業の投資計画では資本資産の需要価格は930（万円）にあるのに対して，その供給価格は855（万円）であった。これは，投資財を75万円安く購入できることを意味している。また，別の見方をすれば，利子率が5％であるが，資本の限界効率は11.1％であるから，6.1ポイントの利潤が生じていることがわかる。これが①のケースであり，資本資産の需要価格が供給価格を上回っている場合 ($D_k > S_k$)，あるいは資本の限界効率が利子率よりも大きい場合 ($m > r$)，企業の投資は実行される。

したがって，縦軸に経済全体の資本の限界効率 m と利子率 r を測り，投資需要表を描いた図 4-3 において，利子率が r_0 水準にあるとすれば，資本の限界効率が利子率よりも高いとき ($I = I_1$) には，投資は追加的に実行され，資本の限界効率と利子率が一致した点 E_0 において，経済全体の投資量が I_0 に決定される。

また，図 4-4 に示されているように，投資需要表を所与とすれば，利子率が，例えば r_1 水準に下落すれば，投資量は I_1 に増大するので，投資を利子率の減少関数として，

$$I = I(r) \tag{4.6}$$

と示される。これが，ケインズ型投資関数である。

したがって，横軸に投資量 I，縦軸に利子率 r を測ると，ケインズ型投資関数は，図 4-5 のように右下がりの投資曲線として描くことができる。

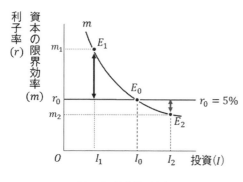

図4-3 投資量の決定

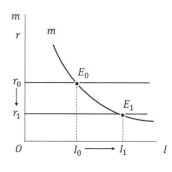

図4-4 投資関数の導出

⑸ 投資の利子弾力性

　ところで，投資が利子率の変化にどの程度感応的であるかは，投資の利子弾力性で示される。利子率の変化率＝$\Delta r/r$，投資の変化率＝$\Delta I/I$とすれば，投資の利子弾力性αは，

$$\alpha = -\frac{\Delta I/I}{\Delta r/r} = -\frac{r}{I}\cdot\frac{\Delta I}{\Delta r} \tag{4.7}$$

として定式化される。Δrの一定の変化に対してΔIが大きいほど，αは大となり，投資は利子に対して弾力的であるという。このとき，投資曲線の傾きは緩やかになる。しかし，現実的には，投資は利子率の変化に対しては非弾力的であると言えるので，投資曲線は急な傾きになるであろう。

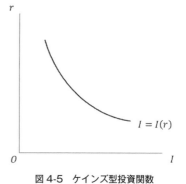

図4-5 ケインズ型投資関数

4-3 加速度原理

　ケインズ型投資関数では，投資は利子率の高さに依存していた。しかし，投資は，利子率よりもむしろ GDP の増減分に依存するという考えもある。これが，加速度原理である。いま，t期において望ましい資本ストックをK_t，またt期における産出量をY_tとするとき，両者には比例的な関係があるとすれば，

$$K_t = vY_t \tag{4.8}$$

と示すことができる。vは，K_t/Y_tであるから，資本ストックと産出量との間の一定な技術的な関係を表わす比率であり，これを加速度係数あるいは資本係数という。例えば，$v=2$ならば，産出量1単位に対して，技術的に最適な資本ストックが2単位必要である，という意味である。

　上の（4.8）式をその増減分で示すと，

$$\Delta K_t = v\Delta Y_t \tag{4.9}$$

が成り立つであろう。ここで，ΔY_tはt期における産出量の増加分（Y_t-Y_{t-1}）である。また，ΔK_tは，資本ストックの増加分（K_t-K_{t-1}）であるので，これはt期における純投資I_tに他ならないから，

$$I_t = v\Delta Y_t \tag{4.10}$$

を得る。この（4.10）式が示すように，加速度原理によれば，加速度係数vを一定として，また，現存の資本ストックが完全利用されていることを前提として，t期における産出量の増加に一定な加速度係数vを乗じて投資を比例的に増加する考えられている。それゆえ，産出量の増加が大きく好景気のときには，投資は増加するが，産出量の増加が小さいときは投資の増加も少なくなる。また，$\Delta Y$$=0$のときは，投資は増加せず，産出量が減少しているときは，投資も減少する。

　ところで，この投資理論では，加速度係数が一定であると仮定されている。しかし，産出量1単位当たりを生産するのに，より多くの資本ストックが必要になれば，加速度係数の値は一定ではなく上昇する。また，生産関数において，産出量が雇用量と資本ストックの大きさに依存するとき，賃金率と資本調達コストとの相対的な関係を無視することはできない。例えば，賃金費用が資本調達コストより相対的に安価であれば，企業は雇用量を増加させ生産を増やそうとするであろう。産出量を増加させるとき，労働集約的になるか資本集約的になるか，きわめて不安定であると考えられる。さらに，企業がつねに当初予定した通りの産出量をt期に実現できるかは不確実であろうし，かりに実現できたとしても，t期に何らタイムラグもなく投資を増加させることができるとはわからない。加速度原理のこのような欠点を修正した投資理論として，ストック調整モデルがある。

4-4 ストック調整モデル

　現実の資本ストックが，企業が望ましいと考える資本ストックとは限らないで
あろう。そこで，現実の資本ストックと望ましい資本ストックの差に対して，あ
る一定な割合で投資を実行するという考え方がうまれた。これが，ストック調整
モデルである。

　いま，t 期において企業の利潤極大化を実現させる最適な資本ストック $= K^*$，
前期末の資本ストック $= K_{t-1}$ とすると，両者のギャップは $(K^* - K_{t-1})$ で示され
る。それゆえ，このストック調整モデルでは，企業は，現存の資本ストックと，
最適な資本ストックのあいだのギャップ $(K^* - K_{t-1})$ をすべて埋めるように純投
資が行われるのではなく，そのギャップの一定な割合 λ に対して，投資を行うお
うとするので，企業の t 期における純投資 I_t は，

$$I_t = \lambda(K^* - K_{t-1}) \tag{4.11}$$

と示される。この割合 $\lambda(0 < \lambda < 1)$ を伸縮的加速子あるいは投資の調整速度と
いう。

　例えば，$\lambda = 0.5$ とすれば，各期に $(K^* - K_{t-1})$ の半分ずつの資本ストックを増
加させることを意味している。いま $K^* = 100$，$K_{t-1} = 70$ とすれば，今期の純投
資 $I_t = 0.5(100 - 70) = 15$ となる。そして次期の純投資 $I_t = 0.5(100 - 85) = 7.5$ とな
り，期を重ねるごとに，$(K^* - K_{t-1})$ は縮小していくために，投資量は減少する
ことを意味している。また，λ が 1 に近い値であれば，投資は多く実行され，短
期間で望ましい資本ストックに近づくことになる。

　また，減価償却率 $= d$，t 期における粗投資 $= I'_t$ とすれば，t 期における粗投資
は

$$I'_t = I_t + dK_{t-1} \tag{4.12}$$

あるいは，

$$I'_t = \lambda(K^* - K_{t-1}) + dK_{t-1} \tag{4.13}$$

と表すことができる。

　ところで，資本ストックの調整に費用あるいは摩擦が全く生じないのであれば，現実の資本ストックは瞬時に調整されて望ましい資本ストック K^* に等しくなる。それゆえ，外生変数に変化が生じない限り，それ以後は，更新投資以外の投資は実行されないことになる。換言すれば，現実には，投資を実行するときに何らかの調整費用や摩擦が発生するので，現実の資本ストックを瞬時に望ましい資本ストックにすることは不可能であり，(K^*-K_{t-1}) に対してある一定な比率 λ で純投資が行われると考えられている。このように，このモデルでは，投資を実行する際の調整費用が導入されているが，暗黙的である。

　また，このモデルでは，望ましい資本ストックは，産出量と，利子や減価償却などの資本のレンタルコストに依存するが，伸縮的加速子 λ とは独立的である。また，伸縮的加速子 λ は外生的にある与えられた一定値とされている。例えば，企業が投資を計画しても，投資財産業における稼働状況や生産能力に如何によっては投資財の入手に時間を要するかもしれない。また，投資減税の実施など政府の政策の如何によっては投資のタイミングを意図的に変化されることも生じるかもしれない。それゆえ，投資の調整速度がつねに一定であるとは考え難い。これらの問題点を解決するために，投資の調整費用をより明示的に考慮した投資理論が，その後，検討されるようになった。

4-5　投資の調整費用モデル

　企業が投資をするとき，諸々の費用が発生する。これらの費用には，機械・設備を取り付けるときに発生する機械の取得費用や設置費用，機械の購入資金を外部調達するときの利子費用，機械・設備の存続期間に発生する固定資本減耗（減価償却費），生産に従事している労働者の賃金費用，また，当然，財・サービスを生産するために原材料費，あるいは，新しい機械を動かせるように労働者を訓練するのにかかる養成費用，企業内の組織を再編する経費，販売網の拡張などに伴う費用などがある。これらの費用は，投資財の購入（投資1単位当たり）に比例するものと，不比例的な─投資が増加すればするほど，逓増する─ものに大別できることができるであろう。とくに，後者の費用，すなわち労働者の養成費用，組織再編経費，販売網拡張費用など，投資の増加に対して逓増的な費用を，投資の調整費用─厳密には，内部的調整費用と呼ばれている─という。

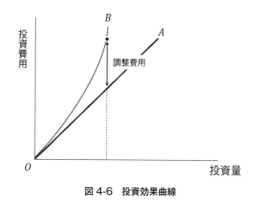

図4-6 投資効果曲線

いま，図4-6において，横軸に投資量，縦軸に投資費用を測ると，投資の増加とともに，比例的な費用は右上がりの直線 *OA* で示され，また，逓増的な費用は右上がりで上に凹型の曲線 *OB* で示される（ただし，投資の調整費用は，同図においては *OB* と *OA* の差であることに注意しよう）。このように，投資が増加すればするほど，調整費用が逓増する関係をペンローズ効果といい，また，この曲線を投資効果曲線あるいはペンローズ曲線と呼ばれている。このモデルによると，企業が望ましい資本ストックを早く実現しようとすれば，投資の調整費用が増加することである。したがって，投資を1単位増加させたときの限界費用と，その時の限界収入が等しくなるように投資は実行されることになる。

4-6 トービンのq理論

最後に，投資決定において株式市場の役割を重視するアプローチを紹介しよう。株式は，周知のとおり，その企業が所有する資本に対する請求権であり，また，株価は請求権の価格である。企業の経営者は，株価が高いとき資本を増やし（株式の増発），投資を増加させようとするであろう。また逆に，株価が低いときに資本の増加率を減少させたり，投資は行わなかったりするであろう。この関係を表現したのが，qである。

qとは，「企業の市場価値（あるいは株価総額）」を，「その企業が所有する資本ストックの市場価値ですべて取換えたときの置換費用」で割った比率のことである。つまり，

$$q = \frac{企業の市場価値（あるいは株価総額）}{その企業の全資本ストックの置換費用（市場価値）} \tag{4.14}$$

である。この値が1よりも大であるならば（q > 1），置換費用するよりも，株

価，すなわち株主がその資本ストックに対する評価額の方が高いことを意味するから，換言すれば，企業の現存の資本ストックは過小だということになるから，企業にとって資本ストックをさらに増加させることが有利となる。したがって，qが大きければ大きいほど，投資の量は大きくなると考えれる。また逆に，qが1より小さい場合（q＜1），市場が評価している企業の価値が，現存の資本ストックの価値よりも小さいので，現存の資本ストックが過大であることを意味している。

第5章

貨幣の機能と貨幣の供給

5-1 貨幣の機能と定義

　私たちが日常使っている貨幣は，どのような働きをしているのであろうか。また，貨幣はどのように定義すればよいのであろうか。

(1) 貨幣の機能

A 交換の媒介手段あるいは一般的交換手段

　もし貨幣が存在しなかったならば，取引（あるいは交換）はどのような形態になるのであろうか。いま，リンゴの生産者であるAさんが，リンゴをバナナと交換したいと考えているとしよう。この交換が成立するためには，交換相手はバナナを持っており，かつリンゴと交換したいという欲求を持っている人でなくてはならない。バナナは持っているがミカンと交換したいという欲求を持っている人では，Aさんとの交換は成立しない。これが，物々交換あるいは直接交換の世界であり，取引者は自分の欲求とは真逆の欲求を有している取引相手に出逢わない限り，交換が成立しないのである。換言すれば，物々交換の世界では，交換が成立するには取引者同士の「欲求の二重の一致」が必要となる。また，物々交換の世界では，交換相手を見つけ出すまでに時間を要したり，交換相手が見つかるまで財を保管するための経費が掛かったりするであろう。このような諸々の犠牲や経済的なコストである取引費用が大きいと考えられる。

　ところが，貨幣がある世界，すなわち貨幣経済では，取引者同士の欲求の二重に一致は必要ない。先述のAさんは，まずリンゴを購入してくれる人を探せばよい。その人が，イチゴを売りたい人であろうがブドウを売りたい人であろうが

全く関係なく，Aさんはリンゴを欲している人にリンゴを売り，貨幣を手に入れることができる。次に，Aさんは，バナナを売ってくれる人を探し，リンゴを売って得た貨幣でバナナを購入すればよいのである。

　このように，Aさんの取引は，リンゴ—貨幣—バナナの形態をなし，モノとモノとが直接交換されるのではなく，貨幣が必ず交換の仲立ちとしている。これが貨幣経済であり，貨幣が交換の媒介手段（あるいは一般的交換手段）として機能していることがわかる。貨幣経済では，交換相手が物々交換の世界よりも見つけやすく，換言すれば，取引費用が少なくなるのである。それゆえ，「貨幣は交換の媒介手段である」というとき，交換手段として機能することは貨幣であることの必要条件である。また，貨幣であることは交換手段として機能することの十分条件である。それゆえ，交換の媒介手段であることは，貨幣であることの必要十分条件であるから，「交換の媒介手段は貨幣である」といえる。したがって，この条件を満たす交換の媒介手段としての機能こそ，貨幣の本質的機能であるといえる。

　ところで，貨幣が交換の媒介手段をしているとき，取引における債務を同時に弁済・清算する機能を貨幣は有している。これが，貨幣の支払い手段あるいは決済手段と呼ばれるものである。さらに，貨幣が交換の媒介手段あるいは支払い手段として流通するのは，自分が受け取った貨幣は次に誰かが受け取ってくれるという確信，すなわち貨幣の一般的受領性（あるいは一般受容性）があるからである。例えば，ハイパー・インフレーションが生じ，貨幣の実質価値が急激に減少するならば，人々は貨幣を受取らなくなるであろう。

B　価値尺度（計算単位）手段

　2つ目の機能として，貨幣はあらゆる財・サービスの交換価値＝価格を表現し，取引額や資産や負債を計算する共通の尺度となる。これが，貨幣の価値尺度手段あるいは計算単位手段と呼ばれる機能である。例えば，取引される財・サービスの価格が，あるものは円表示であったり，あるものは米ドル表示であったりすれば，それらを購入したときの合計金額を簡単に計算することができないであろう。しかし，取引される財・サービスの価格が，例えば，円という共通の単位で表示されていたならば，取引額を簡単に計算できる。このように，貨幣が，あらゆる財・サービスの価格を共通の貨幣単位で表示することによって，他の財・

サービスの交換価値との比較が容易になり，これによって取引における計算がきわめて円滑化し，取引における煩雑さが回避される。

　しかし，計算単位の機能を果たすからといって，それが貨幣であるとはいえない。例えば，わが国の銭（せん）のように，計算単位（1 銭 = 10 分の 1 円）として現在でも使われているが，交換手段としての貨幣は存在しない。

C　価値の貯蔵手段

　貨幣が交換の媒介手段として利用されるとき，取引は売りと買いの別々の行為に分断される。換言すれば，所得（貨幣）の受取りとその支払い（あるいは支出）との間に，必ずタイムラグが発生する。それゆえ，この間，貨幣の交換手段は誰かに保有され，将来に持ち越されることになる。このとき，貨幣はその額面価値は必ず維持される。これが，貨幣の価値貯蔵手段としての機能である。1 万円札には 1 万円の額面価値があり，物価がどのように変動しようとも，1 万円の価値を持ち続けるのである（物価が上昇し貨幣の価値が下落するというのは，貨幣の「実質価値」のことである）。また，貨幣が価値貯蔵手段としての機能を有しているから，人々は，貨幣を金融資産のひとつとして保有する。したがって，この機能を資産機能ともいう。

⑵　貨幣の発達と定義

　交換の媒介手段をするものが貨幣である，と明言できれば，今日では貨幣の素材は紙切れでも構わない。しかし，かつて貨幣の本質は何であるか，という問題をめぐって議論されたとき，貨幣の本質と価値を，貨幣を構成する素材に含めるか否かで対立していた。例えば，金塊や砂金あるいは稲や布が，交換の媒介手段として利用されていた時代があったが，これらの財は交換の媒介手段であると同時に，それ自体素材価値をもつ財でもあった。このよう財を物品貨幣あるいは商品貨幣という。これは，貨幣を定義するに際して貨幣の素材を重視した考え方なので，これを素材主義あるいは金属主義という。例えば，わが国では 1871（明治 4）年に，明治政府は，新貨条例を発布し金 1.5 グラムを 1 円とすると定めた。このときの 1 円金貨は，1 円としての額面価値をもつ貨幣であると同時に，1 円の金塊でもある。これは，素材主義に基づく貨幣の発行である。因みに，金の保有に基づいて貨幣を発行する通貨制度を，金本位制度といい，この制度下で

発行された金貨を本位貨幣あるいは正貨という。

　しかし，今日の通貨制度は，銀行券発行高に相当する金あるいは正貨を保有する義務（これを正貨準備義務という）を要しない管理通貨制度であるために，貨幣の素材が紙切れであったり，アルミニウムや銅などの卑金属であったりする。また，現在の日本銀行券（紙幣）は，金との交換可能な兌換銀行券ではなく，交換不可能な不換銀行券である。これは，貨幣の素材が何であろうとも貨幣の本質に差異はない，とする名目主義に基づくものである。この主義に基づいた貨幣学説はいくつかあるが，現在では「貨幣とは貨幣として機能しているもの」という現代職能学説の立場をとるのが一般的である。したがって，人々が「これが貨幣である」という確信に基づいて貨幣として使用している。ただし，この確信には，銀行券の発行元である中央銀行に対する信頼（発行者の安全性），貨幣の実質価値の安定性，そして銀行券がもつ強制通用力といった確固たる裏付けが必要となる。このような確信に基づいて流通している貨幣が信用貨幣である。

5-2　マネーサプライ

(1)　通貨の種類

　取引において一般的に受領されるのが貨幣であるが，これは定義上の貨幣であって，現実には何をもって貨幣とするのか，という疑問にぶつかる。例えば，日本銀行によれば，「貨幣とは正貨」のことであり，今日私たちが交換の媒介手段あるいは支払い手段などで使用しているモノは，正貨の代用物としての「通貨」である。前述したように，今日では，管理通貨制度のもとで，中央銀行（日本銀行）は金の裏付けをもたない中央銀行券（日本銀行券）を発行し，政府は補助貨幣（硬貨）を発行している。この中央銀行券と補助貨幣を，現金通貨という。

　しかし，現金通貨だけが支払い手段ではない。私たちは，買い物をしたとき，クレジットカードや電子マネーで支払いをする。換言すれば，支払い手段をするモノは現金通貨だけではないのである。現金通貨と同様に支払い手段としての機能を果たしているモノに，民間の金融機関（商業銀行や信用金庫や信用組合など）の要求払い預金（わが国では，普通預金，当座預金，納税準備預金など）がある。この預金を預金通貨という。要求払い預金は，現金化することなく，口座

からの引き落としによって債務を清算することができるので，通貨のひとつである。

　ところで，預金には要求払い預金以外に，定期性預金と呼ばれるものがある。わが国の場合，この預金には，定期預金，積立預金，定期積金などがあるが，これらの預金は，ある一定期間，価値の貯蔵を目的としているが，解約することにより現金や要求払い預金に変換でき，支払い手段として利用できる。しかし，今日では，解約をしなくても，金融機関の総合口座を利用すれば，定期預金を担保にして自動的に借入れができ，支払いを完了させることもできる。これが当座貸越の制度である。このような性質をもつ定期性預金は，準通貨と呼ばれている。

(2)　マネーサプライ

　前述したように，現金通貨以外の各種の預金も貨幣として機能している。それゆえ，個人や一般法人（金融機関を除く）や地方公共団体などの通貨保有主体が保有する通貨量を集計すれば，人々の購買力あるいは資金力の大きさを知ることができる。この通貨の集計が，マネーサプライ（貨幣供給量あるいは通貨供給量）である。

　現在わが国のマネーサプライの概念は，マネーストック M1，マネーストック M2，マネーストック M3，広義流動性の4種類がある（郵便局が民営化される以前の 2007 年までは，例えば，「マネーストック M1」ではなく「マネーサプライ M1」という呼称であった）。最も狭い意味の集計概念が，マネーストック M1 である。これは，通貨保有主体が保有する現金通貨以外に，ゆうちょ銀行や信用組合などすべての預金取扱金融機関に預けられた預金通貨の合計である。

$$マネーストック M1 ＝現金通貨＋預金通貨$$
$$ただし，現金通貨＝日本銀行券発行高＋貨幣流通高（硬貨）$$

その次に広い概念のマネーサプライが，マネーストック M2 である。これは，現金通貨以外に，預金通貨，準通貨，譲渡性預金（CD：Certificate of Deposit：無記名で譲渡可能な大口定期預金）の預金額を合計したものである。ただし，預金の集計対象機関が，M1 と異なり，ゆうちょ銀行，信用組合，農業協同組合，労働金庫などは除かれる。これは，旧マネーサプライの概念の「M2＋CD」に一致する。

$$\text{マネーストック M2} = 現金通貨 + 預金通貨 + 準通貨 + CD$$

(ただし，預金等通貨，準通貨，CD の発行者はゆうちょ銀行，信用組合等を除く)

3つ目は，マネーストック M3 である。これは，現金通貨以外に，すべての預金取扱金融機関の預金通貨，準通貨，譲渡性預金を合計したものである。

$$\text{マネーストック M3} = 現金通貨 + 預金通貨 + 準通貨 + CD$$

また，M3 に金銭の信託，投資信託，金融債や国債などを加えた，広義流動性とよばれる通貨の概念がある。

5-3　マネーサプライの変動

(1)　中央銀行のバランスシート

　上述したように，貨幣を広い概念でとらえると，現金通貨だけではなく預金通貨あるいは準通貨なども含まれる。また，マネーサプライが現金通貨だけであれば，中央銀行は現金通貨の発行量を調節することによってある程度その量をコントロールできる。しかし，預金通貨や準通貨は，個人や一般法人などの通貨保有主体がどれだけ金融機関に預金をするかという行動，すなわち資産選択と，民間金融機関がどれほど資金の借り手に貸出を行うかという信用創造に影響をうけるのである。

　ところで，現金通貨を供給する中央銀行と，預金通貨や準通貨などを供給する預金取扱機関のバランスシートを示したものに，マネタリーサーベイと呼ばれる統計がある。表5-1 は，そのうちの中央銀行（日本銀行）のバランスシートであ

表5-1　中央銀行のバランスシート（マネタリーサーベイ）

資　産	負　債
対外資産 政府向け信用 預金取扱機関向け信用 その他金融機関向け信用 その他部門向け信用	マネタリーベース 　　現金通貨発行高 　　日銀当座預金 対外負債 政府からの信用 その他負債（純）

(出所) 日本銀行ホームページ。

る。左側に資産項目，右側に負債項目が示されている。資産は，外貨預金や対外証券投資などの対外資産，政府短期証券や国債の保有，貨幣流通高である政府向け信用，貸出金と買入れ手形である預金取扱機関向け信用およびその他金融機関向け信用，その他部門向け信用の5項目からなっている。

これに対して，負債は，マネタリーベース（現金通貨発行高＋日銀当座預金），対外負債，政府預金などの政府からの信用，その他負債から構成されている。

(2)　マネタリーベースと通貨乗数

A　マネタリーベース

中央銀行が直接コントロールすることができる貨幣量は，経済全体の貨幣量のごく一部の「日銀が供給している通貨」だけである。それが，マネタリーベース（monetary base）あるいはハイパワードマネー（high-powered money）とも呼ばれるものである。表5-1に示したように，マネタリーベースとは，現金通貨発行高（日本銀行券発行高＋貨幣流通高）と日銀当座預金の合計のことであり，日本銀行の負債勘定である。また，日銀当座預金は，金融機関が日本銀行に預入れている当座預金のことであり，略して「日銀当預」ともいわれる。

したがって，マネタリーベース（H）は，次式のように示すことができる。

$$\text{マネタリーベース（}H\text{）}=\text{日本銀行券発行高＋貨幣流通高＋日銀当座預金}$$
$$=\text{現金通貨発行高（}C\text{）＋日銀当座預金（}D_b\text{）}\quad(5.1)$$

ここで，現金通貨発行高は，金融機関の手持ち現金と，金融機関以外の部門（個人，一般法人など）が保有する現金通貨とに分けられるから，

$$\text{マネタリーベース（}H\text{）}=\text{金融機関の手持ち現金（}C_b\text{）＋現金通貨（}C_p\text{）}$$
$$+\text{日銀当座預金（}D_b\text{）}$$

となる（下付き文字のbは民間の非金融機関部門，pは金融機関部門を表す）。さらに，金融機関の手持ち現金（C_b）と日銀当座預金（D_b）は支払準備金（R）となるから，

$$\text{マネタリーベース（}H\text{）}=\text{現金通貨（}C_p\text{）＋支払準備金（}R\text{）}\quad(5.2)$$

と定義することができる。

B　通貨乗数あるいは貨幣乗数

　日銀がマネタリーベースの供給を直接調節することによって，経済全体の貨幣量（マネーサプライ）を変化させることができる。そこで，マネタリーベース（H）とマネーサプライ（M）の関係を調べてみよう。ただし，マネーサプライは，次のように定義する。

　マネーサプライ（M）＝現金通貨（C_p）＋民間非金融機関部門の総預金（D_p）
$$(5.3)$$

そこで，マネタリーベース1単位当たりのマネーサプライを求めると，以下のようになる。

$$m = \frac{M}{H} = \frac{C_p + D_p}{C_p + R} \tag{5.4}$$

ここで，分子・分母を D_p で除せば，

$$m = \frac{C_p/D_p + 1}{C_p/D_p + R/D_p} = \frac{\alpha + 1}{\alpha + \beta}$$

となる。ただし，$\alpha = C_p/D_p$ は現金・預金比率，$\beta = R/D_p$ は準備金・預金比率あるいは支払準備率である。したがって，

$$M = \left(\frac{\alpha + 1}{\alpha + \beta} \right) H \tag{5.5}$$

となる。この（5.5）式は，日銀がマネタリーベースの量を決定すれば，その$m(= (\alpha + 1)/(\alpha + \beta))$ 倍のマネーサプライが供給されることを意味している。あるいは，（5.5）式をその増減分で表すと，

$$\Delta M = \left(\frac{\alpha + 1}{\alpha + \beta} \right) \Delta H \tag{5.6}$$

が成り立つから，（5.6）式は，ΔH のマネタリーベースの変化があると，m 倍のマネーサプライが変化することがわかる。この倍数の m を通貨乗数あるいは貨幣乗数という。

　しかし，マネタリーベースが一定であっても，乗数それ自体が変化すれば，マネーサプライは変化する。それゆえ，マネーサプライは，マネタリーベース（H），現金・預金比率（α），準備金・預金比率（β）の3つの変数に依存しているといえる。

(3)　金融政策とマネーサプライの変動

A　金融政策の目標と手段

　日本銀行の行っている金融政策の最終目標には，物価の安定，持続的な経済成長，為替相場の安定，国際収支の均衡がある。その中でも，とくに重要な政策目標は，物価の安定＝貨幣価値の安定であろう。実際の政策の運営は，政策手段と最終目標の間に運営目標を設定して，その動きを見ながら，政策手段の操作が行われている。

　その政策手段には，公定歩合（2006年から基準貸付利率に名称変更）の変更，公開市場操作，法定準備率の変更がある。かつては，日本銀行が民間金融機関に貸出を行う際に適用される基準金利である公定歩合が，中心的な政策手段であったが，金利の自由化が進み，公定歩合と預金金利との直接的な連動性が薄れた。そのため，現在の基準貸付利率は，「補完貸付制度」（日本銀行が金融機関に対して，担保の範囲内で短期資金を貸出す制度）の適用金利として，短期市場における無担保コールレート（オーバーナイト物）の上限を示すものとなった。

　政策手段の2つ目として，預金準備率操作（支払い準備率操作ともいう）がある。これは，対象となる金融機関に対して，預金量の一定比率（これを法定準備率という）以上の金額を日本銀行に預入れることを義務付けた「準備預金制度」に基づいて，その比率を変更し，金融機関の貸出資金量を調節する政策である。この法定準備率に基づいて日本銀行に当座預金として預入れなければならない最低額を法定準備預金額あるいは所要準備額という。しかし，現実には，日本銀行の潤沢な資金供給により，準備預金額は法定準備額をはるかに超過する「過剰準備」が常態化している。

　3つ目の政策手段として，公開市場操作（単に，オペレーションともいう）がある。この政策手段には，国債の買入れを中心とした「買い操作」と，国債の売却や手形の売出しなどの「売り操作」がある。日本銀行は，これらの操作を行うことによって，金融機関の預金準備額すなわち日銀当座預金を調節している。

B　マネーサプライの変動

いま簡単に述べた金融政策の手段と関連させ，また通貨乗数を用いてマネーサプライの変化の経路を調べてみよう。前述したように，マネーサプライは，マネタリーベース（H），現金・預金比率（α），準備金・預金比率（β）の3つの変数に依存している。

(イ)　まず，現金・預金比率（α），準備金・預金比率（β）が一定ならば，マネタリーベースが変化すれば，通貨乗数倍のマネーサプライが変化することがわかる。では，マネタリーベースが変化する要因にはどのようなものがあるのか。そのひとつは，何らかの理由で現金通貨の発行高を増やすことである。いまひとつは，日本銀行による公開市場操作である。上で説明したように，例えば，買い操作を行えば日銀当座預金が増加しマネタリーベースが増加するので，理論上では通貨乗数倍のマネーサプライが増えることになる。また逆に，売り操作を実施すれば，マネーサプライが減少する。

(ロ)　次に，マネタリーベース（H）と現金・預金比率（α）が一定のとき，法定準備率が変更されたならば，現行の準備金・預金比率（β）が影響されるであろうから，通貨乗数の値が変化する。そのため，マネーサプライが変化する。例えば，法定準備率が引き下げられるような金融緩和政策が行われたならば，乗数の分母βの値が小さくなるので，乗数の値が大きくなる。それゆえ，マネーサプライは増加する。また逆に，法定準備率が引き上げられたならば，乗数の値は小さくなり，マネーサプライは減少する。

(ハ)　最後は，マネタリーベース（H）と準備金・預金比率（β）を一定としたとき，現金・預金比率（α）が変化すれば，乗数の値が変化するからマネーサプライが変化することがわかる。例えば，通貨保有主体が，現金に比べて預金の保有額を増加させた場合，現金・預金比率（α）の値は小さくなる。これは，金融機関の貸出資金量の増加を意味するから，金融機関の信用創造によってマネーサプライは増加するであろう。また逆に，現金・預金比率が大きくなれば，マネーサプライは減少する。ここでは省略するが，通貨乗数を現金・預金比率（α）で微分して証明される。

(4)　預金取扱機関のバランスシート

家計や企業などの黒字部門の預貯金は，金融機関を介して資金の需要者に融資

される。金融機関は，中央銀行（日本銀行），民間金融機関，政府系金融機関の3つに大別されるが，とりわけ，預金取扱金融機関は大きな役割を果たしている（民間金融機関には預金取扱金融機関以外に，証券会社，生命保険会社，ノンバンクなどの非預金取扱金融機関がある）。預金取扱金融機関は，家計や企業などの黒字部門が要求払い預金や定期性預金などの形で預入れた資金や，日銀や政府などからの信用をファンドとして，家計や企業や政府などへ資金を貸出し，資金の供給者と資金の需要者の仲介の役割を果たしている。

　家計や企業が預金取扱金融機関に預入れした預金（負債勘定）は，その一部は支払準備金として日銀に預入れられ，残りは資金の需要者に貸し出される。例えば，ある個人が100（万円）をまずA銀行に預入れ（この時に預金を本源的預金という），そのうちの10%を支払い準備金と保有し，残りの90%が貸付に回されたとしよう。その貸付を受けた資金の需要者は，それを投資や消費目的に支出する。その支払いを受取った経済主体は，そのすべてを取引銀行のB銀行にすべてを預金するとしよう。また，B銀行は，その10%を支払い準備金と保有し，残りの90%が貸付に回されたとしよう。この貸付の90%がC銀行にすべて預金され，C銀行はさらにその預金額のその10%を支払い準備金と保有し，残りの90%が貸付に回されたとしよう。こうした「本源的預金→貸付増加→預金増加→…」という信用創造過程が無限に続くことによって，預金増加の総額は，以下のようにして求められる。

$$100 + 90 + 81 + \cdots = 100 \times \{1/(1 - 0.9)\}$$
$$= 100 \times 10$$
$$= 1,000 \text{（万円）}$$

表 5-2　預金取扱機関のバランスシート（マネタリーサーベイ）

資　産	負　債
対外資産	預金通貨
中央銀行向け信用	準通貨 + CD
政府向け信用	対外負債
その他金融機関向け信用	中央銀行からの信用
地方公共団体向け信用	政府からの信用
その他部門向け信用	その他負債（純）
株式	

（出所）日本銀行ホームページ。

すなわち，預金増加の総額は，最初の本源的預金（100万円）の10倍，すなわち，支払い準備率0.1の逆数倍となっている。この倍数（ここでは10）を信用乗数という。このようにして作り出された預金の増額が，表5-2の負債項目である，預金通貨や準通貨に他ならない。

第6章

貨幣需要と利子率の決定

6-1　資産市場におけるワルラスの法則

⑴　資産市場・貨幣市場・債券市場

　世の中には，貨幣（現金），預貯金，国債などの債券，株式，土地，住宅などの資産が存在し，それらが取引されている。これが資産市場である。これらの資産は，金融資産（貨幣，預貯金，債券など）と実物資産あるいは有形資産（土地，住宅など）に区分される。また，金融資産は，利子を生まない貨幣と，利子を生む資産に分けることができる。ここで，貨幣以外の利子を生む金融資産を「債券」ということばで一括すれば，金融資産は貨幣と債券の2種類だけとなる。また，貨幣が供給され需要される市場が貨幣市場であり，債券が供給され需要される市場が債券市場である。

　金融資産が貨幣と債券の2種類だけとすると，人々は自己の保有金融資産を，貨幣か債券のどちらかの形でどれだけ保有するかを決定しなければならない。債券の保有比率を相対的に多くすればするほど，それから得られる利子収入は増加する。しかし，債券価格が下落し，損失を被ることがあるかもしれない。他方，貨幣の保有比率を増加させれば，利子収入は全く得られないが，何か購入したい財・サービスがあるとき，すぐに購入できるという利便性を享受することができる。このように，金融資産をどのような形で保有するかという意思決定を，ポートフォリオ選択（あるいは資産選択）という。

　それゆえ，貨幣市場に超過供給が生じていたならば，行き場のない貨幣は債券市場での債券の購入に向かうので，債券市場に超過需要が生じる。あるいは，債券市場に超過供給が生じていたならば，債券の売りが増え貨幣の需要が増加する

から，貨幣市場に超過需要が生じるであろう。このように，貨幣市場の超過需給と債券市場の超過需給は，コインの表と裏の関係になっている。それゆえ，貨幣市場だけに視点を向け分析するだけで，同時に債券市場の状況を把握することができる。

(2)　資産市場におけるワルラスの法則

　前述したように，資産が貨幣と債券だけとすれば，資産市場における資産の予算制約は，実質貨幣需要と実質債券需要の合計であり，この合計がその個人の保有する実質金融資産の総額に等しいことを示している。そこで，社会全体の名目金融資産 $= W$，物価水準 $= P$ とすれば，W/P が実質金融資産総額になる。また，実質貨幣需要 $= L$，実質債券需要 $= B^D$ とすれば，社会全体の資産需要あるいは資産制約は，次のように示される。

$$\frac{W}{P} = L + B^D \tag{6.1}$$

この制約式は，実質金融資産が一定であれば，実質貨幣需要が増加すればするほど，それと同額の実質債券需要の減少をもたらすことを意味している。

　これに対して，社会全体の資産の供給総額である，実質金融資産の総額は，

$$\frac{W}{P} = \frac{M}{P} + B^S \tag{6.2}$$

となる。ただし，$M =$ 名目マネーサプライとすれば，$M/P =$ 実質マネーサプライとなる（これは実質貨幣残高ともいわれる）。また，$B^S =$ 債券供給の実質価値である。(6.1) 式は，個人が保有したいと思う資産量についての制約を表しているのに対して，(6.2) 式は社会全体で金融資産がどれだけ存在しるかを示しているにすぎない。

　ここで，(6.1) 式を (6.2) 式に代入して整理すると，

$$\left(L - \frac{M}{P} \right) + (B^D - B^S) = 0 \tag{6.3}$$

となる。(6.3) 式において，実質貨幣需要が実質マネーサプライと等しいなら

ば，債券に対する実質需要と実質供給も等しくなければならない。あるいは，左辺の第１項がプラスで貨幣市場に超過需要が生じているならば，第２項は同額のマイナス，すなわち債券市場は超過供給でなければならない。また逆に，第１項はマイナスで貨幣市場が超過供給ならば，第２項の債券市場は超過需要となっていることがわかる。この関係を，資産市場におけるワルラスの法則という。前述したように，このワルラスの法則が成り立っている限り，資産市場を分析するとき，貨幣市場あるいは債券市場のうち，どちらかひとつの市場を分析すれば十分である。それゆえ，以下では，貨幣市場だけに目を向けて分析を進めよう。

6-2　貨幣の保有動機と貨幣需要関数

⑴　流動性選好とは

　ケインズは『一般理論』の中で，古典派の利子率決定理論を否定し，それに代わる理論を展開した。これが，流動性選好説である。流動性（Liquidity）とは，貨幣を保有していれば，損失なく（資産の安全性），いつでも他の財に素早く交換できる（利便性）という性質のことである。貨幣以外にもこのような性質をもっているモノは存在するが，安全性と利便性の程度がもっとも高いのが貨幣であるから，貨幣は流動性そのものといってよい。また，選好（Preference）とは，すべての資産を「利子を生まない資産＝貨幣」と「利子を生む資産＝債券」の２つに大別したとき，人々が資産を貨幣で保有するか債券で保有するかという意思決定を行うことをいう。

　ところで，人々はなぜ債券ではなく貨幣を保有したがるのであろうか。債券を保有すれば，当然，利子収入が得られるはずであるが，利子収入を放棄してまで貨幣を保有する理由は何なのであろうか。それには，２つの理由がある。ひとつは，将来の利子率に関する不確実性が存在するためであり，いまひとつは，仮に将来の利子率が予測可能であったとしても，利子率の将来予想について人々が異なった推測を行うためである。それゆえ，人々は，貨幣あるいは流動性の高い資産を保有することを好むのである。人々は，受け取った所得から，まず現在消費のためにどれだけ支出し，どれだけ貯蓄するかという意思決定を行う。次に，その貯蓄を，流動性の高い資産，すなわち貨幣で保有するか，あるいは国債などの債券を購入するか，というポートフォリオに関する意思決定を行う。この意思決

定における，貨幣の保有が流動性選好に他ならない。換言すれば，流動性選好＝貨幣需要ということができる。

　では，人々が資産を貨幣で保有しようとする積極的な動機は何であろうか。ケインズは，主に3つの保有動機を挙げている。ひとつは，個人や企業が日常の取引における支払いを円滑に行うために貨幣を保有しようとする取引動機である。2つ目に，不意の支出を必要とする偶発事に直面した際の損失や困惑を回避したり，有利な購入をする思いがけない好機に備えたりするために貨幣を保有しようとする予備的動機である。最後は，利子率あるいは債券価格の動向など将来おこるべき事柄について市場よりもよりよく知ることから，利益を得ようとする目的で貨幣を保有しようとする投機的動機である。投機的動機は，不確実性のもとでいかにして資本利得を獲得し，いかにして資本損失を回避するかという投機活動のために貨幣を保有しようとするものである。

(2)　貨幣需要関数

　取引動機と予備的動機に基づく貨幣需要をあわせて取引貨幣需要という。取引貨幣需要を L_1 とすれば，L_1 は，基本的には国民所得 Y の大きさに比例すると考えられるので，次のように示される。

$$L_1 = L_1(Y) \qquad L_1' > 0 \tag{6.4}$$

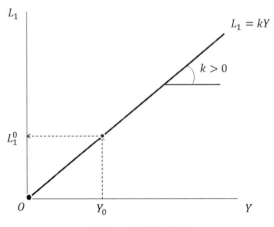

図6-1　取引貨幣需要

これが，取引貨幣需要関数である。また，この貨幣需要関数は，横軸に国民所得
Y，縦軸に取引貨幣需要L_1を測ると，図6-1に描かれたように原点を通る，L_1
$=kY$（ただし，$k>0$）という直線で示される。ここで，kは所得に対する貨幣
需要の割合を示す。

　次に，投機的動機に基づく貨幣需要は，資産貨幣需要あるいは本来の流動性選
好と呼ばれる。資産貨幣需要をL_2，市場利子率をrとすれば，利子は貨幣を保
有することのコスト，すなわち機会費用と考えられる。なぜならば，貨幣を保有
することは，債券を保有すれば得られるであろう利子収入を放棄していることを
意味するからである。それゆえ，人々は，利子率が高ければ高いほど貨幣の保有
費用が増大するから，金融資産を貨幣ではなく債券で保有しようとする。その
ため，資産貨幣需要L_2は市場利子率rと逆の方向に変動するであろうから，L_2
は，次のように，rの減少関数として示される。この関数を資産貨幣需要関数と
いう。（資産貨幣需要関数が，利子率の減少関数である理由は，次の項で詳しく
述べる。）

$$L_2 = L_2(r) \qquad L_2' < 0 \tag{6.5}$$

この資産貨幣需要関数は，横軸に資産貨幣需要L_2，縦軸に市場利子率rを測る
と，図6-2のように，右下がりの曲線で描かれる。

　それゆえ，ケインズの貨幣需要関数は，取引貨幣需要と資産貨幣需要の合計と
して，

$$L = L_1(Y) + L_2(r) \tag{6.6}$$

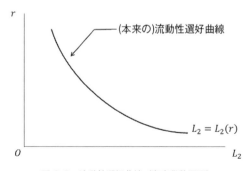

図6-2　流動性選好曲線（資産貨幣需要）

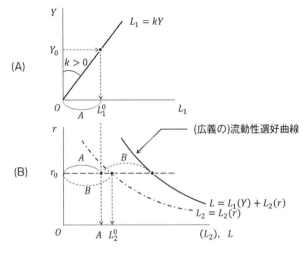

図6-3　流動性選好曲線の導出

あるいは，

$$L = L(Y, r) \tag{6.7}$$

という関数で示される。これが，広義の流動性選好（関数）である。

　この広義の流動性選好は，どのような曲線をしているのであろうか。図6-3(A)には，図6-1の縦軸と横軸を逆に逆に測った座標軸の中に，取引貨幣需要関数 $L_1 = kY$ が描かれている。いま，財市場において均衡国民所得が Y_0 水準に決定されたならば，(6.4) 式より，その所得水準に対する取引貨幣需要が L_1^0 に決定される。また，同図(B)には，横軸に（総）貨幣需要 L，縦軸に市場利子率 r が測られ，本来の流動性選好曲線 $L_2 = L_2(r)$ が点線で描かれている。さらに図6-3(B)に，図(A)で決定した L_1^0 を書き加えると，それは，原点からの OA の長さで描かれる。そこで，ある一定の利子率 $(r = r_0)$ のもとで，取引貨幣需要 L_1^0 と資産貨幣需要 L_2^0 を合計すると，広義の流動性選好曲線 L が描かれる。これは，点 A を原点として資産貨幣需要 L_2 を描いたものと同じものであることがわかる。

(3)　債券価格と利子率の関係

　前項でみた資産貨幣需要の性質を理解するためには，債券価格と市場利子率（利回り）との関係を整理しておかなければならない。

いま債券の満期期間が n 年で，その額面価格が A 円，そして1年当たりの確定利子率が α%の債券があるとしよう。すると，債券保有者は，毎年，αA 円の確定利子を受取り，そして償還年には元本と確定利子を合わせた $(\alpha A + A)$ 円を手にすることができる。このとき，この債券の割引現在価値 V は，債券の毎年の確定利子収入を現在の市場利子率 r で割引き，次のように計算される。

$$V = \frac{\alpha A}{(1+r)} + \frac{\alpha A}{(1+r)^2} + \cdots + \frac{\alpha A + A}{(1+r)^n} \qquad (6.8)$$

この (6.8) から，分子の値が一定であるから，市場利子率と債券の割引現在価値が逆に変動することがわかる。このことは，イギリスで発行されているコンソル公債（永久確定利付き債券）を例にとれば，より明白になる。この債券は，元本の満期償還がなく，発行体が途中償還しない限り永久に確定利子がもらえる永久債である。それゆえ，コンソル公債の割引現在価値は，

$$V = \frac{\alpha A}{(1+r)} + \frac{\alpha A}{(1+r)^2} + \cdots$$

$$= \alpha A \left\{ \frac{1}{(1+r)} + \frac{1}{(1+r)^2} + \cdots \right\}$$

$$= \alpha A \left(\frac{1}{r} \right) = \frac{\alpha A}{r} \qquad (6.9)$$

となる。それゆえ，分子の確定利子が一定であるから，V と r は反比例することがわかる。

ところで，V は毎年の確定利子 αA を市場利子率 r で割引いた，債券の割引現在価値であるが，これは，債券市場の売買取引を通じて債券の市場価格 B^P と一致する。なぜならば，$V > B^P$ であるならば，債券に対する評価が高いことを意味するから，債券の買いが有利であるために債券需要が増大し，債券価格は上昇する。また逆に，$V < B^P$ ならば，債券に対する評価が低く債券価格が高すぎるために債券の供給が増大し，債券価格は下落する。それゆえ，債券市場に摩擦がなく十分機能して限り，最終的には債券の割引現在価値 V＝債券価格 B^P とみなすことができる。したがって，(6.9) 式は，

$$B^P = \frac{\alpha A}{r} \tag{6.10}$$

と書き替えられ，債券価格 B^P と市場利子率 r は反比例の関係にあることがわか
る。

(4)　資産貨幣需要関数（再説）

　前述の(2)で，資産貨幣需要 L_2 は，市場利子率 r の減少関数であることを示し
たが，ここで，債券価格と利子率の関係から，本来の流動性選好曲線が右下がり
になる理由を詳しく説明しよう。

　たとえば，現行の市場利子率がある水準よりもさらに下落し，近い将来に利子
率が高くなる（債券価格は下落する）と信ずる個人つまり弱気筋が強まれば，資
本損失を回避するために手持ちの債券を売却して貨幣に持ち替えるであろう。ま
た逆に，現行の市場利子率がある水準よりも上昇し，近い将来に低くなる（債券
価格は値上がりする）と信ずる個人つまり強気筋が強まれば，資本利得を得よう
とするために貨幣を手離し債券の購入に走るであろう。それゆえ，資産貨幣需要
L_2 は市場利子率 r とは逆の方向に反応するので，右下がりの曲線で描かれる。

　しかし，利子率が低下すればするほど，利子率が将来上昇する可能性がますま
す増大し，人々は安全のためにその資産のより多くを貨幣の形で保有しようとす
るから，L_2 曲線の傾きは次第に緩やかな曲線で描かれるであろう。その結果，
利子率が一定水準まで下落した後には，ほとんどすべての人が，きわめて低い率
の利子しか生まない債券を保有するするよりも，貨幣の方を選好するという意味

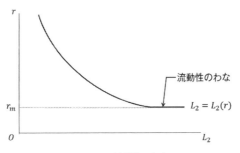

図6-4　流動性のわな

において，流動性選好が事実上，絶対的となる可能性がある。そのため，流動性選好曲線が，低い利子率水準（r_m）のもとで横軸に対して水平な直線になる。このような状況を流動性のわな（あるいは流動性トラップ）という。

6-3　貨幣市場の均衡と利子率の決定

(1)　均衡利子率の決定

　ケインズ体系では，貨幣の需給で何が決定されるのか明らかにしよう。すでに，貨幣の供給と貨幣需要関数は導出した。名目マネーサプライ＝M，マネタリーベース＝H，物価水準＝Pとすれば，実質マネーサプライは，

$$\frac{M}{P} = mH \tag{6.11}$$

と示される。ただしm＝通貨乗数である。これに対して，貨幣需要は，すでにみたように，

$$L = L_1(Y) + L_2(r) = L(Y, r) \tag{6.12}$$

である。そこで，実質マネーサプライと貨幣需要とが等しくなるという貨幣市場の均衡条件は，

$$\frac{M}{P} = L(Y, r) \tag{6.13}$$

である。そこで，$M=\overline{M}$，$P=\overline{P}$，$Y=\overline{Y}$として，一定と仮定すれば，(6.13) 式において，未知数である利子率が決定される。これが，ケインズの流動性選好利子論である。

　いま，図 6-5 の横軸に総貨幣需要量LとマネーサプライM，縦軸に利子率rを測ると，右下がりの流動性選好曲線と，原点から測られた垂線の実質マネーサプライが描かれる。これら 2 つの線が交わる点E_0において，貨幣の需要と供給が一致するので，貨幣市場は均衡し，利子率がr_0に決定される。これを均衡利子率と呼ぶことにする。もし利子率がr_0以上の水準であれば，貨幣市場には超過供給が生じているから，過剰な貨幣は債券の購入に向かい，債券価格を高め利

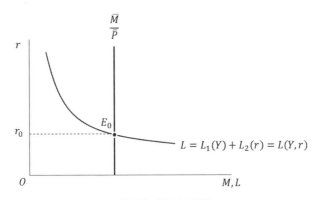

図6-5　利子率の決定

子率を低下させる。また逆に，利子率が r_0 以下の水準ならば，貨幣市場が超過需要であるから，債券が売却されるであろうから，債券価格が下落し利子率を上昇させる。

(2) 貨幣供給量の変化と利子率の変化

　いま，図6-6において，流動性選好曲線を所与としたとき，名目マネーサプライが何らかの理由によって $\overline{M}'$ に増加したならば，貨幣市場の新しい均衡点は E_1 に移動するから，均衡利子率は r_m に下落する。さらに，名目マネーサプライを $\overline{M}''$ まで増加させたとしても，利子率は r_m 水準以下には下落しない（点 E_2）。これは，貨幣市場が流動性のわなに陥っているとき，マネーサプライを増加させるような金融緩和政策はその効果を発揮しないことを意味している。

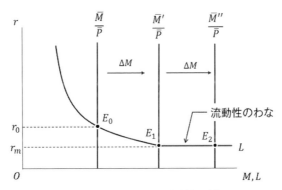

図6-6　流動性のわなと金融緩和政策

第7章

IS-LM 分析と財政金融政策

7-1 財市場の均衡と *IS* 曲線

(1) ケインズ理論の一般化

すでに，第3章で財市場における需給分析をめぐって展開された国民所得の決定理論と，第6章で貨幣市場における貨幣需給をめぐる流動性選好利子論について説明した。これは，ケインズの『一般理論』体系が2つの側面をもっていることを表している。財市場については次のような方程式体系で表すことができる（ただし，封鎖経済モデルを想定し $NX=0$，また $T=0$ とする。また，『一般理論』では，より単純化された封鎖経済モデルであるので，$G=0$ と仮定されている）。

総需要：$Y^D = C + I + G$

消費関数：$C = C(Y)$

投資関数：$I = I(r)$

政府支出：$G = \overline{G}$ （一定）

総需要関数：$Y^D = C(Y) + I(r) + \overline{G}$

財市場の均衡条件：$Y = Y^D$

また，貨幣市場について次のように示される。

取引貨幣需要関数：$L_1 = L_1(Y) = kY$

資産貨幣需要関数：$L_2 = L_2(r)$

総貨幣需要：$L = L_1(Y) + L_2(r) = L(Y, r)$

貨幣市場の均衡条件：$\overline{M}/\overline{P} = L(Y, r)$

したがって，財市場，貨幣市場の均衡は次のように要約できる。

$$Y = C(Y) + I(r) + \overline{G} \tag{7.1}$$

$$\overline{M/P} = L(Y, r) \tag{7.2}$$

(7.1) 式から利子率 r を所与として国民所得水準 Y を説明し，一方，(7.2) 式から所与の実質貨幣供給量 $\overline{M/P}$ と Y を既知として利子率 r を説明するというように，財市場と貨幣市場を分離した考え方が『一般理論』で示された。しかし，『一般理論』刊行後，J. R. ヒックスらによって，財市場と貨幣市場の両市場での調整を通じて国民所得と利子率を同時に決定すると考える方が展開され，ケインズ体系の一般化が試みられた。それが，本章で取り上げる *IS* 曲線と *LM* 曲線という分析ツールである。

(2)　*IS* 曲線の導出

　まず *IS* 曲線を導出しよう。*IS* 曲線とは，(7.1) 式が示す財市場の均衡をもたらすような利子率と国民所得の組合せが描き出す曲線のことである。ケインズ型の消費関数と投資関数を代入した総需要関数は，

$$Y^D = C(Y) + I(r) + \overline{G}$$

であるから，財市場の均衡条件は

$$Y = C(Y) + I(r) + \overline{G}$$

となる。

　そこで，図 7-1 (A)の横軸に国民所得 Y，縦軸に総需要 Y^D を測る座標軸において，最初に，利子率が r_0 の高さに与えられると，投資量が投資関数を通じて $I_0 = I(r_0)$ に決定される。その結果，総需要関数は $Y_0^D = C(Y) + I(r_0) + \overline{G}$ となるので，45 度線が交わる点 E_0 において，利子率が r_0 のもとで当初の均衡国民所得が Y_0 に決定される。次に，利子率が r_1 に低下したならば $(r_0 > r_1)$，投資は増加し $I_1 = I(r_1)$ となる $(I_1 > I_0)$。それゆえ，総需要線は $Y_1^D = C(Y) + I(r_1) + \overline{G}$ まで上方にシフトする。そのため，財市場に超過需要が生じるので，財市場が均衡するには産出量は点 E_1 まで増加しなければならない。その結果，新しい均衡国民所得は Y_1 になる。このようにして，利子率が r_0 のもとで当初の均衡国民所得が Y_0 に，また，利子率が r_1 のもとで新たな均衡国民所得が Y_1 に決定さ

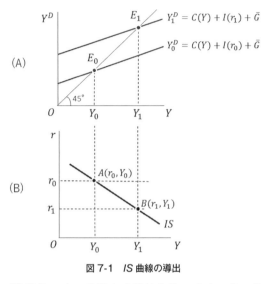

図 7-1　*IS* 曲線の導出

れる。

　このような 2 つの組み合わせを表したものが，図(B)である。この図の横軸には国民所得 Y，縦軸には利子率 r が測られているので，図(A)において得られた利子率と国民所得の組合せを描くことができる。例えば，図(B)に示された点 A の組合せ (r_0, Y_0) は，図(A)の点 E_0 に，また，点 B の組合せ (r_1, Y_1) は点 E_1 に対応していることがわかる（数学的には，座標点は横軸を先に書くのが一般的であるが，ここでは，利子率を所与としたときの国民所得の変化を表すので，このような表記にしてある）。

　このようにして，図(B)において点 A，点 B を通り，財市場が均衡しているときの利子率と国民所得の組合せを描く線を導出することができる。これが，*IS* 曲線である。この曲線は右下がりの傾きをしている。なぜならば，例えば，利子率が低下したならば，投資が増加し財市場に超過需要が生じるので，財市場が均衡するためには生産量は増加しなければならないからである。それゆえ，*IS* 曲線上のいかなる点も，財市場は均衡状態にある。

(3)　*IS* 曲線の特殊なケース

　第 4 章で，ケインズ型投資関数を前提として，投資の利子弾力性について説明した。例えば，投資が利子率の変化に対して非弾力的な場合，利子率が低下しても投資はあまり増加しないから，総需要の増加も少なく国民所得の増加も少ない。それゆえ，*IS* 曲線の傾きは急になることがわかる。また，投資が完全に非弾力的な場合では，利子率が低下しても投資は全く増加しないので，国民所得も増加しない。そのため，*IS* 曲線は横軸に対して垂直な線となる。

7-2　貨幣市場の均衡と *LM* 曲線

(1)　*LM* 曲線の導出

　次に，*LM* 曲線を導出しよう。ここで *LM* 曲線とは，(7.2) 式が示す貨幣市場の均衡をもたらすような利子率と国民所得の組合せが描き出す曲線のことである。貨幣市場の均衡条件は

$$\overline{M}/\overline{P} = L(Y, r)$$

であるから，実質貨幣供給量を所与とし国民所得は既知とすれば，国民所得の変化に応じて利子率が変化することがわかる。

　第6章で説明したように，図 7-2 (A)において横軸に貨幣供給量 M と貨幣需要量 L，縦軸に利子率 r を測った流動性選好による利子率の決定理論が描かれている。この図(A)において，まず国民所得が Y_0 に与えられたときの貨幣需要関数を $L = L(Y_0, r)$ とすると，点 E_0 において貨幣市場が均衡するから，利子率が r_0 に決定される。次に，国民所得が Y_1 に増加したならば，貨幣需要関数は $L' = L(Y_1, r)$ となり右上方にシフトするため，実質貨幣供給量が一定ならば，貨幣市場に超過需要が生じるから，利子率は貨幣市場が均衡する点 E_1 において r_1 に決定される。このようにして，国民所得が Y_0 のもとで当初の利子率が r_0 に，ま

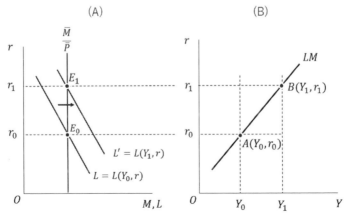

図 7-2　*LM* 曲線の導出

た，国民所得が Y_1 のもとで新たな利子率が r_1 に決定される。

　このような2つの組み合わせを表したものが，図(B)である。この図は，図7-1と同様に横軸に国民所得 Y，縦軸には利子率 r が測られているので，図(A)において得られた国民所得と利子率の組合せを描くことができる。，例えば，図(B)に示された点 A の組合せ (Y_0, r_0) は，図(A)の点 E_0 に，また，点 B の組合せ (Y_1, r_1) は点 E_1 に対応していることがわかる。

　このようにして，図(B)において点 A，点 B を通り，貨幣市場が均衡しているときの国民所得 Y と利子率 r の組合せを描く線を導出することができる。これが，LM 曲線である。この曲線は右上がりの傾きをしている。なぜならば，例えば，国民所得が増加したならば，取引貨幣需要が増加し貨幣市場に超過需要が生じるので，貨幣市場が均衡するためには利子率は上昇しなければならないからである。それゆえ，LM 曲線上のいかなる点も，貨幣市場は均衡状態にある。

(2)　*LM* 曲線の特殊なケース

　すでに第6章において，利子率がある水準において貨幣需要が無限大にある現象，すなわち流動性のわなについて説明した。では，この場合，LM 曲線はどのような形状になるのかを導出してみよう。図7-3(A)において，当初，国民所得 Y_0 のもとでの貨幣需要 $L = L(Y_0, r)$ と貨幣供給量が等しい点 E_0 において貨幣市場が均衡し，利子率が r_m に決定されているとする。次に，国民所得が Y_1 に増加し貨幣需要が $L' = L(Y_1, r)$ に変化したとしても，貨幣市場の均衡が点 E_0 のま

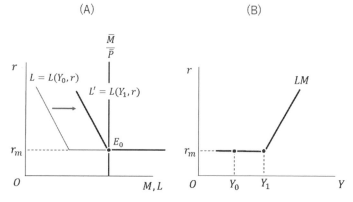

図7-3　流動性のわなにおける *LM* 曲線

まであったならば，利子率は r_m の水準のままである。それゆえ，国民所得が増加しても，利子率は変化しないので，LM 曲線は，図(B)のように，横軸に平行な直線で描かれる。

7-3　財市場と貨幣市場の同時均衡

　財市場の均衡を表す IS 曲線は右下がりであり，貨幣市場の均衡を表す LM 曲線は右上がりであるから，2 つの曲線は図 7-4 のように必ず交点をもつ。この交点は，IS 曲線上であると同時に LM 曲線上でもあるから，財市場と貨幣市場の両方が同時に均衡していることを示している。そこで，国民所得と利子率は，この交点 E_0 においてその均衡値が決定される。このときの Y_0 が均衡国民所得，r_0 が均衡利子率となる。このこと

は，先の（7.1）式と（7.2）式において，前者が国民所得 Y を決定し，後者が利子率 r を決定するという二元論的な説明を脱して，この 2 つの式が未知数である国民所得と利子率を同時に決定するという形での一般化が行われたことを意味する。これが，IS-LM 曲線による国民所得と利子率の同時決定理論と呼ばれる所以である。

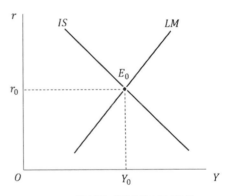

図 7-4　財市場と貨幣市場の同時均衡

7-4　市場の調整メカニズムと調整速度

　財市場と貨幣市場のどちらか，あるいは両方が不均衡状態であるとき，IS 曲線と LM 曲線との交点が示す均衡点に向かって経済はどのように調整されるのであろうか。例えば，財市場に超過需要が生じていれば，産出量は増大し国民所得は増加するであろうし，また逆に超過供給の状態であれば国民所得が減少するように動くであろう。また，貨幣市場に超過需要が生じていれば，利子率が上昇するであろうし，逆に，超過供給ならば利子率が下落するであろう。このこと

を，図7-5と図7-6で確認してみよう。

(1)　財市場における調整過程

図7-1に，財市場の不均衡点を書き加えたものが図7-5である。例えば，この図(B)における点Cは IS 曲線上ではなく，利子率と国民所得の組合せが (r_1, Y_0) であるから，財市場は不均衡，すなわち超過需要か超過供給のいずれかである。この点Cは，利子率が r_1 水準であり総需要が Y_1^D の大きさにであるから，図(A)の点Fにあたる。したがって，総需要は Y_1^D であるのに対して産出量は点 E_0 の高さであるから，図(B)の点C，あるいは IS 曲線の左下の領域は，財市場に超過需要が生じていることがわかる。そのため，財市場が均衡するには，利子率が r_1 のもとで生産量が点B (r_1, Y_1) まで増加しなければならない。したがって，点Cにおいては，Yの変化を表す矢印が右向きに示されている。

また逆に，IS 曲線の右上の領域である点Dは (r_0, Y_1) の組合せであるから，図(A)における点Jに対応しているので，財市場が超過供給であることがわかる。そのため，財市場が均衡するためには，利子率が r_0 のもとで，生産量は点A (r_0, Y_0) まで減少しなければならないから，矢印が左向きに描かれている。

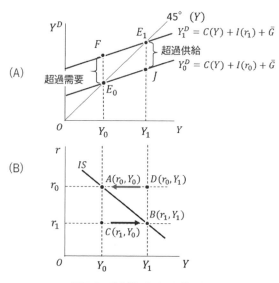

図 7-5　財市場における調整過程

(2)　貨幣市場における調整過程

　同様にして，貨幣市場の不均衡とその調整過程について調べてみよう。図7-2に，貨幣市場の不均衡点を書き加えたものが図7-6である。例えば，この図(B)における点 C は LM 曲線上ではなく，利子率と国民所得の組合せが (Y_1, r_0) の組合せであるから，貨幣市場は不均衡，すなわち超過需要か超過供給のいずれかである。この点は，国民所得が Y_1 水準であり貨幣需要が L' の大きさであるから，図(A)の点 F に位置していることがわかる。したがって，貨幣需要は L' であるのに対して実質貨幣供給量は点 E_0 までの量であるから，図(B)の点 C，あるいは LM 曲線の右下の領域は，貨幣市場が超過需要の状態であることがわかる。そのため，貨幣市場が均衡するには，国民所得が Y_1 のもとで利子率が点 B (Y_1, r_1) の高さまで上昇しなければならない。したがって，点 C においては r の変化を表す矢印が上向きに示されている。

　また逆に，LM 曲線の左上の領域である点 D は，(Y_0, r_1) の組合せであるから，図(A)の点 J に対応しているので，貨幣市場が超過供給であることがわかる。そのため，貨幣市場が均衡するためには，国民所得が Y_0 のもとで，利子率は点 A (Y_0, r_0) まで下落しなければならないから，矢印が下向きに描かれている。

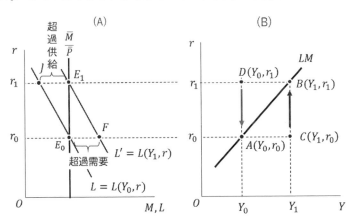

図7-6　貨幣市場における調整過程

(3)　財市場と貨幣市場における調整過程

　図7-7には，IS 曲線と LM 曲線によって分割された4つの領域（Ⅰ～Ⅳ）が示されている。また，各領域での財市場と貨幣市場の需給関係は表7-1の通り

表 7-1　財市場と貨幣市場の不均衡

	財市場	貨幣市場
第Ⅰ領域	ESG	ESM
第Ⅱ領域	EDG	ESM
第Ⅲ領域	EDG	EDM
第Ⅳ領域	EGS	EDM

である。表では，財市場の超過需要を EDG（Excess Demand for Goods），超過供給を ESG（Excess Supply of Goods），貨幣市場の超過需要を EDM（Excess Demand for Money），超過供給を ESM（Excess Supply of Money）として示している。いずれの領域にせよ，例えば，財市場に超過供給が生じているならば，産出量は減少し，また，貨幣市場に超過供給が生じているならば，利子率は低下する。それゆえ，経済がどの領域にあろうとも，国民所得と利子率は図中の矢印の方向に変化して行くであろう。

このようにして，例えば，経済が第Ⅰ領域の点 A にあれば，財市場は超過供給であるから産出量は減少し，また貨幣市場は超過供給であるから利子率は低下するので，経済は点 A から時計と反対回りの矢印で均衡点 E_0 に向かって移動する考えられる。同様に，領域Ⅱ，Ⅲ，Ⅳにおいても，それぞれ点 B, C, D から時計と反対回りの矢印で均衡点 E_0 に向かって調整されるであろう。

しかし，この調整経路が現実にどのようになるかは，各市場の不均衡における産出量と利子率の調整速度に依存すると考えられる。一般的には，財市場の調整速度よりも貨幣市場の調整速度の方が極めて速いと考えられるから，まず貨幣市場が均衡し，その後，財市場が LM 曲線上にそって均衡点 E_0 に向かうであろう。

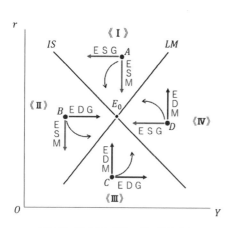

図 7-7　財市場と貨幣市場の調整過程

7-5　過少雇用均衡と総需要管理政策

ここでは，経済に失業やデフレやインフレが生じているときに実行される財政金融政策の効果を，IS-LM 曲線を用いて分析してみよう。

(1) 過少雇用均衡と非自発的失業

　図7-8において経済が点E_0で均衡しているとすれば，財市場も貨幣市場も均衡しているため産出量と利子率を変化される圧力が何ら生じない。しかし，この点は必ずしも完全雇用と限らない。図7-8に示したように，もし完全雇用GDP（あるいは完全雇用国民所得：完全雇用を実現するGDP）Y_Fが，Y_0より高い水準であるならば，労働市場には非自発的失業が存在するであろう。しかし，このように労働市場に非自発的失業者が存在していても，財市場は均衡状態であるから，労働の需要は増加せず失業は依然として残る。このような状態を過少雇用均衡（あるいは不完全雇用均衡）という。それゆえ，非自発的失業をなくし完全雇用を実現させるためには，図中の点E_0をY_Fの水準まで高めなければならない。そのために，政府は景気拡大策を行う必要がある。これが総需要管理政策である。その代表的なものに，公共投資などの政府支出の増加や減税，あるいは金融緩和政策などがある。

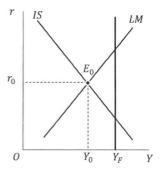

図7-8　過少雇用均衡

(2) 拡張的財政政策の効果

A　政府支出増大とIS曲線のシフト

　まずIS曲線のシフトは，一般的には独立支出の変化に基づいて生じる。例えば，政府支出の増加，独立投資の増加，基礎消費の増加が，一定の利子率のもとで総需要を増大させ，国民所得の増加をもたらすから，IS曲線は右上方にシフトする。

　いま，図7-9において，当初の経済体系がIS_0とLMの交点E_0で均衡しており，国民所得がY_0，利子率がr_0に決定されているとする。ここで政府が政府支出をΔGだけ増加させたならば，総需要が増加するために，IS曲線はIS_0からIS_1へ右上方にシフトする。その結果，新しい均衡国民所得はY_1に

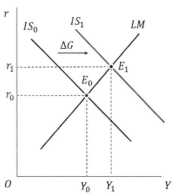

図7-9　拡張的財政政策の効果

増大し，均衡利子率は r_1 に上昇する。

B　クラウディング・アウト効果

　上述したように，政府支出の増加によって，IS 曲線が右上方にシフトするが，そのシフト幅を決定するものが政府支出乗数の値，すなわち，$\Delta Y = 1/(1-c_1) \cdot \Delta G$ である。しかし，図 7-10 に示されているように，Y_1 と Y_0 の差は，ΔY よりは小さい。なぜならば，政府支出が増加したとき，利子率が r_0 水準に維持されたならば，乗数倍の国民所得が増加し完全雇用国民所得水準 Y_F（点 E_0'）が実現されるが，この点は，IS_1 曲線上であり財市場は均衡しているが，LM 曲線の下方に位置するので貨幣市場は超過需要であるため，経済は，IS_1 曲線上を，両市場が均衡する点 E_1 に向かって移動するからである。それゆえ，貨幣供給量が変化しない限り利子率が上昇するので，民間投資を押しのけるような現象が現れる。この現象をクラウディング・アウト効果（crowding-out effect）という。この投資の減少は投資乗数効果をマイナスに作用させるので，国民所得は減少し Y_F から Y_1 まで押し戻される。その結果，経済は新しい均衡点 E_1 に到達するが，完全雇用は実現できない状態となる。

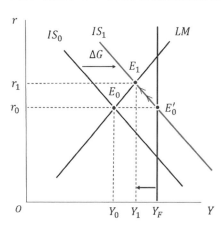

図 7-10　拡張的財政政策と
クラウディング・アウト効果

C　流動性のわなのケース

　いま経済が，図 7-11 が示すように，当初の IS_0 曲線と LM 曲線の交点 E_0 で均衡しているとしよう。次に，政府が政府支出を ΔG だけ増加させたならば，IS 曲線は IS_0 から IS_1 へシフトし，新しい均衡点は E_1 に移動し，国民所得は Y_0 から Y_1 に増加する。ここでは，クラウ

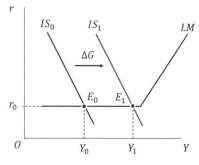

図 7-11　流動性のわなのケース

ディング・アウト効果は全く生じることはなく，政府支出の増加の効果が100％
発揮され，拡張的財政政策が有効に機能しているといえる。

(3)　金融政策の効果

A　マネーサプライの増加と LM 曲線のシフト

LM 曲線のシフトをもたらす第 1 の要因は，金融緩和政策にもとづくマネーサ
プライの増加である。中央銀行が公開市場操作（ここでは，買い操作）を行い名
目マネーサプライを増加させたとしよう。このとき，所得水準あるいは貨幣需要
関数が一定ならば，マネーサプライの増加によって貨幣市場に超過供給が生じる
から，ある所得水準のもとで利子率が下落する。そのため，LM 曲線が右下方に
シフトする。

B　金融緩和政策の効果

いま，図 7-12 において，当初の経済が，IS 曲線と LM_0 曲線との交点 E_0 にお
いて均衡しており，均衡国民所得は Y_0，均衡利子率は r_0 にあるとする。ここで
中央銀行が名目マネーサプライを ΔM だ
け増加させたならば（ただし，物価は不変
とする），LM 曲線は LM_0 から LM_1 へ右
下方にシフトする。その結果，貨幣市場に
超過供給が発生するので，利子率が点 E_1
に向かって低下し，また，それによって投
資需要が刺激され産出量も増加すると考え
られる。それゆえ，新しい均衡国民所得は
Y_1 に増加し，また新しい均衡利子率は r_1
に下落する。

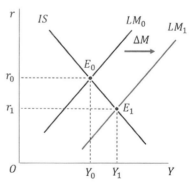

図 7-12　金融緩和政策の効果

C　流動性のわなのケース

マネーサプライの増加が，国民所得の増大をもたらさない限定的なケースが 2
つ存在する。そのひとつが，貨幣市場が流動性のわなに陥っている場合である。
当初，IS_0 曲線と LM_0 曲線の交点 E_0 で均衡国民所得が Y_0，均衡利子率が r_0 に
決定されているとき，マネーサプライの増加は LM_1 曲線のように，LM 曲線の

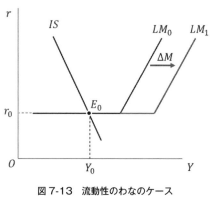

図7-13　流動性のわなのケース

右上がりの部分だけを右方にシフトさせるので，均衡点は全く変化しない。そのため，利子率は低下しないので国民所得も変化しないのである。したがって，流動性のわなが生じているとき，名目マネーサプライを増加させても，貨幣は退蔵されるだけであって，金融緩和政策は全くその効果を発揮しないのである。

D　投資の利子非弾力的なケース

もうひとつの限定的なケースは，IS 曲線が横軸に対して垂直になる場合である。これは，投資が利子率の変化に全く反応しない場合である。図7-14に示したように，金融緩和政策によって LM 曲線が LM_0 から LM_1 へシフトし，均衡利子率が r_0 から r_1 へ下落したとしても，投資がそれに全く反応しないので，国民所得は拡大しない。

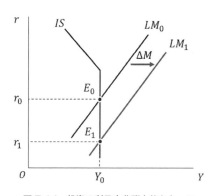

図7-14　投資の利子率非弾力的なケース

これら2つの特殊ケースを強調したのが，初期ケインジアンであった。この2つの図からわかるように，流動性のわなあるいは投資の利子非弾力性を前提とする限り，金融政策は無効であるといわざるえず，したがって，拡張的財政政策の妥当性が強調されることになる。

7-6　ポリシー・ミックス

いま，図7-15において，当初，経済が IS_0 と LM_0 の交点 E_0 の位置にあり，均衡国民所得が Y_0，均衡利子率が r_0 に決定されているとする。ここで，政府が完全雇用 GDP を実現するために，まず ΔG だけの拡張的財政政策を行ったとすれば，IS 曲線は IS_0 から IS_1 へ右方にシフトする。このとき利子率が r_0 水準の

ままであれば，乗数倍の国民所得の増
加が生じ，国民所得はY_0からY_Fま
で増加し完全雇用GDPに達する。し
かし，図7-10でみたように，クラウ
ディング・アウト効果が発生するの
で，経済は点E_0'からIS_1線上に沿っ
て利子率がr_1に上昇し，国民所得は
点E_1のY_1まで押し戻される。その
ため，依然として非自発的失業は残っ
たままになる。

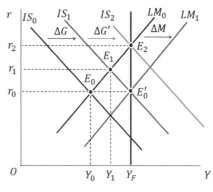

図7-15　ポリシー・ミックス

　そこで，完全雇用を実現させる2つの方法が考えられる。そのひとつは，政府
支出をさらに$\Delta G'$だけ増加させ，IS曲線をIS_2までシフトさせる方法である。
しかし，これはクラウディング・アウト効果を再び生じさせ，利子率をさらにr_2
まで上昇させるであろうし，また，政府支出をどこから捻出するかという問題も
起こり得る。そこで，もうひとつの方法として，金融緩和政策を実施することで
ある。しかし，拡張的財政政策と併用して金融緩和政策（名目マネーサプライの
増加ΔM）を行い，LM曲線がLM_0からLM_1にシフトしたならば，経済は点
E_0'に移動し，利子率をr_0の高さに維持できるのでクラウディング・アウト効果
を生じさせることなく，国民所得を増大させ完全雇用を実現することができる。
このように，財政政策と金融政策を適度に組み合わせる政策をポリシー・ミック
スと呼んでいる。

7-7　価格の伸縮性と完全雇用

　図7-12において，物価水準を一定として名目マネーサプライの増加による効
果について説明した。しかし，物価と賃金が完全に伸縮的であると仮定すれば，
名目マネーサプライが一定（$M = \overline{M}$）であっても，実質マネーサプライ（$\overline{M}/P$）
は変化するので，LM曲線はシフトするはずである。
　そこで，図7-16において，物価水準が$P = P_0$に与えられたときのLM曲線を
LM_0とすれば，この曲線とIS曲線の交点E_0で，国民所得がY_0，利子率がr_0に
決定される。しかし，このとき経済が完全雇用ではないならば，労働市場に超過

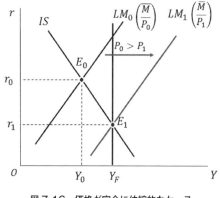

図7-16　価格が完全に伸縮的なケース

供給が生じているから貨幣賃金は下落するであろう。そのため生産コストが減少し物価は下落するであろう。このとき，物価が P_1 に下落したならば $(P_0 > P_1)$，実質マネーサプライが増加するから $(\overline{M}/P_1 > \overline{M}/P_0)$，LM曲線は LM_0 は LM_1 に右下方にシフトする。その結果，経済の新しい均衡点は E_1 に移動し，国民所得は完全雇用GDPに達し，また利子率は r_1 に下落する。このように，物価と賃金が完全に伸縮的であると仮定すれば，完全雇用は自動的に達成されるから，経済政策は全く必要ないのである。そのため，賃金や物価の非伸縮性が失業で原因である，という論理が成り立つのである。

第8章

開放経済体系と経済政策の効果

8-1 外国為替制度と国際収支の構造

　経済のグローバル化が進み，いまや海外部門との相互依存関係を無視してマクロ経済学を語ることはできない。現代の経済活動は国境を越え，近年の情報通信技術や交通手段の発達によって急速に拡大すると同時に，各国金融システムの自由化が進捗するにつれて，直接投資や証券投資を含む国際資本移動が活発化している。オープンマクロはこれらの実態経済の動きを解明する重要なツールである。本節においては，オープンマクロ経済分析に必要とする国際収支の構造関連などの基礎知識について解説するとともに，外国為替制度の歴史的な推移を概観する。

(1) 国際収支の構造

　一国の対外経済活動を記録したものは国際収支表である。国際収支表とは，IMF 標準的なルールに基づいて対外経済活動を体系的にまとめ，複式簿記方式で記録したものである。IMF 国際収支マニュアル第5版（BPM5）基づいた国際収支表は，経常収支，資本収支，外貨準備増減の3つのセッションに分類して対外取引を体系的に記録したものである。

　図 8-1 で示したように，経常収支は，輸出入代金の支払を示す貿易・サービス収支や，投資収益等を示す所得収支などを記録したものであり，資本収支は国際資本の流入や流出の流れを示す投資収支などを記録したものである。外貨準備増減は通貨取引の記録である。国際収支均衡は通常，経常収支，資本収支，外貨準備増減の合計に誤差脱漏を加えて常にゼロになることを意味する。つまり，

図 8-1　国際収支表の構造

$$国際収支＝経常収支＋資本収支＋外貨準備増減＋誤差脱漏＝0$$

という関係式が成立する。

　貿易不均衡で輸出が超過して，外国から受け取った外貨が輸入に支払う外貨より多くなったとき，外貨資金が外国から自国へ流入し，経常収支が黒字となる。経常収支が黒字の場合，外国から受け取った外貨は外国債券の購入や対外投資に使われたりするため，資本の流れで見れば，自国から外国へ資金が流出し，資本収支は赤字になる。したがって，財市場取引の資金の流れを示す経常収支と国際資本市場の資本の流れを示す資本収支は，同じコインの表と裏の関係にあるという。

　国際収支の黒字とか赤字などの語句があるが，これは国際収支表の一部を取り上げて収支尻を指摘しているに過ぎない。国際収支表の上では貸方と借方が必ずバランスをとることになり，プラスとマイナスが相殺して全体がゼロであることに留意しよう。

　外貨準備増減は変化なく，誤差脱漏も考慮しないとして単純化すれば，

$$経常収支＋資本収支＝0$$

のように，経常収支と資本収支の関係はよりシンプルに捉えられる。

　日本の国際収支統計は，2014 年 1 月の取引から新統計方式の（BPM6）が適用されている。新統計方式の国際収支表は，経常収支，資本移転収支，金融収支の 3 大項目に分類して記録されている（表 8-1 を参照）。新統計方法によって国際収支集計のカテゴリは変わったが，財市場取引の資金の流れと国際資本市場の資本の流れの本質的な関係には変わりはない。

　国際収支の均衡式について，国際収支は *BP*，経常収支は単純化の形で貿易・

表 8-1　国際収支表の構成（現行統計と新統計）

従来の統計（BPM5 準拠）	新統計（BPM6 準拠）
経常収支	経常収支
貿易・サービス収支	貿易・サービス収支
貿易収支	貿易収支
輸出	輸出
輸入	輸入
サービス収支	サービス収支
所得収支	第一次所得収支
経常移転収支	第二次所得収支
資本収支	資本移転収支
投資収支	金融収支
その他資本収支	直接投資
	証券投資
	金融派生商品
	その他投資
外貨準備増減	外貨準備
誤差脱漏	誤差脱漏

サービス収支 NX として捉え，さらに，貿易・サービス収支 NX は輸出 EX と，輸入 IM の差額とする。

資本収支は K とすれば，国際収支均衡式は以下のように表せる。

$$BP = (EX - IM) + K = 0 \tag{8.1}$$

外貨準備に変化がなく，誤差脱漏がなければ，

経常収支（黒字）≡ 資本収支（赤字）

経常収支（赤字）≡ 資本収支（黒字）

という関係が常に成立する。

為替レートの変動によって影響をうけ，内外金利差によって資本移動が発生する。r は自国利子率水準，r_W は外国あるいは世界の利子率水準とする。自国利子率水準 r は，世界利子率水準 r_W より高い場合，つまり，$r > r_W$ の場合，資本が流入し，逆に，自国利子率水準 r は，世界利子率水準 r_W より低い，$r < r_W$ の場合，資本が流出することになる。また，自国通貨安の場合，為替レートが輸出有利に働き，経常収支が黒字になれば，外国から受け取った外貨は，外国の債券の購入や対外投資に使われ，資本収支が赤字になる。自国通貨高で経常収支が赤

字になった場合，外国から自国に資本が流入することになり，資本収支が黒字に
なる。

(2)　外国為替相場と円高のはじまり

　まずは外国為替相場の概念である。為替相場は通常，1ドル何円で表示されて
いる。これは自国通貨建て為替レートと呼ばれ，自国の通貨単位で測った外国
通貨の価値のことを意味する。固定相場制のもとでは，円ドルレートは1ドル
＝360円で固定されていたが，変動相場制に入って，円相場は変動する。1ドル
100円の相場から1ドル120円に変わったとすれば，1ドルを得るには20円分よ
り多く出さないといけないので，円は減価になり，それを円安という。逆に相場
が1ドル80円に変わった場合，円は増価になり円高になる。

　1971年のニクソン・ショック以降，円レートは360円から308円（中心レー
ト）に改められたが，日本の政策当局は，360円体制が崩壊し，308円という当
時からすれば異常な円高が日本経済の成長を鈍化させると考えたため，マネーサ
プライの急増を容認し，また，田中角栄首相（当時）は「日本列島改造論」を推
進した。このこともまた，1973，1974年の狂乱物価の素地を作った。変動為替
相場制への移行後は，日本経済の良好なパフォーマンスを反映して，全般的に円
高傾向が定着したといってよいであろう。とくに重要なのは，1985年9月のプ
ラザ合意を機に急激な円高が進み，1986年から87年にかけては，円レートが一
挙に120円台にまで上昇した。このため，日本経済を支えてきた輸出産業が軒な
み減産を余儀なくされ，失業率が上昇し，日本経済は円高不況に見舞われた。さ
らに，円レートは1995年4月には一時1ドル79円台まで突入するなど，超円高
時代も経験したものの，その後は，1ドル110円前後で推移している。

　これまでの議論では，経常収支をもっぱら貿易・サービス収支に近いものとし
て扱ってきたが，1990年代半ば以降，企業生産活動のグローバル化が進み，円
高に伴って企業の生産拠点の海外移転が加速し，海外投資の収益分による所得収
支の黒字が増えつつ，もはや所得収支を無視して経常収支を議論することができ
なくなる。今や貿易・サービス収支に比べ，海外投資の収益分による所得収支の
黒字の増加が経常収支の黒字を支えているともいえる。

　現在，円高修正によって輸出は増えるものの，貿易収支改善へのインパクトは
それほど強くなかった。逆に，円高修正によって輸入コストが膨れ上がり，輸入

が増加すれば貿易収支のパフォーマンスが悪化し，貿易赤字がほぼ定着している。しかし，海外生産の増加に伴い，その分収益は所得収支の増加といった形で，経常収支の黒字が維持され，今後も黒字基調が続くと考えられる。

(3) 国際通貨制度の変遷

A 固定相場制と為替平衡操作

国際通貨制度の変遷を考察してみよう。戦後の国際通貨制度は，IMF 体制，あるいはブレトンウッズ体制と呼ばれる。この国際通貨体制は，IMF を中核機関としながらも，米ドル本位制ともいわれたように，アメリカの経済力に大きく依存したシステムであった。ブレトンウッズ体制の下で，金とドルの交換レートは，1 オンス 35 ドルで固定され，IMF 加盟国は金あるいはドルに対して自国通貨の平価を定めた。この交換レートは，IMF 平価と呼ばれる。そして，為替相場は固定され，加盟国はそれを維持することが義務づけられた。

固定相場制では，為替平衡操作が欠かせない。具体的には，各国は国際収支が逆調，つまり，赤字の状態が持続すると，自国通貨の価値（いわば IMF 平価）を維持するため，外国為替市場で不足する外貨を外貨準備からとり崩して，また，必要に応じ金も外貨に換えて供給する。つまり，市場介入する義務がある。その結果準備が不足してくると，IMF はその国に対して必要となる短期資金を貸付けるとともに，政策上の節度を義務づける。そして国際収支が好転し，外貨が市場で余るようになり，自国通貨が IMF 平価を上回って強くなるとともに，通貨当局は市場から，余った外貨を買い上げて外貨準備を回復し，また IMF からの借入金を返済するわけである。

固定相場制のもとでは，流動性のジレンマという矛盾を抱えている。流動性のジレンマは，トリフィンのジレンマとも呼ばれ，特定の国の通貨を基軸通貨とする国際通貨体制においては，基軸通貨の供給と信用の維持を同時に達成できないというジレンマ（矛盾）をいう。これはブレトンウッズ体制（金ドル本位制）において，1960 年に経済学者のロバート・トリフィン（Robert Triffin：1911-93）が，一国の通貨を国際通貨として使用する制度の問題点を指摘したことに由来したものである。

B　固定相場制から変動相場制へ

1960年代にアメリカの国際収支の悪化によってドル流出が続き，各国ではドル不安からドルを金に交換するようになり，アメリカの金準備は半減していた。アメリカの金保有量の減少によってドルへの信頼はさらに低下し，やがて1971年8月15日，ニクソン大統領はドル金の交換停止の声明を発表した。

このニクソン・ショックは，固定相場制の崩壊を意味するものであった。一方，固定相場制を復活しようとしたスミソニアン合意はあったが，1973年3月には再びドル不安が起こり，この合意も一瞬のうちに崩れ去り，ドル本位制に終止符が打たれた。1973年以降，国際通貨体制は固定相場制から変動相場制へ移行した。

市場原理が働く変動相場制のもとで，外国為替相場は利子率水準，国民所得，物価水準とともに国際収支を含むマクロ経済の調整過程で決定されるものであるが，変動為替相場制を採用している主要国の中央銀行は為替相場の激しい動きには日常的に市場介入を行なっているわけで，現在の通貨制度は管理された変動相場制とも呼ばれている。

固定為替相場制のもとでは，中央銀行は自国通貨と外国通貨の需給のアンバランスに対応する分の外貨を，いつでも要求に応じて売ったり，買ったりしなければならないため，固定相場制では，マネーサプライは内生変数であり，金融政策は機能しない。

これに対して，変動為替相場制のもとでは，為替レートが通貨と通貨の間の需要と供給が調整されるように外国為替市場で決定されるため，中央銀行には固定為替相場制の場合のような外国通貨を売ったり買ったりする義務はない。したがって，変動相場制においては，マネーサプライは外生変数となり，金融政策は有効となる。

8-2　マンデル＝フレミング・モデルの導出

(1)　財市場の均衡と IS 曲線

財市場では，総需要と総供給が等しくなるような国民所得水準は，$Y = C + I + G + NX$ に満たされなければならない。総需要 $AD = Y$，Y は国民所得水準である。

Y_W は外国の所得水準，e は為替レートとすれば，輸出関数は $EX = EX(Y_W, e)$，

輸入関数は $IM = IM(Y-T, e)$，貿易・サービス収支は $NX = EX - IM$，のように表せる。

輸出は為替レートや外国の需要の大きさ，もっと厳密には外国の所得水準 (Y_W) に左右される。それに対して，輸入は為替レートや自国の景気，可処分所得の水準 $(Y-T)$ に左右される。貿易・サービス収支をひとつの式，$NX = NX(Y-T, Y_W, e)$ にまとめると，IS 曲線は，

$$Y = C(Y - T) + I(r) + G + NX(Y - T, Y_W, e) \qquad (8.2)$$

(8.2) 式のように表せる。

(2) 外国貿易乗数

マクロ経済モデルを以下のように仮定しよう。

均衡国民所得の決定を，

$$Y = C + I + G + EX - IM$$

消費関数を，

$$C = c_0 + c_1(Y - T)$$

輸入関数を，

$$IM = m_0 + m_1(Y - T)$$

とし，限界輸入性向は m_1 とする。

輸出入を考慮した時の国民所得は，(8.3) 式から得られる。

$$Y = \frac{1}{1-c_1+m_1}(I + G + EX + c_2 - m_2) \qquad (8.3)$$

(8.3) 式にある，$c_2 = c_0 - c_1 T$，$m_2 = m_0 - m_1 T$ とする。

輸出増加と国民所得増加の関係について，輸出 EX が ΔEX で増加するならば，国民所得 Y は ΔY 分の増加をもたらす。それが次の (8.4) 式のように表せる。

$$Y + \Delta Y = \frac{1}{1-c_1+m_1} (I + G + EX + \Delta EX + c_2 - m_2) \tag{8.4}$$

輸出増加によってもたらした国民所得増加の効果は，(8.4) 式から (8.3) 式を差し引くことによって計算される。その結果は (8) 式のようになる。

$$\Delta Y = \frac{1}{1-c_1+m_1} \Delta EX \tag{8.5}$$

(8.5) 式にある，$1/(1-c_1+m_1)$ は外国貿易乗数であり，正の値であるから，封鎖経済体系下の乗数 $1/(1-c_1)$ よりは小さくなるが，輸出が1単位増やしたならば，国民所得 Y はその乗数倍 $1/(1-c_1+m_1)$ をかけて増加することになる。

(3) 貨幣市場の均衡と *LM* 曲線

　貨幣市場の均衡は *LM* 曲線で表わされるが，*LM* 曲線は固定為替相場制と変動為替相場制の下では異なった形をとる。

　LM 曲線は，

$$\frac{M}{P} = L(Y, r) \tag{8.6}$$

(8.6) 式のように書けるが，固定相場制のもと，マネーサプライ M は政策によって決められる外生変数ではなく，モデルの中で決定される内生変数である。一方，変動相場制のもとでは，中央銀行に持ち込まれる外貨を自国通貨と交換する義務はなく，マネーサプライ M は政策によって決めることのできる外生変数である。したがって，固定相場制のもとでは，金融政策は機能せず，変動相場制のもとでは，金融政策は有効であるという。

　外国為替市場への介入の仕組みについて見ていこう。図8-2で示した買いオペ（ドル買い）のケース）では，中央銀行は市中銀行に対して外貨（ドル）を買い取って円を売ることによって，自国通貨高（円高）を阻止するが，市場ではマネーサプライが増加する。このような中央銀行対市中銀行の直の取引による介入を不胎化しない介入という。円が過剰に市場に供給されることによって物価が不安定になり，インフレの懸念が生じかねるため，不胎化した介入を行うケースも

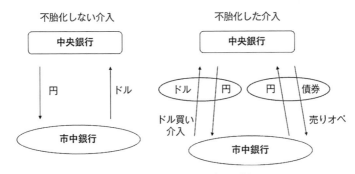

図8-2　外国為替市場への介入の仕組み

見られる。この場合，中央銀行が外貨（ドル）を買い取った自国通貨（円）換算分の金額に等しい手持ち債券を売却したとすれば，その分だけのマネーサプライが中央銀行に吸収され，結局，マネーサプライが変化しないことになる。図8-2の不胎化した介入では，中央銀行がドル買い介入を実施すると同時に売りオペを行う仕組みを示している。このような中央銀行が自国通貨と外貨を交換する際に生じたマネーサプライの変化分を相殺させるために行われたオペレーションのことを「不胎化した介入」または「不胎化政策」という。

　しかし，不胎化した介入を継続して実行するのが困難であろう。投機的な資金が大量にかつ急激に自国に流れ込んできた場合，あるいは貿易・サービス収支の不均衡が長期に及んだ場合，中央銀行はそれによって生じてくる巨額のマネーサプライを相殺できる相応な量の債券を保有するのは現実的ではない。一般的に，固定相場制においては，不胎化政策は短期的には可能であるが，長期にわたって取り続けることは難しいと考える。

　変動相場制のもとでは，中央銀行は為替レートを維持する義務はなく，特別な意図に基づく介入を除けば，マネーサプライは為替相場の変動に影響を受けることはなく，中央銀行はマネーサプライをコントロールできる。変動相場制のもとでは，マネーサプライ M は政策によって決定できる外生変数である。

(4)　資本移動と利子率の決定

　資本移動と利子率の決定について，ここではまず，小国という概念について触れておきたい。「小国」とは，自国の経済規模が世界全体の中で占める割合が無視できるほど小さく，自国のマクロ経済の変化が世界に何の影響を与えることが

できない場合をいう。小国モデルでは，資本移動が自由な世界において，自国利子率 r がつねに世界利子率 r_W に等しくなる。つまり，

$$r = r_W \tag{8.7}$$

となる。資本収支を CF としよう。自国利子率 r が世界利子率 r_W より低い場合は，資本が流出し資本収支 CF が赤字になる。自国利子率 r が世界の利子率 r_W より高い場合は，資本が流入し資本収支 CF が黒字になる。国際収支均衡を表す BP 曲線について，資本移動が完全に自由な場合，自国利子率が世界利子率と異なる場合，利子率の低いところから資本が流出するので，自国利子率が世界利子率と乖離したとしても，資本移動を通じて同一水準に引き寄せられ，自国利子率 r はつねに世界利子率 r_W と等しくなり，国際収支均衡（$BP=0$）を表す BP 曲線は水平な直線となる。

　変動相場制のもとでは，マネーサプライ M は政策によって決定できる外生変数であり，

$$BP = NX(Y - T, Y_W, e) + CF(r - r_W) = 0$$

となるが，固定相場制のもとでは，マネーサプライが内生変数であるため，

$$BP = NX(Y - T, Y_W, e) + CF(r - r_W) = \Delta M$$

となる。

　マンデル＝フレミング・モデル（MF モデル）は，図8-3で示したように，財市場，貨幣市場，国際収支の同時均衡を捉えたモデルである。

　このモデルは，以下の3つの方程式，
財市場の均衡を表す IS 曲線，

$$Y = C(Y - T) + I(r) + G + NX(Y - T, Y_W, e) \tag{8.2}$$

貨幣市場の均衡を表す LM 曲線，

$$\frac{M}{P} = L(Y, r) \tag{8.6}$$

国際収支均衡（$BP=0$），

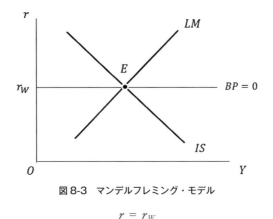

図8-3　マンデルフレミング・モデル

$$r = r_W \tag{8.7}$$

から構成される。

　固定相場制のもとでは，為替レートが固定され，$e = e^*$となり，国民所得Y，自国利子率r，マネーサプライMはモデルの内生変数となり，変動相場制のもとでは，為替レートeが自由に変動し，国民所得Y，自国利子率r，為替レートはモデルの内生変数となる。

8-3　固定相場制下のMFモデルと経済政策

(1)　固定相場制下のMFモデル方程式

　マンデル＝フレミング・モデル（MFモデル）を使って，開放体系下のマクロ理論を検討してみよう。まず，固定為替相場制について整理する。モデル分析においては，物価水準は変わらないものとし，自国を「小国」と想定する。固定相場制のもとでは，為替レートが固定されている。ここで，$e = e^*$とする。財市場の均衡は（8.8）式のように表され，モデルは以下の3本の均衡式から構成する。

$$Y = C(Y - T) + I(r) + G + NX(Y - T, Y_W, e^*) \tag{8.8}$$

$$\frac{M}{P} = L(Y, r) \tag{8.6}$$

$$r = r_W \tag{8.7}$$

国民所得Y，自国利子率r，マネーサプライMはモデルの内生変数であるから，

方程式は3つあるため，ちょうどこれらの変数を決定することができる。

(2)　固定相場制下の所得決定

「小国」モデルで，資本移動が完全に自由であると考えると，自国利子率が世界利子率と均衡する。固定相場制のもとでは，自国利子率と世界利子率の不均衡は，マネーサプライの変化を通じて LM 曲線がシフトすることによって解消される。自国利子率が高すぎた場合，世界利子率より高い水準にあるから，金利差を求めて世界の資本が流入してくる。その結果，自国の中央銀行には大量の外国通貨が持ち込まれることになる。中央銀行は固定為替相場制のもとでは，持ち込まれた外国通貨はすべて責任をもって対応しなければならない。つまり，外国為替レートを維持する義務を負っている。

図8-4を使って，詳しく確認してみよう。初期の均衡点は点 E_0 にあるとしよう。自国利子率が高すぎる場合，つまり，世界利子率より高くなると，利鞘を求めて資本が流入し，自国通貨の需要が高まり，自国通貨高の圧力がかかってくる。中央銀行は固定レート維持のため，外貨の買い取りを行ない，マネーサプライが増加する。貨幣市場においては超過需要が発生し，マネーサプライが増加すれば，LM 曲線は内外の金利差がなくなるまで右下方へシフトし，均衡点は点 E_1 にまで移動する。この貨幣市場の利子率調整のプロセスを経て国民所得の拡大がもたらされた。

このように，固定相場制のもとでは，自国利子率と世界利子率の不均衡は貨幣市場のマネーサプライの変化を通じて LM 曲線をシフトさせ，国民所得が決定されていくわけである。

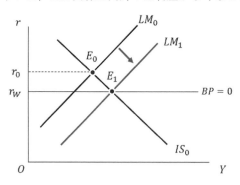

図8-4　固定相場制下の所得決定

(3)　財政政策の効果

財政政策が実施された場合，経済はどのような反応を示すのを考えよう。

図8-5で示したように，当初，経済は IS 曲線と LM 曲線の交点 E_0 で均衡し，国民所得は Y_0，利子率は r_0 に決定されているとしよう。また，世界利子率 r_W

も r_0 にあるとする。ここで、政府が公共投資の増加のような拡張的財政政策を実施すると考えよう。国債発行による民間資金からのファイナンスが実行されるとき、マネーサプライが変わらないから、IS 曲線は IS_1 にシフトするが、LM 曲線はシフトしない。このとき、クラウディング・アウト効果が発生するため、また利子率は r_0 から r_1 に上昇する。経済は E_1 点に移動し、国民所得は Y_1 までしか増加しない。

　資本移動が完全に自由に行われている場合、資本は利子率の高い方へ流れるため、外国から自国に資本が流入し、外国為替市場には自国通貨高圧力が加えられることになる。ここでは、固定相場制を前提としているので、為替相場を維持するには、通貨当局（中央銀行）は外国為替市場への介入が必要であると考える。ここでのポイントは通貨当局の外国為替市場への介入である。このときの介入は外貨買い介入、つまり自国通貨を売り外国通貨を買う介入である。

　この介入によって、外貨準備は増加するが、同時にマネーサプライが増加するため、つまり、自国内の名目マネーサプライが増加するので、LM 曲線が LM_0 から LM_1 にシフトする。このプロセスは利子率水準が元の位置に戻るまで持続するため、自国経済は新しい均衡点 E_2 でふたたび均衡する。

　図8-5で示したように、自国経済は、自国利子率と世界利子率が等しくなる交点 E_2 に移動し、国民所得は Y_2 に増加し、拡張的財政政策は有効である。

　「機関車論」についてであるが、固定相場制下の「機関車論」とは、世界経済

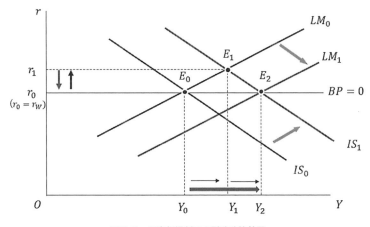

図8-5　固定相場制下の財政政策効果

が不況に陥った時，貿易黒字国が内需を拡大し，機関車としての役割を果たすべきという主張である。拡張的な財政政策の実施によって，内需を拡大すれば，輸入が増え，それが自国のみならず海外の景気を浮揚させる効果が期待されるからである。

⑷　金融政策の効果

　固定相場制のもとでは，金融政策は無効である。

　図8-6で示したように，金融緩和政策が発動されると，LM曲線は右下シフトし，利子率の低下を招き，自国利子率が世界利子率より低くなれば，それによって資本流出が始まり，自国通貨安圧力が生じてくる。中央銀行は為替レートを維持するため，外貨売り介入が実施されることになる。その外貨売り介入の結果，外貨準備高が減少し，マネーサプライが減少する。その結果，LM曲線は利子率水準が元に戻るまで左上シフトし，金融政策の効果が消されてしまう。

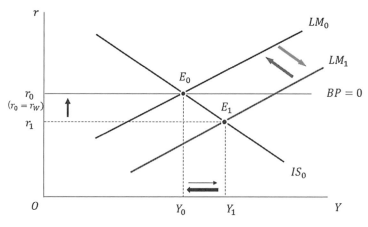

図8-6　固定相場制下の金融政策効果

⑸　為替レートの変更

　金融政策は無効であるとの結論に達したが，経済を刺激したい場合の「奥の手」としては自国通貨の切り下げという方法を用いて経済を活性化させることは可能である。通貨の切り下げによって，自国製品の国際競争力が上昇すると，輸出が増加し貿易・サービス収支は改善する。図8-7に示されたように，IS曲線

は $IS_0(e=e_0)$ から $IS_1(e=e_1)$ に
右上シフトし，財政政策と同じ
効果が得られる。通貨の切り下
げによって，経済が活性化し，
新しい均衡点に移り国民所得が
増加するが，ここで注意すべき
点がある。このような通貨の切
り下げは，近隣窮乏化政策とも
呼ばれ，両大戦間期の通貨の切
り下げ競争は，世界経済を混乱
させた歴史的な教訓があった。

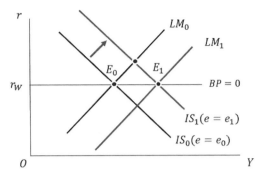

図8-7　固定相場制のもとでの為替レートの切り下げ効果

(6)　保護貿易政策

　保護主義的な貿易政策が取られた場合を想定しよう。

　輸入規制や関税率の引き上げ，非関税障壁の設定などの代表的な例で考えよ
う。これらの政策が発動されると，財市場では輸入が減少し，貿易・サービス収
支が改善する。これらの変化によって，IS 曲線は図 8-8 で示したように，$IS_0(e)$
から $IS_1(e)$ に右上方にシフト
し，自国利子率が上昇する。そ
の結果，資本が流入し，マネー
サプライが増加するため，LM
曲線が右下方にシフトしてい
き，経済は新しい均衡点に到達
する。したがって，保護主義的
な貿易政策は，自国の国民所得
を増やす効果があり有効である
ことが分かる。

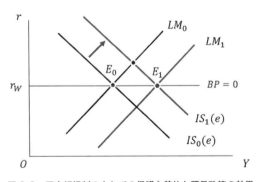

図8-8　固定相場制のもとでの保護主義的な貿易政策の効果

8-4　変動相場制下の MF モデルと経済政策

　IMF 第 2 次改正協定（1978 年 2 月）によって，IMF 加盟国は自由に為替制度

を選択することが認められた。現在，主要通貨の相場に連動させるペッグ制を採
用する国もあるが，主要先進国のほとんどが変動相場制を採用している。この節
では，変動相場制を前提にして，マンデル＝フレミング・モデル（MFモデル）
を用いて政策効果を分析してみよう。

(1)　変動相場制下の MF モデル方程式

MFモデルは，(8.2)式の財市場の均衡，(8.6)式の貨幣市場の均衡，(8.7)式の
国際収支の均衡の3つの方程式から構成されている。ここでも先の固定相場制の
もとでのMFモデルと同様に，物価水準は変わらないものとし，モデルは以下，

$$Y = C(Y - T) + I(r) + G + NX(Y - T, Y_W, e) \tag{8.2}$$

$$\frac{M}{P} = L(Y, r) \tag{8.6}$$

$$r = r_W \tag{8.7}$$

から構成される。

変動為替相場制のもとでは，為替レートが通貨と通貨の間の需要と供給が調整
されるように外国為替市場で決定されるため，中央銀行には固定為替相場制の場
合のような外国通貨を売ったり買ったりする義務はなく，マネーサプライは外生
変数となり，為替レートが自由に変動し，国民所得 Y，利子率 r，為替レート e
はモデルの内生変数となる。

(2)　変動相場制下の国民所得決定

変動相場制のもとでは，利子率の不均衡は為替レートの変化を通じて，財市場
の IS 曲線がシフトすることによって解消される。仮に自国経済の均衡点が点 E_0
であったとしよう。自国利子率が世界利子率より高い（$r_0 > r_W$）ので，世界の
資本が流入する。

このような利子率の不均衡が生じた場合，図8-9で示したように，資本が流入
することで為替レート増価をもたらす。それによって財市場では貿易・サービ
ス収支が悪化し景気が後退すれば，IS 曲線は左下方シフトする。自国利子率と
世界利子率の乖離があっても，固定相場制の場合と違い，LM 曲線はシフトしな
い。その結果，点 E_1 が新しい均衡点となり，この点 E_1 では自国利子率と世界

利子率が一致し，資本移動が止まる。したがって，点 E_1 で財市場，貨幣市場，国際収支の3つの均衡式が同時に成立し，国民所得が決定される。

このように，変動相場制のもとでは，内外利子率の不均衡は為替レートの変化を通じた IS 曲線のシフトによって解消されるものである。

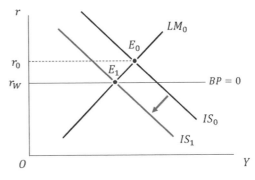

図8-9　変動相場制下の所得決定

(3) 財政政策の効果

政府が公共投資の増加のような拡張的財政政策を実施すると考えよう。国債発行による民間資金からのファイナンスが実行されるとき，図8-10のように，IS 曲線は右側シフトによって利子率が上昇し，クラウディング・アウトが発生する。

資本移動が完全に自由な場合，利子率の上昇によって外国から自国に資本が流入し，資本収支の黒字化と自国通貨高が生じる。自国通貨高は「貿易・サービス収支」を赤字化させ，それが「資本収支」の黒字を相殺することになる。この貿易赤字化の過程で IS 曲線が左下方シフトしてしまう。この IS 曲線の下方シフトは内外利子率差がなくなるまで持続するので，IS 曲線は最終的にはもとの位置に戻ることになる。

したがって，変動相場制の下で，国際収支は自国の「資本収支」の黒字と「貿易・サービス収支」の赤字が相殺する形で均衡に向かうわけで，拡張的財政政策は無効である。

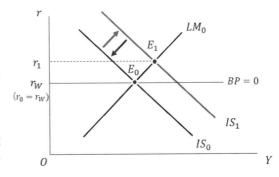

図8-10　変動相場制下の財政政策の効果

(4)　金融政策の効果

　すでに触れたように，固定為替相場制のもとでは，中央銀行は為替レートを維持する義務がある。円ドルで例えると，貿易・サービス収支黒字の場合，外貨のドルが持ち込まれ，中央銀行は外貨のドルを買い取り，自国通貨の円を民間に支払うことでマネーサプライが増加する。逆に，貿易・サービス収支赤字の場合，貿易決済のためのドル不足が発生し，中央銀行はドルを民間に放出して，マネーサプライが減少する。したがって，マネーサプライ M は自国通貨と外国通貨の交換に応じた形で変動し，モデルの中で決定される内生変数となる。これに対して，変動為替相場制のもとでは，自国通貨と外国通貨の交換レート，つまり為替レートは市場原理で動くため，中央銀行は為替レートを維持する義務から解放され，マネーサプライをコントロールすることができる。固定相場制の場合とは異なって，変動相場制が採用された場合，マネーサプライ M は政策によって決められる外生変数である。

　変動相場制下において拡張的金融政策が実施された場合，図8-11で示したように，LM 曲線は右下方シフトする。当初の経済は IS 曲線と LM 曲線の交点 E_0 で均衡し，国民所得は Y_0，利子率は r_0 に決定されているとする。また，世界利子率 r_W も自国利子率 r_0 と一致している（$r_0 = r_W$）とする。ここで，金融緩和政策によってマネーサプライが増加したならば，LM 曲線は LM_1 にシフトするので，均衡点は一時的に E_1 点に移動し，国民所得は Y_1 まで増加し，利子率は r_0

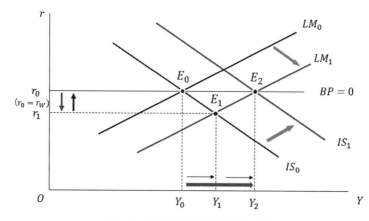

図8-11　変動相場制下の金融政策の効果

から r_1 に低下する。そのとき，自国利子率は世界利子率より低いため，自国から外国へ資本が流出する。その結果，資本収支が赤字化となり，それによって自国通貨安が生じる。自国通貨安は輸出に有利で，貿易・サービス収支が改善され黒字化となる。輸出が増加し貿易・サービス収支が改善されるプロセスにおいて，IS曲線が右上方シフトする。IS曲線は内外の金利差がなくなるまで持続して IS_1 までシフトし，国民所得水準は Y_2 に拡大することになる。したがって，変動相場制のもとでは，金融政策はきわめて有効である。

国際経済の相互依存関係が深化しているなか，一国の金融政策は海外の経済にも影響を与えている。金融政策の国際的波及は，主として為替レートを通じて海外の経済に影響を及ぼしていく。このなかで最も重要なのは国際間の資本移動である。

金融緩和政策の実施によって利子率が下がったならば，自国資本は海外へ流出する。資本流出の圧力は自国通貨安の要因にもなり，資本流出によって資本収支が赤字化になり，国際収支均衡において，それは必ず経常収支の黒字化によって相殺されなければならない。経常収支の黒字化は自国の輸出拡大によって実現されたものである。一方，貿易相手国の立場から見れば，それは自国の輸出が抑えられ，輸入が増大することになる。輸入増加と輸出減少は貿易相手国にとっては景気後退の要因となる。このような金融政策の国際的波及も留意しなければならないと考える。

⑸　為替市場への介入

外国為替市場への介入についてであるが，変動相場制になってからも，主要国の中央銀行は為替相場の激しい動きには日常的に市場介入を行なっている。投機が過熱すると実力以上に自国通貨が評価されることがあり，為替市場の安定，国際競争力を妥当な水準に維持するなど，IMFも為替市場への介入を事実上に容認しているように見える。

変動相場制下の金融政策効果の分析で既に分かるように，中央銀行が金融緩和を実施すると，為替レートが減価し，国際競争力が強化されるため，経常収支が改善される。これは外国為替市場への介入（外貨買い介入）によっても達成できる。外貨買い介入は外国通貨を買い自国通貨を売るプロセスでもあるため，意図的に金融を緩和するようなもので，一種の「管理フロート制」とみなすことがで

きる。

　中央銀行が為替市場に介入し，為替レートを減価させた場合，自国通貨安を人為的に作り出すことで，輸出に有利に働き，貿易・サービス収支の黒字が増加することになる。この黒字は為替レートを意識的に減価させ自国製品を売り込み，他方，輸入が抑制され，他国では総需要が縮小し，不況が誘発されることになる。このような自国の景気対策として為替レートを操作することは「失業の輸出」として批判される場合が多く，しばしば近隣窮乏化政策と呼ばれている。

(6)　保護主義的な貿易政策の効果

　輸入規制，関税率の引き上げ，非関税障壁の設定などの保護貿易政策が発動されると，輸入が減少し，貿易・サービス収支の改善をもたらす。図8-12で示したように，貿易・サービス収支が改善は IS 曲線を右上方にシフトさせ，経済の均衡点は一時的に点 E_0 から点 E_1 に移る。しかし，点 E_1 では，自国利子率が世界利子率より高いので，ここでは資本が流入し，為替レートが増価（自国通貨高）になり，IS 曲線は元の位置点 E_0 に戻る。この一連の動きは変動相場制下の財政政策の実施と似たようなもの，輸入制限などの保護主義的な貿易政策は為替レートを増価させるだけで，自国の所得を増やす効果がまったくないことが分かる。

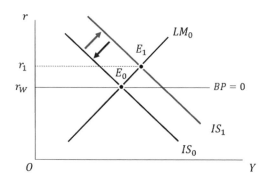

図8-12　変動相場制のもとでの保護主義的な貿易政策の効果

第9章

長期マクロ経済モデル

9-1 長期モデルの枠組み

(1) 労働市場の均衡

　需要と供給に不一致があったとしても賃金や物価が変化しない期間のことを短期といい，需要と供給に不一致があった場合に，価格が変動し，それによって需要と供給が調節されるのに十分な期間を長期という。短期と長期を区別するもっとも重要なポイントは，需要と供給が一致しない不均衡の状態における価格調整の速度もしくは価格の伸縮性である。

　ケインジアン・モデルは，物価や賃金水準が変わらない（つまり，価格硬直性）と仮定した短期モデルであり，財市場と貨幣市場の均衡は以下のように示している。

財市場の均衡（IS 曲線）　　$Y = C(Y - T) + I(r) + G + NX$

貨幣市場の均衡（LM 曲線）　$\dfrac{M}{P} = L(Y, r)$

　これら2本の方程式に対して，モデルの外生変数は T，G，M，P であり，これらの外生変数の値は一定であるとし，$NX = 0$ とすれば，財市場と貨幣市場の両市場において，Y と r が内生的に決定される。これが $IS\text{-}LM$ 分析という短期モデルである。この $IS\text{-}LM$ 分析の枠組みは，財市場と貨幣市場の同時均衡を捉えたが，労働市場は均衡するとは限らない。長期モデルでは，労働市場の分析を取り入れることになる。

　長期とは，価格調整が完了する，あるいは価格の調整速度が速いため常に均衡

が達成することを意味する。名目賃金は W，物価水準は P，実質賃金は w（$w =$ W/P），雇用量は N としよう。長期モデルでは，賃金や価格の伸縮性によって，実質賃金 w が労働の需給を一致させるように調整される。非自発的失業は存在しないという意味で完全雇用が常に達成されるという。労働供給曲線を N^S，労働需要曲線を N^D，完全雇用量を N_F と表すと，労働市場の均衡式は，

$$N^S\left(\frac{W}{P}\right) = N^D\left(\frac{W}{P}\right) = N_F \tag{9.1}$$

となる。

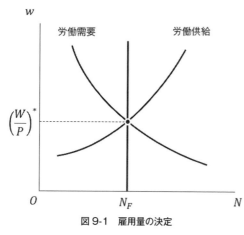

図9-1　雇用量の決定

　図9-1のように，縦軸に実質賃金，横軸に雇用量を取り，労働供給曲線を N^S と労働需要曲線 N^D が交わる点が均衡点となり，完全雇用量 N_F が決まる。

　産出量の決定についてであるが，生産関数は $Y = F(N, K)$ で表され，資本ストックが変化しない（$K = \overline{K}$）場合，労働投入量が決まれば，産出量（GDP 水準）が労働市場の均衡だけで決定される。労働市場で完全雇用が達成されるならば，$N = N_F$ となり，完全雇用に対応する GDP 水準を Y_F と表すと，

$$Y = Y_F \tag{9.2}$$

となる。つまり，産出水準はつねに完全雇用 GDP に対応することなる。

(2)　財市場の長期均衡

　財市場の均衡式は，

$$Y = C(Y - T) + I(r) + G + NX \tag{9.3}$$

で表される。

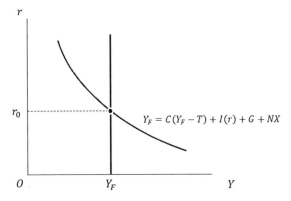

図9-2　財働市場の均衡と利子率の決定

　長期モデルでは，すでに労働市場で完全雇用 GDP 水準に対応する Y_F が決定され，つまり，$Y = Y_F$ であることから，均衡式は，

$$Y_F = C(Y_F - T) + I(r) + G + NX \tag{9.4}$$

と書き換えられる。

　短期モデルと同様に，モデルの外生変数 T，G，M，P は一定とし，$NX = 0$ としよう。図9-2で示したように，長期モデルの枠組みでは，まず国民所得水準（GDP 水準）Y が労働市場の均衡で決定され，そして，この国民所得水準 Y をもとにして，財市場での需給が均衡するように利子率 r が決定される。

(3)　長期モデルでの貨幣市場の役割

　長期市場において，貨幣市場の均衡は，$M/P = L(Y, r)$ となり，$L(Y_F, r_0)$ は定数である。マネーサプライ M は，中央銀行が管理をしている政策変数，いわば外生変数となるならば，マネーサプライ M と物価水準 P とは完全に比例して動くことになる。結局，貨幣市場のマクロ経済に与える影響は，物価水準という「名目的」なものにとどまり，実体経済になんら影響を与えない，ということが分かる。

　長期において，貨幣量の大小が実体経済に影響力を及ぼさないとする考え方をマネタリズム，または貨幣数量説という。貨幣数量説において最も中心的な役割を果たすのは，貨幣の流通速度という概念である。貨幣の流通速度を V としよ

う。この速度 V は所得を生み出す過程において，マネーサプライ M が 1 年間で何回流通したかを示す数字であると定義する。定義式は以下のようになる。

$$V = \frac{名目\,GDP}{M} = \frac{PY}{M} \tag{9.5}$$

これによって，交換の数量方程式，

$$MV \equiv PY \tag{9.6}$$

が得られる。

　この交換の数量方程式で分かるように，長期均衡の場合，完全雇用 GDP 水準 Y_F が一定であり，V も一定である限り，M と P は比例的に変動するため，マネーサプライ M と利子率 r の間には，なんら関連もなく，貨幣の唯一の役割は交換の効率性にあり，実質貨幣需要は取引動機だけに依存すると考える。つまり，

$$L = L_1(Y) = kY$$

となる。貨幣市場の均衡は，$M/P = L$ で表され，$M = kPY$ に書き換えられる。さらに，$k = M/PY$ に変形すると，

$$k = \frac{1}{V} \tag{9.7}$$

が得られる。この k は，マーシャルの k という。

　マーシャルの k が一定であれば，マネーサプライと物価は，同じ速度で変化することになる。このような関係は，マネーサプライは実物経済に影響を与えることなく，物価水準にのみ影響を与える，という古典派の主張の根拠になっている。

　マネタリストは，貨幣は実物経済に影響を与えない貨幣の中立性命題，あるいは，貨幣の役割は実体経済に影響を与えないヴェールのような貨幣ヴェール観を主張した。すなわち，経済に出まわっているマネーサプライの大きさは，物価水準を決定するだけで，経済活動自体を左右するものではないという。これは，実物部門と貨幣部門が完全に分離し，お互いに影響を及ぼさないことを意味する。

このことは古典派の二分法と呼ばれている。

　もちろん，マネタリストあるいは古典派の主張は長期均衡モデルを前提としている。第6章ですでに触れたように，この点がケインズの流動性選好利子率論と大きく異なっている。

9-2　海外部門を組み入れた場合の長期モデル

(1)　名目為替レートと実質為替レート

　これまでは海外部門を無視した国内経済を議論の対象にしてきたが，ここでは，海外部門を組み入れた長期モデルについて考えよう。

　先ずは為替レートに注目しよう。為替レートには「名目」と「実質」の2つがある。名目為替レートとは，われわれが新聞やテレビなどでよく耳にする通常の為替レートであるが，自国通貨建て為替レート e がそれにあたる。実質為替レートはこれを両国の物価水準の変動によって調整したものである。ε は実質為替レート，P_W は海外の物価水準，P は国内の物価水準とすれば，実質為替レートは，

$$\varepsilon = e \times \frac{P_W}{P} \tag{9.8}$$

と書くことができる。

　この P_W/P は，世界価格と国内価格の相対比率で表した相対価格であり，国際価格として捉えられる。また，実質為替レートは，自国と外国の間の輸入価格 $e \times P_w$ と，輸出価格 P の比率を表わしているため，国際貿易理論では，しばしばこの比率を「交易条件」と呼んでいる。

　輸出価格が上昇すると，相対価格（P_W/P）が上昇し，実質為替レート ε で表した交易条件が改善し，輸出が増加する。また自国通貨安や自国の物価水準の下落も同様に実質為替レート ε を上昇させ，交易条件の改善につながる。交易条件が改善されれば，輸出が増加し貿易・サービス収支 NX が改善される。したがって，貿易・サービス収支 NX は実質為替レート ε の増加関数である。

(2)　価格調整と完全雇用

A　固定相場制のもとでの調整

　固定相場制のもとでの価格調整と完全雇用についてみてみよう。過少雇用均衡あるいは完全雇用がまだ達成されていない場合，労働市場では失業が存在する。失業が存在しているため，名目賃金が下がり，その結果，物価も下がってしまう。物価水準が P_0 から P_1 に下がると，実質為替レートが上昇する。それによって交易条件が改善し輸出が増加する。貿易・サービス収支 NX は実質為替レート ε の増加関数であるから，図9-3の矢印①の方向で示したように，IS 曲線が $IS_0(P = P_0)$ から $IS_1(P = P_1)$ に右上方シフトし，国民所得は拡大する一方で，利子率が上昇する。利子率が上昇すれば，外国から自国に資本が流入し，外国為替市場には自国通貨高圧力が加えられることになる。

　固定相場制のもとでは，為替相場を維持することが義務付けられているため，通貨当局は外貨買い介入を実施する。つまり自国通貨を売り外国通貨を買う介入である。

　この外貨買い介入によって，外貨準備は増加するとともに，通貨供給量，つまり自国内の名目マネーサプライが増加するので，LM 曲線矢印②の方向で $LM_0(P = P_0)$ から $LM_1(P = P_1)$ にシフトする。このプロセスにおいて国民所得はさらに拡大し，経済は新たな均衡点に移り，図9-3で示したように，新しい均衡点 E_2 で完全雇用が達成されている。このように，固定相場制のもとでも，価格が不均衡に対して適切に調整する場合，経済は完全雇用が達成されるということ

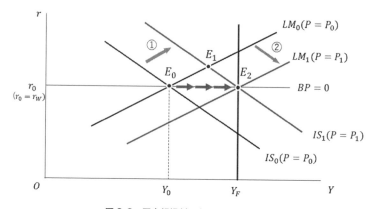

図9-3　固定相場制のもとでの価格調整

になる。

B　変動相場制のもとでの調整

変動相場制の場合を考えよう。完全雇用が達成されなく，初期の均衡は点 E_0 にあるとしよう。労働市場において失業が発生した場合，物価が下がる。自国の物価水準が P_0 から P_1 に下がると，実質マネーサプライが増加し，それによって LM 曲線は矢印①の方向で $LM_0(P=P_0)$ から $LM_1(P=P_1)$ に右下方シフトする。それによって自国利子率が世界利子率より低くなり，資本流出が発生し，名目為替レートが下落することになる。

変動相場制のもとでは，名目為替レートの下落は実質為替レート ε を上昇させ，交易条件が改善し輸出が増加する。輸出増加によって貿易収支が改善し，財市場の均衡を示す IS 曲線は図 9-4 の矢印②の方向で $IS_0(P=P_0)$ から $IS_1(P=P_1)$ に右上方シフトする。このように，経済は新しい均衡点 E_2 で完全雇用が達成されている。

以上の分析で明らかになったように，固定相場制のもとでも変動相場制のもとでも，価格が十分伸縮的であれば，本質的に差は存在しなく，価格が調整されるならば完全雇用は達成されるという結論に至る。

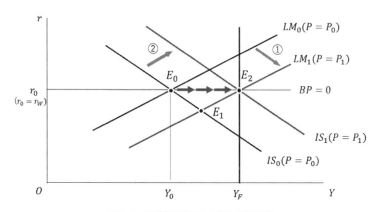

図 9-4　変動相場制のもとでの価格調整

(3)　金融政策の長期的中立性

変動相場制のもとで金融政策（金融緩和）を実施したと想定しよう。図 9-5 の

矢印①の方向で示したように，金融緩和の実施により，LM 曲線が右下方へシフトし，名目為替レートが減価する。それによって貿易・サービス収支 NX が改善し，IS 曲線が図の矢印②の方向で右上方へシフトし，経済は当初の均衡点 E_0 から E_1，E_1 から E_2 へさらに進んで調整されていく。

　しかし，E_2 点では完全雇用 GDP（Y_F）を上回ったため，物価が上昇する。物価が上昇すれば，LM 曲線は元に戻り，それに伴って IS 曲線も元に戻るため，均衡点は元の点 E_0 に戻る。

　この一連の動きをまとめると，金融政策（金融緩和）の実施により，名目マネーサプライ上昇し，名目為替レートが減価する。これは交易条件の改善をもたらしたが，しばらくして物価が上昇し交易条件を悪化させることになる。結局，為替レートと物価が比例的に変化し，交易条件が元通りになる。したがって，長期的には金融政策は中立的である。

　これまでの分析では，変動相場制のもとでは金融政策（金融緩和）は短期的には極めて有効であり，国民所得を増加させる効果はあるが，長期的には中立的であることを明らかにした。何故このような違いが生じたかを考えよう。短期的には，金融政策が実施されたとき，自国通貨安がより急激に進行すると予測して，市場では為替相場の予想と期待によって行きすぎた自国通貨安が一気に現実となる。これが為替レートのオーバーシューティングと呼ばれる現象である。為替レートの減価（自国通貨安）によって貿易・サービス収支が改善し，資本収支の悪化を帳消しにして，国際収支を均衡させることになる。外国為替市場の為替レー

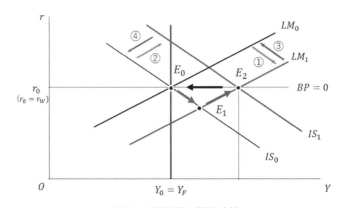

図 9-5　金融政策の長期中立性

トが極めて迅速に調整されるが，財市場の価格調整速度はそれに比べれば，はるかに遅い。物価がゆっくり上昇すると，為替レートは徐々に増価し自国通貨高になる。長期均衡では，マネーサプライの増加率と，為替レートの減価率と，物価上昇率が等しくなる。

したがって，金融政策の短期と長期の効果の違いは為替市場の調整速度と財市場の調整速度が異なることによって生じたと考える。

(4)　購買力平価説

海外部門を組み入れた場合の長期モデルを分析する際に，為替レートは長期的にはどのように決まるかを把握する必要がある。購買力平価説は長期的には外国為替相場の変動の説明に比較的高い有効性をもつと考える。

購買力平価説はスウェーデンの経済学者カッセル（Karl Gustav Cassel：1866-1945）によって提唱された考え方で，外国為替相場は長期的には各国通貨の対内購買力の比，すなわち購買力平価によって決定されるとする学説である。購買力平価説の背後にあるのは，「一物一価の法則」という考え方である。一物一価の法則とは，同じ商品はどこでも同じ価格のはずという考え方である。もし，同じ商品に地域によって価格が異なれば，安いところで手に入れて何処か高いところで転売し，利鞘を稼ごうとする動きが出てくるため，このような裁定行為を通じて，価格はある水準に均等化する傾向をもつようになる。

いま，ある財・サービスの自国市場における価格を P 円，外国市場における価格を P_W ドルとしよう。実質為替レートと名目為替レートの関係は（9.8）式の $\varepsilon = e \times P_W/P$ のように表され，実質為替レートが一定，つまり $\varepsilon = \varepsilon^*$ であるとき，購買力平価にもとづく外国為替相場 e は，

$$e = \varepsilon^* \times \frac{P}{P_W} \tag{9.9}$$

となる。

購買力平価は，対内購買力の比率，すなわち，日本では1円でどれだけの財・サービスが買え，アメリカでは1ドルでどれだけ買えるかの比率で表される。このような各国通貨の絶対的な購買力水準の平準化を前提としている考え方を絶対的購買力平価説という。

　絶対的購買力平価説に対して，購買力そのものが平準化するのではなく，外国為替相場の変化率と物価上昇率格差が一致するという考え方がある。この考え方は購買力の変化率が平準化すると捉えている。すなわち，

$$\frac{\Delta e}{e} = \frac{\Delta P}{P} - \frac{\Delta P^*}{P^*} \tag{9.10}$$

となる。よって，外国為替相場の変化率は，自国の物価上昇率と外国の物価上昇率の差によって決まると解釈することができる。

　自国のインフレ率を π，外国のインフレ率を π^* としよう。$\Delta e/e$ を $(e_t - e_{t-1})/e_{t-1}$ に，$\Delta P/P$ を $(P_t - P_{t-1})/P_{t-1} = \pi$ に，$\Delta P^*/P^*$ を $(P^*_t - P^*_{t-1})/P^*_{t-1} = \pi^*$ に書き換えておけば，

$$\frac{e_t - e_{t-1}}{e_{t-1}} = \pi - \pi^* \tag{9.11}$$

が得られる。

　これをインフレーションとの関連でいえば，名目為替レートは自国と外国のインフレ率の差に反応して変動するということになる。これが相対的購買力平価説という考え方である。

　購買力平価説の考え方を踏襲して各国における物価変動の差異が外国為替相場決定メカニズムの主要因であると考え，その物価変動の違いが自国と外国における通貨の需給バランスによって生じるとする考え方をマネタリー・アプローチという。この考え方は完全雇用状態の所得水準や物価の伸縮性（物価が硬直的ではなく即時に調整される）といった前提を持っているため，購買力平価説と同様に長期の理論として理解される。

9-3　名目利子率と実質利子率

　インフレーションの存在を考慮する場合には，名目利子率と実質利子率の区別が必要である。名目利子率とは，我々が普通に日常生活で見聞する利子率のことを指している。実質利子率とは，名目利子率から予想されるインフレ率（あるいは期待物価上昇率）を差し引いて得られる値である。

　物価の変動については，人々の予想（期待）がかかっている。ここで，予想と期待が同義的に使っているが，経済学者たちは人々のインフレに対する予想を「期待」という言葉にかえてより頻繁に使っている。予想あるいは期待が，経済主体の行動に大きな影響力をもっている。将来はインフレが激しくなると人々が予想すると，インフレが現実なものになる前に，家や車などの大きな買い物をするであろう。なぜなら，名目利子率が同じでも，将来は物価が上昇，つまりインフレがある場合は実質的な金利負担が異なってくる。例えば，現時点での名目利子率が5％とし，1年後には物価が5％上昇すると予想されているとしよう。100万円を借りた場合を想定して，金利支払いの5万円が発生する。インフレが発生しそれが5万円の物価上昇となると，それを差し引きした実質利子率はゼロ％になる。

　インフレーションによる債務の実質的減少分，これを債務者利益という。インフレーションが発生しないと予想した場合には，債務者利益は発生しないので，名目利子率と実質利子率はともに5％である。このように，インフレの予想がゼロでない限り，名目利子率と実質利子率を区別して論議する必要が生じるということになる。このような考え方を明示的に理論化したのは，イェール大学のアーウィング・フィッシャー（Irving Fisher：1867-1947）であり，フィッシャー方程式は以下のように，名目利子率，実質利子率，期待インフレ率（期待物価上昇率）の間の関係を示した。

$$実質利子率＝名目利子率－期待物価上昇率$$

この方程式を変換すると，

$$名目利子率＝実質利子率＋期待物価上昇率$$

となり，名目利子率が一定であれば，期待インフレ率を高めることが実質金利の低下につながる。すなわち，実質利子率を低下させることで，個人消費や企業の設備投資などが促され，物価が上昇し景気は回復に向かうと考えられる。中央銀行がインフレターゲットを頻繁に発信して，人々のインフレ期待を誘導することで，実質利子率の低下や消費や投資の前倒しを誘発するといった手法が使われている。これはアナウンス効果と呼ばれるもので，期待インフレ率を高める手段として有効と考えられる。

第 10 章

物価の理論

10-1　総需要曲線と総供給曲線

(1)　総需要曲線

IS 曲線と LM 曲線の交点は財市場と貨幣市場が同時に均衡している点である。図 10-1 で示したように，経済は当初点 E_0 で均衡している。物価水準が何らかの事情で P_0 から P_1 に下落したとすると，貨幣市場では実質マネーサプライ（M/P）が上昇し，LM 曲線が右下方にシフトする。それによって市場利子率が下落し，その結果，財市場では消費や投資が刺激され，乗数効果を通して均衡国民所得を増加させる。均衡点は IS 曲線に沿って移動する。このような均衡点と物価水準の関係を描いたものが総需要曲線 AD である。

(2)　総供給曲線

A　ケインジアンと古典派の総供給曲線

価格の硬直性（硬直的価格）を仮定したケインジアン・モデルでは，総供給曲線は図 10-2(A)のような横軸に水平な直線として描

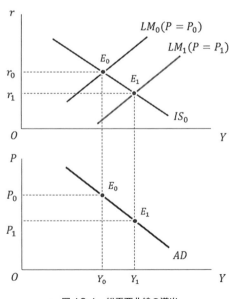

図 10-1　総需要曲線の導出

くことができる。経済の当初の均衡は点 E_0 としよう。完全雇用を達成させるには，産出量は完全雇用 GDP 水準に対応する Y_F に拡大する必要がある。総需要水準は AD_0 にあった場合，総需要は総供給にマッチしておらず，いわば総需要が不足すると，財市場では意図しない在庫の増加が発生し，生産は縮小することになる。総需要が十分に大きく，総需要水準は AD_0 にあったならば，完全雇用GDP（Y_F）が実現する。短期的に物価や賃金水準が変わらないので，価格は P_0 のまま変化しない。総供給曲線 AS は横軸に水平な直線として表わされる。このように，価格が硬直的である以上，完全雇用を達成させるには，総需要 AD を管理する以外に方法はないという。

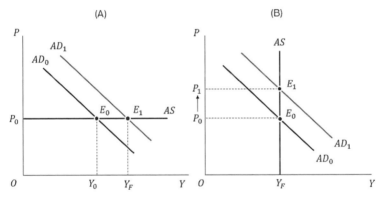

図 10-2 ケインジアンと古典派の総供給曲線

古典派が想定する価格が伸縮的であるモデルにおいて，労働市場も均衡し，完全雇用が達成されることになり，総供給は完全雇用 GDP（Y_F）で決定される。図 10-2(B)で示したつまりように，総供給曲線 AS は Y_F を通る垂直な直線として表わされる。この垂直な総供給曲線は価格調整がすべて完了した長期の総供給曲線である。総需要水準が AD_0 から AD_1 に拡大しても産出量は変化せず，価格のみ上昇することになる。

B 労働者錯覚モデル

ケインジアンと古典派がまったく異なる結論に到達したが，結局のところ，これらの結論は「価格の硬直性」か「価格の伸縮性」の仮定のよるものであった。しかし，現実の世界はおそらく，ケインジアンの仮定と古典派の仮定の間にある

と考えるべきであろう。要するに，価格はゆっくりと調整されると考えるのがより現実的である。

　より現実的な供給曲線を導き出すために，フリードマンが労働者錯覚モデルを用いた。労働者錯覚モデルとは，労働者が名目賃金については即座に情報を入手できるが，物価水準に関する情報については暫く手に入らないため，名目賃金の上昇を実質賃金の上昇と錯覚して労働供給を増やしたことから，短期の総供給曲線が右上がりになることを示したモデルである。

　労働者が名目賃金に関する情報については，いち早く入手できる一方で，一般物価水準についてはしばらく手に入らない。これに対して，企業は個人の労働者より情報収集能力は高く，賃金と物価水準の情報は瞬時入手できる。情報格差の存在はこのモデルの前提となっている。

　モデルでは，労働供給曲線を N^S，労働需要曲線を N^D，雇用量を N と表す。名目賃金は W，物価水準は P，物価水準の予想値は P^e，実質賃金は w（$w = W/P$）とする。

　労働需要 N^D は，（10.1）式で表される。

$$N^D = N^D \left(\frac{W}{P} \right) \tag{10.1}$$

労働供給 N^S は，（10.2）式で表される。

$$N^S = N^S \left(\frac{W}{P^e} \right) \tag{10.2}$$

図10-3に示されたように，縦軸に実質賃金，横軸に雇用量を取り，このモデルの当初の労働需給は，労働需要 N^D と労働供給 N_0^S が交わる点 E_0 で均衡する。名目賃金 W は W_0 のままで変わらなく，物価水準 P は P_0 から P_1 に上昇すると，実質賃金は W_0/P_1 に低下したが，労働者は実質賃金の低下に気付かず，従来通りに N_0（点 A）で労働を供給する。

　実質賃金の低下により，需要が拡大し，点 B において，労働に対する超過需要が発生する。労働者は物価水準の変化に気付かず，物価水準の予想値 P^e は当初の物価水準 P_0 に据え置いた。労働市場で超過需要が発生することにより，名目賃金は W_0 から W_1 に上昇する。しかし，労働者は名目賃金の上昇に気づき，

これを実質賃金の上昇と錯覚する
ため，労働供給を増やし始める。
労働供給曲線は $N_o^S(W/P^e)$ から
$N_1^S(W/P^e)$ へ右下方シフトする
ことになる。それによって，労働
需要曲線 N^D と労働供給曲線 N_1^S
が交わる点 E_1 で再び均衡し，労
働供給量は N_0 から N_1 に増えて
いく。これが労働者錯覚モデルで
示したプロセスである。

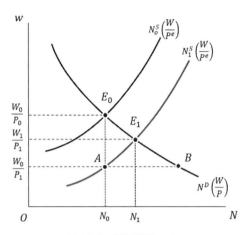

図 10-3　労働者錯覚モデル

C　総供給曲線

　労働者錯覚モデルにおいて，当初は物価水準の予想値 P^e は現実の物価水準 P_0 と一致しているが，なんらかの事情で物価水準 P が予想値 P^e から乖離して，物価水準 P が予想値 P^e を上回って，物価が P_0 から P_1 に上昇したとしよう。企業は物価水準 P が上昇したことから，実質賃金 w が低下したことを知り，労働需要を増やし労働に対する超過需要が発生するのであろう。労働の超過需要が発生すれば名目賃金が上昇する。労働者は物価の下落による実質賃金の低下に気づかず，さらに名目賃金の上昇を実質賃金の上昇と錯覚する。労働供給は実質賃金の変動に基づいて変化するので，実質賃金が低下すれば労働供給は減少し，実質賃金が上昇すると労働供給は増加する。このモデルでは，名目賃金の上昇を実質賃金の上昇と錯覚したため，労働供給を増やして労働需給の均衡点は新しい均衡点 E_1 に移動し，労働供給量は N_0 から N_1 に増えたわけである。

　物価水準 P が予想値 P^e を上回れば，労働供給（雇用量）が増える。産出量 Y は，雇用量が増加するにしたがって拡大する。E_0 点で完全雇用が達成されたとすれば，当初の雇用量 N_0 は完全雇用 N_F である。このときの産出量 Y は完全雇用 GDP（Y_F）に等しくなる。産出量 Y は，物価水準 P が予想値 P^e を上回る程度が大きいほど大きくなる。したがって，産出量 Y と P の関係については，以下の式のように書ける。

$$Y = Y_F + \lambda(P - P^e) \tag{10.3}$$

係数 $1/\lambda$ を α に置き換えて，(10.3) 式を変形すれば，以下のような式が得られる。

$$P = P^e + \alpha(Y - Y_F) \tag{10.4}$$

これが総供給関数である。総供給曲線 AS をグラフで表すと，図 10-4 のように描かれる。

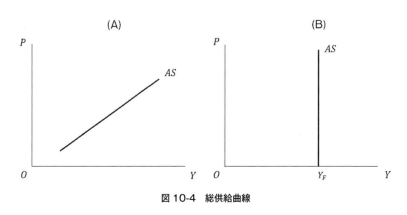

図 10-4　総供給曲線

図 10-4(A)に示された総供給曲線 AS は，短期的には右上がりの形状となる。P^e は，期待物価水準であり，期待物価水準 P^e が変わると総供給曲線 AS がシフトする。

　短期的には錯覚が生じるが，物価水準 P と予想値 P^e の乖離はいつまでも続くものではなく，いつかは錯覚が解消し，期待と現実が一致してしまう。つまり，現実の物価水準 P と期待物価水準 P^e が一致する。それによって，$Y = Y_F$ となり，垂直，総供給曲線 AS は長期的には，図 10-4(B)のように垂直な形となる。

10-2　価格調整と総需要管理政策

(1)　物価水準の決定

　需要と供給が一致するところで価格が決定される。物価水準の決定についても同じ経済の原則に基づいている。

　図 10-5 で示した総需要曲線 AD は財市場と貨幣市場が同時に均衡している点と物価水準の関係から導出された右下がりの曲線であり，総供給曲線 AS は労働

者錯覚モデルから導出された物価水
準と国民所得（産出量）水準の関係
を表す右上がりの曲線である。マク
ロ経済モデルでは，総需要曲線 AD
と総供給曲線 AS が交わるところで
物価水準 P_0 と均衡国民所得水準 Y_0
は同時に決定される。ここで示した
均衡点 E_0 は短期の均衡点であり，
労働市場では完全雇用が達成された
とは限らない。

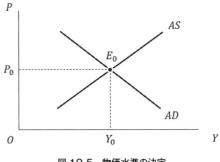

図 10-5　物価水準の決定

　現実の国民所得 Y_0 は，図 10-6 のように完全雇用 GDP（Y_F）を下回っている
場合，労働市場では働きたいのに働けない非自発的失業者が存在する。その結
果，名目賃金率が引き下げられ，あるいは物価水準が低下する。やがてそれが予
想物価水準を引き下げるので，総供給曲線 AS は右下方にシフトする。図 10-6
に示されたように，総供給曲線 AS_0 から AS_1 に右下方シフトする。名目賃金率

が下落した結果，総供給曲線が右下
方シフトしたとすれば，総供給と総
需要が均衡する点はいずれ E_1 に移
ることになる。このとき，物価水準
は名目賃金率の下落を反映して P_1
にまで下がり，国民所得も完全雇
用を保証する Y_F に達している。名
目賃金の低下が総供給曲線 AS_0 を
AS_1 にまで押し下げるため，名目賃
金率が伸縮的であれば，完全雇用は
財政金融政策の助けなしに達成され
るということになる。

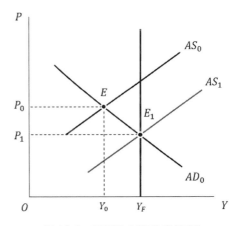

図 10-6　名目賃金の低下と完全雇用

(2)　**完全雇用にめぐる論争**

　価格が伸縮的であれば，市場メカニズムを通して完全雇用が自動的に達成され
るという古典派やマネタリストの論調に対して，ケインジアンの議論では賃金率

や物価が完全に伸縮的であっても完全雇用は自動的には達成できないことを主張した。折れた総需要曲線 AD が存在することがその論拠であった。図 10-7 には折れた総需要曲線 AD が描かれている。

　流動性のわなが存在すれば，LM 曲線が水平となり，また，投資や消費が利子率に対して完全に非弾力的であり，IS 曲線が垂直である場合には AD が垂直な部分をもつことになるため，総需要曲線 AD は折れた形状になる。価格が伸縮的で，総供給曲線が右下方にシフトしたとしても，図 10-7 のように Y_0 と Y_F のギャップが埋められず，非自発的失業は解消できない。このことから，総需要管理政策は，長期的な意味においても必要であろう。

　このケインジアンのケースに対して，ピグー（Arthur Cecil Pigou：1877-1959）は，物価水準の下落による保有貨幣の実質的価値の増加が消費や貯蓄に与えることを明らかにした。ピグー効果とは，物価 P が下がれば，人々が保有する実質貨幣残高 M/P が大きくなり，人々がそれだけ豊かになったことを意味し，消費と投資が刺激される。実質貨幣残高 M/P が大きくなればなるほど，それにともなって需要も大きくなる。これはピグー効果，または実質残高効果と呼ばれている。ピグー効果が存在するならば，物価の下落につれて，IS 曲線が右上方シフトし，総需要曲線 AD（垂直部分も含めて）は右上方シフト，やがて，完全雇用 GDP が達成されるという。要するに，ピグー効果を認める限り，ケインジアンのケースにおいても，市場の自動調節機能（価格の伸縮性）によって完全雇用は自動的に達成されるという古典派の命題が成立するとのことである。

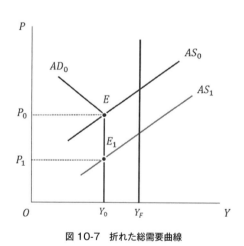

図 10-7　折れた総需要曲線

(3)　財政金融政策の効果

　拡張的財政政策が実施されるならば，財市場の均衡を示す IS 曲線が IS_0 から矢印①の方向 IS_1 に右上方シフトして，貨幣市場の均衡を示す LM 曲線と交わ

る。IS_1 と LM_0 の交点は点 E' である。点 E' では，利子率が当初の r_0 より高い水準にあり，所得は Y_F を超えることになる。また物価水準は P_0 で変わらないまま財市場では超過需要が発生するため，E' は均衡点ではない。やがて総需要曲線 AD は矢印②の方向で AD_0 から AD_1 に右上方シフトし，今度は物価が上昇しはじめる。物価が P_0 から P_1 に上昇することによって，実質マネーサプライ M/P が低下し，貨幣市場の均衡を示す LM 曲線は矢印③の方向で LM_0 から LM_1 に左上方シフトする。

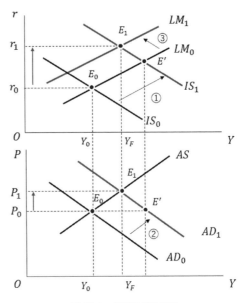

図 10-8　財政政策の効果

　図 10-8 で示したように，経済は当初の均衡点 E_0 から E_1 へ移動し，その結果，均衡国民所得 Y_0 から Y_F に増加し，完全雇用が達成される。したがって，拡張的な財政政策は，実質国民所得や雇用の増大，利子率の上昇，物価水準の上昇をもたらす効果があるといえる。

　続いて，金融緩和政策の効果を確認してみよう。金融緩和政策が実施されるならば，マネーサプライが増大し，それによって貨幣市場の均衡を示す LM 曲線が矢印①の方向で示したように，LM_0

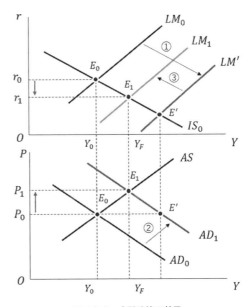

図 10-9　金融政策の効果

から LM' に右下方シフトして，IS 曲線の IS_0 と LM' が点 E' で交わる。図 10-9 で読み取れるように，E' は均衡点でなない。物価水準は P_0 で変わらないまま財市場では超過需要が発生するため，総需要曲線 AD は矢印②の方向で AD_0 から AD_1 に右上方シフトし，物価が上昇しはじめる。

物価が P_0 から P_1 に上昇することにより，実質マネーサプライ M/P が低下し，LM 曲線は矢印③の方向で LM' から LM_1 に左上方シフトバックする。経済の均衡点は E_0 から E_1 へ移動し，その結果，均衡国民所得は Y_0 から Y_F に増加する。したがって，金融緩和政策は，実質国民所得や雇用の増大，利子率の下落，物価水準の上昇をもたらす効果があるといえる。

以上の分析から，金融緩和政策の効果と拡張的財政政策の効果は利子率のところでは異なるが，実質国民所得や雇用の増大と物価の上昇については同じ効果をもつという結論が得られた。

10-3 期待とインフレーション

(1) フィリップス曲線

フィリップス（Alban William Phillips：1914-75）は，1958 年に発表した論文のなかで，イギリスのデータ（1861〜1957 年）をもとに，名目賃金の変化率と失業率の間にある右下がりの関係をグラフで示した。これがフィリップス曲線である。フィリップス曲線の概念図は，縦軸に名目賃金の変化率（$\Delta W/W$），横軸に失業率 μ を取り，失業率と名目賃金上昇率の間のトレードオフ関係を右下がりの曲線で表している。

図 10-10 で読み取れるように，失業率を下げようとすれば，名目賃金率が上がるし，名目賃金率を下げようとすれば，失業率が上がってしまう。フィリップス曲線は失業率と名目賃金の変化率の間のトレードオフの関係を示した。つまり，失業率を大きく下げたければ，かなり高い名

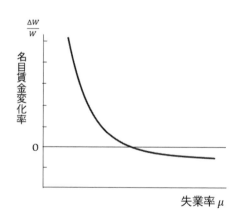

図 10-10　フィリップス曲線

目賃金率の上昇を覚悟しなければならない。インフレは困るのであれば，高い失業率を甘んじて受け入れなければならない。政策当局はこのようなインフレと失業率のトレードオフに直面している。

(2)　物価版フィリップス曲線

　人々は将来に対して，どのような期待を持つかによって，現実の経済は大きな影響を受けることになる。労働者の本当の関心は，名目賃金ではなく，実質賃金である。フリードマンは，フィリップス曲線に期待（予想）の概念を導入し，自然失業率の概念を示した。インフレ率の水準に関わらず長期的には一定の失業率に落ち着く。このときの失業率は自然失業率と呼ばれる。自然失業率を μ_N と表す。

　人々は物価上昇を予想すれば，実質賃金（あるいは購買力）が低下する。労働者は賃金改定交渉にあたっては，賃上げを要求することになる。企業も同様に物価上昇を予想するので，製品価格を値上げする。そして賃上げ要求を受け入れる。その結果，物価も上昇することになる。物価も賃金も同じ程度で上昇するならば，実質賃金は変わらなく，労働供給もこれまでと同じレベルで維持される。フィリップス曲線についていえば，予想物価上昇率（期待インフレ率）π^e の分だけ名目賃金に載せられた形で上方にシフトする。労働市場が均衡している場合，産出量 Y が完全雇用 GDP（Y_F）に一致し，期待インフレ率と実際のインフレ率が一致することになる。

　労働市場の需給均衡を確認しよう。労働市場が超過需要の状態にある場合，つまり，失業率 μ が自然失業率 μ_N より低い場合（$\mu < \mu_N$），期待インフレ率以上の賃金の引き上げ（名目賃金上昇率＞予想物価上昇率）は，超過需要を改善させることになり，賃金は上昇し，$\Delta W/W > 0$ となる。逆に，$\mu > \mu_N$ より高い場合，労働市場では超過供給が発生し，賃金は下落

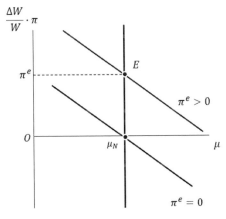

図 10-11　物価版フィリップス曲線

し，$\Delta w/w < 0$ となる。

　企業はマークアップ原理に基づく行動をとっている。つまり，企業がコストに一定の利潤（マークアップ）を上乗せして価格を付けるような行動をとっている。したがって，縦軸の名目賃金の変化率（$\Delta W/W$）を，物価水準（$\pi = \Delta P/P$）で置き換えても，同様な曲線が描けることになる。これが物価版フィリップス曲線である。図 10-11 のように描かれている。

　物価版フィリップス曲線の式として，

$$\pi = \pi^e - \varphi(\mu - \mu_N) \tag{10.5}$$

で表せる。

　この（10.5）式から，労働の需給ギャップが大きければ大きいほど，賃金の変化率が大きくなることが分かる。

(3)　動学化された総供給曲線

　物価の変動と総供給曲線との関連性について考えてみよう。ここでは動学化モデルの概念を導入する。時間とともに均衡点が変更する経済を記述するモデルを動学モデルという。動学化モデルを単純化するため，ここでは，今期と前期の 2 期モデルを仮定しよう。

　総供給関数はすでに以下のように得られている。

$$P = P^e + \alpha(Y - Y_F) \tag{10.4}$$

前期を −1 期として表わし，前期の物価水準を P_{-1} とすれば，（10.4）式の左右両辺に $-P_{-1}$ を加えると，以下の式が得られる。

$$P - P_{-1} = P^e - P_{-1} + \alpha(Y - Y_F) \tag{10.6}$$

（10.6）式の左辺 $P - P_{-1}$ は今期の物価の上昇（インフレ）を示し，右辺の $P^e - P_{-1}$ は前期の物価と今期の予想物価水準の差であり，それを予想インフレ率，あるいは期待インフレ率として捉えられる。

　インフレ率を $\pi = P - P_{-1}$，期待インフレ率を $\pi^e = P^e - P_{-1}$ で表すと，動学化された総供給曲線は以下の式のように得られる。

$$\pi = \pi^e + \alpha(Y - Y_F) \tag{10.7}$$

動学化された総供給曲線は図 10-12 のように描かれる。インフレ率は期待インフレ率の水準が高ければ高いほど高くなり、インフレ率は、財市場における需給ギャップが大きければ大きいほど高くなることが読み取れる。

動学化された総供給曲線の図 10-12 と図 10-11 の物価版フィリップス曲線が微妙に似ている。両図とも縦軸は、イ
ンフレ率がとられているが、横軸
は異なり、図 10-12 が国民所得、
図 10-11 が失業率となっている。実
は、失業率と国民所得の間には負の
相関関係がある。景気の良いとき
失業率は低くなり、不景気のとき失
業率は高くなるという労働市場と財
市場が密接に連動している。これ
が「オークンの法則」(Arthur M.
Okun：1928-80) と呼ばれている。

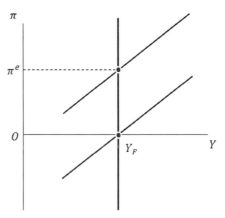

図 10-12　動学化された総供給曲線

⑷　動学化された総需要曲線

物価水準の変動が実質マネーサプライ (M/P) をもたらし、貨幣市場の均衡を示す LM 曲線をシフトさせ、均衡点が移動する。IS-LM 分析を通して、このような均衡点と物価水準の関係を描いた総需要曲線 AD が導出された。総需要曲線は物価水準と国民所得の間の右下がりの関係示したものである。単純化のため、財政支出の変化や、消費や投資などの物価に対する影響を無視して、物価とマネーサプライだけに着目する。そこで、総需要曲線の式を以下のように定式する。

$$Y = F\left(\frac{M}{P}\right) \tag{10.8}$$

この総需要曲線の式に対して、対数関数を取って時間で微分すると、以下の式が得られる。

$$\frac{dY}{dt} = \lambda\left(\frac{\dot{M}}{M} - \frac{\dot{P}}{P}\right)$$

上式の λ は正の定数である。ここで，マネーサプライの変化率 ($\dot{M}/M$) を m，物価水準の変化率 ($\dot{P}/P$) を π に置き換えると，以下の式になる。

$$\frac{dY}{dt} = \lambda(m - \pi)$$

そして，動学化モデルを今期（0期）と前期（－1期）の2期モデルを仮定する。Y は今期の値，Y_{-1} は前期の値としよう。すると，

$$\frac{dY}{dt} \fallingdotseq Y - Y_{-1}$$

となる。よって，動学化された総需要関数は，

$$Y = Y_{-1} + \lambda(m - \pi) \tag{10.9}$$

と表せる。

マネーサプライの変化率 m は政府の政策スタンスによって設定される定数である。総需要曲線は前期に実現した国民所得 Y_{-1} と政府の政策スタンス m の大きさによってその位置が決まる。$Y = Y_{-1}$, $m = m_0$ としよう。図10-13に示されたように，このときの総需要曲線 AD_0 は A 点を通している。拡張的な金融政策の実施により，政策スタンスが m' となった場合，総需要曲線は上方シフトし，B 点を通る AD_1 曲線となる。

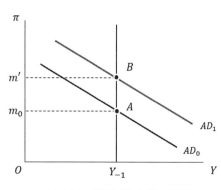

図10-13　動学化された総需要曲線

(5)　長期均衡への調整過程

長期均衡について考えよう。期待インフレ率が上昇すれば総供給曲線 AS がシ

フトし，物価水準の上昇と産出量の低下をもたらし，拡張的な財政金融政策が実施されるならば，総需要曲線 AD のシフトを通して短期的にインフレ率と産出量の一時的な上昇をもたらすことになる。

　ここで，長期均衡について考えてみよう。

　長期の経済構造は，

$$\text{動学化された総需要曲線,}\quad Y = Y_{-1} + \lambda(m - \pi) \tag{10.9}$$

$$\text{動学化された総供給曲線,}\quad \pi = \pi^e + \alpha(Y - Y_F) \tag{10.7}$$

$$\text{期待形成仮説,}\quad \pi^e = \pi_{-1} \tag{10.10}$$

となる。ここでは，期待形成を静学的期待と仮定する。つまり，前期の物価上昇率を今期の物価上昇率と予想することを仮定する。

　一般に，長期均衡は変数が長期的に同一の値が維持されることから，

$$Y_t = Y_{t-1}$$

$$\pi_t = \pi_{t-1}$$

と定義される。今期（0 期）と前期（−1 期）の 2 期の場合，$Y = Y_{-1}$，$\pi = \pi_{-1}$ となる。長期均衡国民所得水準を Y^*，長期均衡インフレ率を π^* としよう。

$Y^* = Y = Y_{-1}$ を AD 曲線の（10.9）式に代入して，

$Y^* = Y^* + \lambda(m - \pi)$, $\therefore \pi^* = m$ となり，

$\pi^* = \pi = \pi_{-1}$ を AS 曲線の（10.7）式に代入して，

$\pi^* = \pi^* + \alpha(Y - Y_F)$, $\therefore Y^* = Y_F$ となる。

　したがって，長期均衡の値は (Y_F, m) が得られる。図 10-14 にある点 E^* は長期均衡点である。

　この長期均衡は安定的かどうかを考えよう。図 10-14 の長期均衡への調整過程を確認してみよう。いま経済が AD_0 曲線と AS_0 曲線が交わる短期の均衡点 E_0 から出発するとしよう。E_0 から出発した経済は期待インフレ率の変化に応じて，総供給曲線が AS_0 から AS_1 にシフトする。それによって均衡点は E_0 から E_1 に移動する。それに伴い，国民所得は Y_0 から Y_1 に増加するので，総需要曲線が AD_0 か AD_1 らにシフトする。一方，均衡点においては，産出量 Y_1 に完全雇用 GDP 水準 Y_F により低く，つまり，$Y_1 < Y_F$ のため，動学化された総供給曲線，

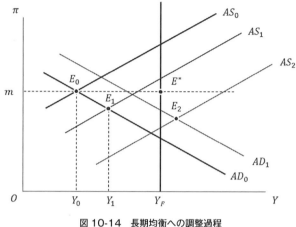

図 10-14　長期均衡への調整過程

$\pi = \pi^e + \alpha(Y - Y_F)$ から分かるように，期待インフレ率（$\pi < \pi^*$）が変化する。そのため，総供給曲線が AS_2 にシフトし，均衡点はさらに E_2 に移動する。

このように，均衡点は当初の E_0 から E_1 へ，E_1 から E_2 へ，やがて経済は長期均衡点 E^* に到達する。これが長期均衡への調整プロセスである。

10-4　インフレとデフレ

(1)　インフレ期待の形成

インフレーションの理論では，期待インフレ率が大きな役割を果たしている。インフレーションに対する期待はどのようにして形成されるのかを考えよう。

インフレ期待の形成は主に，適応的期待，静学的期待，合理的期待の3つの仮説がある。過去の物価上昇率（過去何年間かのトレンド）を加重平均した上で予想を立てるという方法を適応的期待形成という。前期の物価上昇率を今期の物価上昇率と予想（1期だけ）する期待形成の方法を静学的期待形成という。先の動学化モデルと長期均衡の分析では，静学的期待形成を用いた。

過去のインフレ率によって今期の期待インフレを決める静学的期待ではなく，マクロ経済の構造や政策当局の行動など，その時点で入手可能な情報をすべて利用して人々が期待を形成する方法は合理的期待形成という。

合理的期待形成は果たして可能であろうか。合理的期待形成にはいくつかの前

提がある。第1に，人々はマクロ経済構造の知識をもち，それを利用してインフレに対して合理的期待を形成するという。ここで重要なのは，このような期待形成を行なうためには，マクロ経済の構造を各経済主体が知っていなければならない，ということである。第2に，民間と政策当局の間に情報量の差がなく，人々は政策当局の行動様式を知っており，マクロ経済政策について，人々はたいていの場合，正しく予測できるということが必要である。第3に，自然失業率仮説が前提となり，それは，人々は絶対的な価格水準と相対な価格に関する錯覚がない状態で，相対性原理に基づいて行動することを前提としている。

　このような合理的期待が形成されるならば，経済は事前に予測不能な突発事件の影響を除けば，常に完全雇用GDPを実現している。これが合理的期待仮説の世界である。合理的期待学派は，自然失業率仮説が常時成立している，と結論づけている。ここでいう自然失業率仮説とは，長期においてマクロ経済は自然失業率で規定される長期均衡に収束するとのことである。

　人々は合理的に行動するならば，経済は突発的な撹乱要因を除けば，つねに均衡点上にあり，景気変動は予期せざる不規則な景気変動要因，予想されなかったマネーサプライの変化によるものであって，政策当局の景気対策は不要である。これが合理的期待形成仮説の政策論的帰結である。合理的期待学派は裁量的な財政金融政策は無意味であることを主張している。

(2) インフレとデフレの社会的コスト

　インフレとデフレの社会的コストについて考えてみよう。

　インフレは公正という観点からみると問題を発生させ，また，さまざまな制度的歪みの存在によって経済効率自体に影響を与える可能性がある。インフレの社会的コストは主に，インフレによって強制的に所得再分配が行われてしまうこと，市場経済の効率性が大きく低下する可能性があること，賃金や価格の改定コストが大きくなることなどの点が挙げられる。

　デフレ下の状態では，まず第1に，失業率が高く働きたいと思っているのに仕事がない，いわば非自発的失業者が多く存在し，社会的には健全な状態とは言えない。社会全体の産出量を下げるため，経済資源の浪費が発生してしまう。第2に，デフレ下ではインフレとはちょうど逆の所得再分配が起こる。つまり，債務者に不利，債権者に有利な所得再配分が強制的に，個々人の努力とは無関係に行

なわれてしまう。第3に，デフレは貨幣の価値を上昇させ，ポートフォリオは貨幣の選択に傾いてしまう。デフレが深刻になれば，物価水準が下落する予想が支配的になり，人々の消費行動にネガティブな影響を与える。第4に，デフレによる実質金利が上昇することによって，投資意欲が減退してしまう。名目金利はゼロになって，物価下落の予想が続くと，実質金利は上昇してしまい，投資はさらに厳しくなる。以上がデフレの社会的コストである。デフレからの脱却は重要な政策課題であろう。

索　引

【アルファベット】

GDP デフレーター　176, 178-179
GNP　163, 165-167
IS バランス　175-176
NDP　166

【ア行】

インフレギャップ　190
ヴェブレン効果　44
売り手独占　98, 103, 107
X 非効率性　115
エッジワース・ボックス　90, 94, 96
エンゲル曲線　41
エンゲルの法則　40
オークンの法則　291
オーバーシューティング　276

【カ行】

外貨準備　249, 253, 261-262, 274
外国貿易乗数　256
買い手独占　98
外部経済　116
外部効果　8, 116, 118, 121
外部性　116-118, 120
外部費用　117-119, 121-122
外部不経済　116, 121
価格支配力　98, 99, 103, 105, 107, 109
価格受容者　82
価格・消費曲線　41-42
価格調整の速度　269
価格調整メカニズム　19, 159
価格の硬直性　280-281
価格の伸縮性　186, 269-270, 281, 286
下級財　39
拡張経路　69
過少雇用均衡　186-187, 190, 243, 274
寡占　107-108, 128, 152

加速度係数　207
加速度原理　206-207
貨幣ヴェール観　272
貨幣乗数　219
貨幣の
　　——一般受容性　213
　　——一般的交換手段　213
　　——一般的受領性　213
　　——価値尺度手段　213
　　——価値の貯蔵手段　214
　　——限界効用　38
　　——交換の媒介手段　213-215
　　——資産機能　214
　　——中立性命題　272
可変的要素　80
可変費用　46, 69-70, 72, 79, 103
カルテル　104, 108
為替平衡操作　253
完全競争　8, 81-82, 88
完全雇用 GDP　190, 243, 246-248, 270, 272, 276, 281, 283, 285-286, 289, 293, 295
完全雇用国民所得　190
完全情報ゲーム　136
管理通貨制度　215
機会費用　12, 13, 51, 56-57, 94, 119, 228
機関車論　261
企業物価指数　176, 180
基軸通貨　253
技術的外部性　116
技術的限界代替率　63-64, 67-68, 94
　　——逓減の法則　63-64
基数的効用　31
帰属価値　172
帰属計算　172
基礎消費　183, 199, 243
期待インフレ率　279, 289-294
期待効用　147-149
　　——関数　148, 150-151

期待値　145-148
期待物価上昇率　278-279
ギッフェン財　44, 52
規範的分析　5
規模に関する収穫
　　——一定　65
　　——逓減　65, 204
　　——逓増　65
規模の経済　75, 112-113, 116
供給の価格弾力性　16, 22
均衡国民所得　182, 185-187, 189-190, 229, 235,
　　239, 243, 245-246, 255, 280, 285, 287-288
均衡産出量　160, 182, 185
金銭的外部性　116
金属主義　214
近隣窮乏化政策　263, 268
蜘蛛の巣理論　84
クラウディング・アウト効果　244, 247, 261
繰り返しゲーム　126, 138-139
クールノー均衡　109, 111
計画経済　3-4
経済資源　88, 295
経済循環　6, 9, 170-171
経済余剰　85
経済レント　56-57
経常収支　249-251, 253, 267
契約曲線　93-97
ケインジアン　159, 182, 246, 269, 280-281, 285
ケインズ型消費関数　183-184, 191, 193, 195-198
ケインズ型投資関数　205-206, 236
ケインズの貯蓄動機　197
k 次の同次関数　65
ゲームの木　134-138, 140-141
ゲーム理論　11, 126, 148
限界効用　31, 36, 38, 118, 122-124, 146, 148, 150
限界収入　75-76, 100-101, 103, 105, 107, 109,
　　113, 210
限界消費性向　183, 188, 190-191, 193-195, 198
限界生産物　60, 64
限界代替率　35-37, 91, 93, 95-97
限界貯蓄性向　198
限界費用　15, 70-74, 76-80, 95, 100-102, 105,
　　107, 113, 118-119, 121-123, 125, 144, 203-
　　204, 210
　　——価格形成原理　113-114
限界変形率　94-97

現金通貨　215-219, 221
現金・預金比率　219-221
減税乗数　189
交易条件　273-276
交換の数量方程式　272
交換比率　26, 66
広義の流動性選好　229
公共財　8, 11, 116, 122-125
交差効果　44
恒常所得仮説　194, 199
更新投資　201, 209
厚生経済学の第 1 の基本定理　97
厚生経済学の第 2 の基本定理　97
購買力平価　277-278
効用関数　30, 34, 36, 49, 116, 123, 148
効用最大化　11, 38-39, 83, 89
効用フロンティア　93
合理的期待　157, 159, 294-295
合理的行動　11
国際収支均衡　249, 251, 258, 267
国際収支表　249-250
国内純生産　166-167
国内所得　167-168
国内総支出　173-175, 201
国内総生産　163-167, 170, 181
国民経済計算　163, 166, 172-175, 199
　　——体系　163
国民総所得　165-166
コースの定理　120
固定資本形成　173-175, 201
固定資本減耗　166-167, 173, 201, 209
固定相場制　252-254, 256-262, 264, 266, 274-275
固定費用　45, 69-73, 78, 109, 112, 115
古典派の二分法　273
混合戦略　133-134

【サ行】

在庫投資　201
在庫品増加　173-175, 201
在庫変動　174
最低賃金制度　20-21
最適消費　37-39, 42-43, 45, 52
最適生産量　76-77, 79, 110-111, 118, 123-124
最適反応　128, 130, 133
サミュエルソン条件　123
サンクコスト　12

三面等価　166, 174-175, 201
資源配分　4, 8, 86, 88-90, 93-95, 97, 103, 116, 118, 120-121
　――の効率性　88-89, 103, 121
資産貨幣需要　228-229, 231
　――関数　228, 231, 234
市場価格表示　167-168
市場均衡　17, 19, 83, 88, 97, 118
市場経済　4, 6, 13, 159, 295
市場の失敗　116, 118, 120, 122, 156
自然失業率　289, 295
自然独占　99, 112, 116
実質GDP　161, 177-178
実質為替レート　273-275, 277
実質賃金　270, 282-283, 289
私的費用　117
支配戦略　129-130, 134
支払準備率　219
資本一般の限界効率　205
資本係数　207
資本資産の供給価格　203, 205
資本資産の需要価格　202, 205
資本収支　249-252, 258, 265, 267, 276
資本の限界効率　203-205
　――曲線　204
資本の限界生産物　64
資本のレンタルコスト　66, 209
社会的費用　117
私有財産制度　6
囚人のジレンマ　129-130, 138-139
需要の価格弾力性　16, 22-23, 102
需要の所得弾力性　40-41
需要の制約　99, 106
需要の法則　24, 44
純粋戦略　133-134
純投資　201, 204, 207-209
準備金・預金比率　219-221
上級財　39, 52
小国モデル　258
消費および生産の効率性　95
消費関数論争　191
消費者物価指数　176, 179-180
消費者余剰　85-88, 104
消費と生産の効率性　97
消費のパレート最適　89, 91, 94-95
情報の完全性　81, 152

情報の非対称性　11, 81, 153
序数的効用　31
所得効果　42-44, 51-53
所得再分配　295
所得・消費曲線　39-40
伸縮的加速子　208-209
信用貨幣　215
信用乗数　223
信用創造　217, 221
数量規制　120
数量調整　182, 186
ストック　161, 201
　――調整モデル　207-208
スルツキー分解　43
正貨　215
静学　160
　――的期待　293-294
正貨準備義務　215
生産可能性領域　94
生産関数　58-61, 65-66, 70-71, 116, 207, 270
生産者余剰　57, 85-88, 103
生産の効率性　97
生産のパレート最適　93
生産フロンティア　94-95
生産要素　6, 7, 9, 15, 45-47, 55-58, 60-64, 66-69, 75, 93-95, 163-165, 167-169, 173
　――の最適投入　67-69
正常財　39-41, 43, 51
セイの法則　186
製品差別化　8, 81, 105
政府支出　170-171, 181, 184, 187-188, 190-191, 234, 243-245, 247
　――乗数　188, 190, 244
絶対所得仮説　183
戦略型ゲーム　128, 134, 136
操業停止点　79-80
総資本形成　174-175, 201
総生産物　60-61
相対所得仮説　195-196
総余剰　86-88, 104, 113-114, 117-118
素材主義　214
租税乗数　189
粗代替財　44
粗投資　201, 208
粗補完財　44
損益分岐点　78, 80

【タ行】

大数の法則　150, 152
代替効果　42-44, 51-53
置換投資　201
中間財　107, 164-165
中間投入財　9
中間投入物　59
超過供給　18, 21, 54, 84, 119, 182, 185-186, 224,
　　226, 232, 239-242, 245, 289
超過需要　18-21, 54, 84, 182, 185, 187, 190, 224,
　　226, 233, 235-242, 244, 260, 282-283, 287,
　　289
長期の消費関数　191, 194, 196
通貨乗数　218-219, 221, 232
適応的期待　294
手番　135-136, 142
デフレギャップ　190-191
デモンストレーション効果　44
デューゼンベリー効果　196
展開型ゲーム　134-136, 141-142
動学　160
　　――化モデル　290, 292, 294
　　――分析　160
投機的動機　227-228
等産出量曲線　62-64, 67, 69
投資効果曲線　210
投資需要表　205
投資乗数　188, 244
投資の限界効率　203
投資の調整速度　208-209
投資の調整費用モデル　209
投資の利子弾力性　206, 236
等費用線　66-67
独占　81, 98, 104
　　――的競争　98, 104-105, 107
　　――度　102
独立財　44
独立投資　184, 243
トービンのq理論　210
トリガー戦略　139
取引貨幣需要　227-229, 238
　　――関数　228, 234
取引動機　227, 272
取引費用　120, 212-213
トリフィンのジレンマ　253

【ナ行】

内生変数　254, 256, 258-259, 264, 266
ナッシュ均衡　128-129, 132-134, 137, 139-142
ニクソン・ショック　252, 254
日銀当座預金　218, 220-221

【ハ行】

排除不可能性　122
ハイパワードマネー　218
パーシェ指数　179
罰の戦略　126, 139
パレート最適　89, 92-95, 97
半インフレーション　190
反応曲線　109, 111
比較静学　160
非競合性　122
非協力ゲーム　129, 134
ピグー効果　286
ピグー税　120-121
非自発的失業　187, 190, 243, 247, 270, 286
フィリップス曲線　288
付加価値　164-167, 170, 172-174, 188
不確実性　143, 147, 226-227
不完全競争市場　98, 105, 152
不完全雇用均衡　186, 243
不完全情報　153
　　――ゲーム　136
不胎化した介入　256-257
不胎化政策　257
双子の赤字　176
物価版フィリップス曲線　290-291
物品税　21-22
部分均衡分析　86, 89
部分ゲーム　141-142
　　――完全均衡　140, 142
プライス・キャップ制　115
プライス・テイカー　82, 98
プライス・メイカー　98-99, 103
フリーライダー　122, 125
プレイヤー　127-129, 132-133, 135-136
フロー　161, 201
ペイオフ　127-131, 133, 137-138, 146
平均可変費用　72-73, 79
平均固定費用　72-73
平均収入　75

平均消費性向　184, 191, 193, 195-196
平均生産物　60-61
平均貯蓄性向　198
平均費用　70-74, 78-79, 99, 106, 112, 115-116
　　──価格形成原理　114
便益　12, 118, 122, 125
変動相場制　252, 254, 256-259, 264-265, 267,
　　275-276
ペンローズ曲線　210
ペンローズ効果　210
貿易・サービス収支　171, 176, 249, 252, 255, 257,
　　262, 265, 267-268, 273-274, 276
豊作貧乏　22
補助金　114, 120-121, 167, 173
ポリシー・ミックス　247
本位貨幣　215

【マ行】

埋没費用　12-13
マーシャル的調整過程　84
マネーストック
　　──M1　216
　　──M2　216
　　──M3　216
マネタリーサーベイ　217
マネタリーベース　218-221, 232
見えざる手　7, 158
民間最終消費支出　173-174, 201
無差別曲線　33, 35-38, 39, 42, 49-50, 62-63, 89-
　　92
名目 GDP　161, 176, 178, 180, 272
名目為替レート　273, 275-278
名目賃金　270, 274, 282, 285, 288, 290
モラル・ハザード　153-154

【ヤ行】

ヤードスティック競争　115
有効需要の原理　186
要素費用表示　167-168
予算制約式　26, 28, 48, 50
予算線　27-28, 38-39, 43, 49
予想物価上昇率　289
予備的動機　227

【ラ行】

ライフサイクル仮説　191, 193-194, 197, 199
ラスパイレス指数　180
ラチェット効果　196
利潤最大化　11, 45, 75-77, 79, 83, 99-101, 105,
　　107-110
リスク愛好者　148, 150
リスク回避者　148
リスク中立者　150
利得関数　128
利得表　127-128, 136, 146
流動性制約　197
流動性選好　227-228, 232, 237
　　──利子率論　273
流動性トラップ　232
流動性のジレンマ　253
流動性のわな　232-233, 238, 244-246, 286
劣等財　39-41, 44
労働者錯覚モデル　282-284

【ワ】

割引現在価値　138, 202, 230
ワルラス的調整過程　83
ワルラスの法則　226

著者紹介

藤本 訓利（ふじもと・のりとし）

日本大学経済学部元教授。
日本大学大学院経済学研究科修士課程修了。経済学修士。
第Ⅱ部　第1章から第7章を担当。

陸　　亦群（りく・ゆうぐん）

日本大学経済学部教授，日本大学大学院総合社会情報研究科教授。
日本大学大学院経済学研究科博士後期修了。博士（経済学）。
第Ⅰ部　第7章から第10章を担当。
第Ⅱ部　第8章から第10章を担当。

前野 高章（まえの・たかあき）

日本大学通信教育部教授，日本大学大学院総合社会情報研究科教授。
日本大学大学院経済学研究科博士後期課程満期退学。
博士（経済学）（中央大学大学院経済学研究科）。
第Ⅰ部　第1章から第6章を担当。

ミクロ・マクロ経済理論入門

2020年11月30日第1版第1刷発行　　　　　　　　　検印省略
2023年4月1日第1版第2刷発行

著　者——藤本訓利・陸　亦群・前野高章

発行者——前野　隆
発行所——株式会社 文 眞 堂
　　　　　〒162-0041 東京都新宿区早稲田鶴巻町533
　　　　　TEL：03（3202）8480／FAX：03（3203）2638
　　　　　HP：http://www.bunshin-do.co.jp/
　　　　　振替 00120-2-96437

製作……モリモト印刷

©2020　ISBN978-4-8309-5104-6　C3033
定価はカバー裏に表示してあります